JN161676

子どもの遊び・運動・スポーツ

浅見　俊雄・福永　哲夫　編著

CHI
市村出版

[編著者]
浅見　俊雄　東京大学名誉教授・日本大学名誉教授
福永　哲夫　鹿屋体育大学学長・東京大学名誉教授・早稲田大学名誉教授
[著　者]
佐々木玲子　慶應義塾大学体育研究所教授
中村　和彦　山梨大学大学院総合研究部教育人間科学域教育学系教授
福林　　徹　早稲田大学スポーツ科学学術院教授
森　　司朗　鹿屋体育大学教授

序に代えて

まずはこの本を作成するまでの経緯を簡単に述べておきたい．

話は1970（昭和45）年12月に文部省（当時）の所管する財団として設立された「(財）体育科学センター」に始まる．その寄付行為には「国民の健康と体力に関する基礎的および応用的な研究調査を推進するとともに，その成果の活用をはかり，もって国民各層の健康の増進と体力の向上に寄与することを目的とする．」と書かれている．

その事業のひとつとして「運動処方専門委員会」が作られ，鈴木慎二郎を委員長に，猪飼道夫，石河利寛，広田公一，松井秀治，朝比奈一雄，小野三嗣らのそうそうたる大御所に交じって，浅見俊雄，青木純一郎，加賀谷凞彦，金子公宥らの新制大学卒の若手研究者も加わり，運動による健康づくりのための研究が進められていった．さらにその後メンバーに宮下充正，福永哲夫，加賀谷淳子らも加わって，実質的な研究はこれらの若手研究者によって進められ，その毎年の研究成果は研究誌「体育科学」に掲載されていった．

さらにまとまった研究成果を運動の実践に広く役立てていただくことを目的として，「体育科学センター方式　健康づくり運動カルテ」（講談社，1976），「体育科学センター方式　スポーツによる健康づくり運動カルテ」（講談社，1983），「体育科学センター方式　小学生の体力つくり―プログラム作成の科学的基礎」（第一法規，1987）を出版した．さらにこの後「中学生の体力つくり」を出版することが予定されていた．

これらの書籍の出版に当たっては，広田公一が編集委員長，浅見，青木，加賀谷凞彦が編集委員として，執筆と編集作業を行い，「中学生の体力づくり」についてもこのメンバーを中心に作業することが予定されていた．

ところが，長年の懸案であった国立の体育・スポーツに関する研究機関の設置が1988（昭和63）年から具体的に動き出し，紆余曲折はあったが「国立スポーツ科学センター　JISS」の名称で，日本体育・学校健康センター（現日本スポーツ振興センター）内に設置することが決まり，1997（平成9）年から建築工事が始まり，2001年には機関設置されて開所することとなった．これを受けて，2000（平成12）年に体育科学センターは廃止されることになり，「体育科学」の刊行も31巻（2002年）をもって終わりとなった．

この時に「中学生の体力づくり」については，廃止後に出版することになり，その資金として150万円が加賀谷凞彦に託された．しかしかつての若手も，このころは3人とも要職にあったこともあって，なかなかスタートが切れない状態にあった．こうした中で，加賀谷が病に倒れ，その資金と出版を青木に託して2007年1月7日に死去した．

その青木も2009年4月24日に病のため死去した．その時は大学院以来の加賀谷凞彦のよき研究，仕事仲間で愛妻だった加賀谷淳子に，青木が後事を託したが，その淳子も病を得て2011年7月29日に死去した．加賀谷淳子は生前に余命の短いことを予感して，市村出版社長の市村近に出版資金を渡し，浅見や福永と一緒にこの本の出版を進めるよう依頼した．

市村は「体育科学」の作成と発行を行っていた（株）杏林書院の社員として，ずっと「体育科学」の作成の実務にかかわっていたし，多くの体育・スポーツ関係の雑誌，書籍の出版などで，上記の人たちとは長年の友人であった．そして杏林書院を退職後，独立して出版社を立ち上げ，多くの体育，健康，スポーツ科学関係の図書を出版していた．こうしたことからの市村への依頼であった．

また，市村はこの本について，青木，加賀谷夫妻が生前に浅見や福永にも協力を依頼していることを承知していた．また私も亡くなられた3人からは，何度も出版を立ち上げることへの協力を求められていた．

私もずっと体育科学センターの仕事には中心的にかかわっていたし，当然この本についても責任の一端はあると認識していたので，私より若いこの3人に相次いで先立たれるたびに，霊前に，この出版には残されている人たちと一緒に責任を果たすことを約束していたのだが，約束を果たせないうちに，前記の3冊で編集委員を務めた中では最年長の私が最後に残ってしまった．

しかし，ぼやいていても仕方がないし，まだ体も頭も何とか機能しているので，この仕事に取り掛からねばと決意して，福永哲夫，それに市村近とも相談を始めて，企画を立ち上げたのであった．

そして内容も，「体育科学センター」が閉所されてから10年以上たっているし，その間に発育期というか子どもの遊びや運動，スポーツに係る環境もその実施状況もそして子どもの体力の状況も変わり，また関連する科学的な知見や経験知の質も量も大きく変わっているので，初めに想定されていた前書「小学生の体力つくり」の中学生版という考え方ではなく，発育発達期にある幼児から中学生程度までを対象とした，子どもの遊び，運動やスポーツの考え方やあり方，そして現状についての具体的な課題やその対応策などの全般について，これまでの科学的，経験的な知見を総合して，多くの人に読んでいただいて実践につないでいただけるような内容の本にしたいということになった．

ということで，著者には私と福永以外は「体育科学センター」の仕事にはかかわっていなかった現在この分野の第一線で活躍している研究者に分担していただいて，ようやく出版するにいたったのであった．

執筆前に執筆者が集まって，分担を十分議論する機会が持てなかったことから，内容に一部重複があったり，論旨が必ずしも一致していないところがあるのはお許しいただきたい．とくに，子どもの運動時間の減少や，体力・運動能力の低下，基本的な運動の習熟度の遅れの問題については，複数の著者が取り上げている．こうした部分については，子どもの遊び・運動・スポーツについて考えるときには，それだけ重要な課題になっていることなのだと理解していただいて，そうした重複をお許しいただきたい．

本書の執筆，編集中に大変うれしいニュースが飛び込んできた．2020年のオリンピック・パラリンピック大会の会場が東京に決まったというニュースである．これを機会に日本のスポーツ環境は大きく変わるであろうし変わらなければならない.その中で,本書で扱っている子どものスポーツ環境をよりよいものにすることが,大会の成功とともに,その後の日本がより活気のある国になっていくためのもっとも重要な課題だと思っている.

読者の皆さんはこの書に書かれている現在の子どもの遊び・運動・スポーツについての問題点と,それを解決するための共著者の提言を十分に理解していただいて,子どもたちの遊び・運動・スポーツ環境を望ましい方向に改善していくことにご努力いただきたいとお願いする次第である.

なお本書では障害のある子どもに対する遊び・運動・スポーツについてはとくに取り上げてはいないが,考え方としては健常者とまったく同じである,というより,障害のある子どもたちにこそ,小さい時から,リハビリとしてだけでなく,できないことが少しでもできるようになるためのツールとして,また仲間たちと触れ合う場として,からだを使った遊び・運動・スポーツを活用していただきたいと思うし,スポーツに触れあったことでスポーツをする,見る楽しみを知って,その中からパラリンピックなどの障害者スポーツの競技者として,将来世界へ羽ばたいていくことも期待している.

最後になるが,この本を見ずに先立たれた青木純一郎さん,加賀谷凞彦さん,加賀谷淳子さんのお三人と,「体育科学センター」時代にいろいろとご指導を賜った猪飼道夫さん,松井秀治さんはじめ亡くなられた多くの先生方,そして前記3冊の出版で編集委員長としてその作成をリードしてくださって昨年亡くなられた広田公一先生や「体育科学センター」の関係者の皆様に,「ようやく約束を果たせました.」という報告とともにこの本を捧げたい.

編著者を代表して　**浅見　俊雄**

目　次

序にかえて……………………… 浅見　俊雄… *i*

1章　人間，とくに子どもにとっての遊び・運動・スポーツの意義 …………………浅見　俊雄… *1*

1. 人間の進化の過程を辿ってみると……… *1*
2. 二足歩行を選択したことがヒトの進化を加速させた………………… *2*
3. 子どもは，生後に脳と筋肉との共同作業で正常に発育・発達する………………… *5*
4. 子どもにとっての身体知の発達の大切さを知ろう…………………………………… *7*

2章　子どもの遊び・運動・スポーツの昔と今………………浅見　俊雄… *9*

1. 遊び・運動・スポーツという言葉の意味………………………………… *9*
2. からだを動かす知恵，技術の次世代への伝承…………………………… *11*
3. 著者の経験の中での子どもの遊び・運動・スポーツの変容…………… *12*
4. エビデンスから見た子どもの遊び・運動・スポーツの変容…………… *14*

3章　子どもの遊び・運動・スポーツの現状と問題点………福永　哲夫…*23*

1. 相対発育の観点から見た子どもの体力… *23*
2. 発育の個人差を骨年齢との関係で見る… *25*
   (1) 暦年齢と骨年齢………………………… *26*
   (2) 体格および筋の発達と骨年齢………… *26*
   (3) 運動能力と骨年齢……………………… *27*
3. 発育期の筋腱複合体に見られる弾性特性…………………………………… *28*
4. 子どもの体力は昔に比較して低下している……………………………… *31*
5. 子どもの運動に関する外国のガイドライン……………………………… *32*
6. 日本における子どもの運動に関するガイドライン—日本学術会議健康スポーツ分科会（2011年）による提案— ……… *33*
   (1) 運動・スポーツを指導する際の留意点…………………………………… *33*
      1) 子どもの正常な発育発達を促進するよう，最低限度の運動量を確保する ……… *33*
      2) 多様な動きをつくる遊び・運動・スポーツを積極的に行わせる ……… *33*
      3) 子どもの特性に応じて運動・スポーツを行う「場」を適正に設定する …… *34*
      4) 障害・疾病などの精神的・身体的健康障害の防止に配慮する ……………… *34*
   (2) 子どものライフスタイルの改善—運動，食事，睡眠を総合的にとらえたライフスタイルを確立させる—……… *34*
   (3) 運動・スポーツをしやすい環境の整備……………………………………… *34*
      1) 幼稚園・保育所・学校・家庭・地域一体の運動・スポーツ実施体制を整備する ………………………… *34*
      2) 学校体育をより一層充実させるための条件を整備する …………………… *34*

4章　心の発達から遊び・運動・スポーツを考える…………………森　司朗…36

1. 最近の子どもの運動能力の低下と心の発達………………………………… 36
2. 子どもの日常行動と運動能力の関係…… 37
3. 心身の相関……………………………… 37
4. 心の発達と身体の発達………………… 39
(1) 自己概念の形成……………………… 39
(2) 自己概念の形成と性格……………… 40
(3) 自己概念の形成と運動……………… 40
5. 子どもの運動が「できる」とは………… 41
(1) 運動有能感と重要度………………… 41
(2) 子どもへの運動指導で「できる」とは………………………………………… 43
6. 運動と有能感・無力感………………… 45
(1) 運動と有能感との関係……………… 45
(2) 運動と無力感の関係………………… 46
7. 運動の好き・嫌い……………………… 46
(1) 運動の好き・嫌いと能力の認知……… 46
(2) 運動の好き・嫌いと運動の指導……… 48
8. 運動の取り組みと目標志向性…………… 48
9. 運動の不器用さと有能感との関係……… 49
10. 心の発達から見た子どもの運動………… 50

5章　発育・発達から子どもの遊び・運動・スポーツを考える………………佐々木　玲子…53

1. 動きのはじまり………………………… 53
2. 粗大運動と微細運動…………………… 53
3. 幼少期における基礎的動きの重要性…… 56
4. 基本的な動きの発達的特性…………… 57
(1) 走る…………………………………… 58
(2) 跳ぶ…………………………………… 59
1) 立幅跳び …………………………… 59
2) 走り幅跳び ………………………… 60
(3) 投げる………………………………… 60
5. 動作リズムの発達……………………… 63
(1) 時間的動作調整能…………………… 63
(2) リズミカルな動作…………………… 63
6. 子どもの動きの能力の低下とその対応… 65

6章　子どもの運動・スポーツに関する外科的傷害…………福林　徹…69

1. 中高生の部活動によるスポーツ外傷発生状況………………………… 69
(1) 全体統計……………………………… 69
(2) 競技種目別特徴……………………… 71
(3) 外傷別特徴…………………………… 71
2. ジュニア期でのエリートサッカー選手の外傷・障害…………………………… 71
(1) ジュニア期の外傷・障害の件数と発生頻度………………………………… 71
(2) 外傷予防プログラムの開発とその導入……………………………… 75
3. オスグッド病の病態と治療・予防……… 75
4. 野球肘…………………………………… 75

7章　子ども運動・スポーツに関する重篤な内科的疾患… 浅見　俊雄…79

1. 突然死…………………………………… 80
2. 熱中症…………………………………… 83

8章　健やかな子どもを育むために…………………中村　和彦…86

1.「子どもの育ち」のリテラシー ………… 86
(1) 子どものライフスタイルの崩壊……… 86
(2)「子どもの問題」ではなく「大人の問題」…………………………… 86
(3) いま，子どもの体が危ない…………… 88
1) 体力や運動能力が低下している …… 88
2) 顔面や手首のケガが多い …………… 89
3) 動くことが嫌い …………………… 89
4)「子どもの育ち」の知識とは………… 90
2. 体力・運動能力の低下とその背景……… 91

(1) 体力・運動能力の低下とは…………… 91
(2) 日本の子どもは世界でもっとも
運動していない………………………… 91
(3) 基本的な動きが身についていない…… 93
(4) なぜ動きを身につけることが
重要なのか……………………………… 95
3. 子どもを襲う疲労・肥満・アレルギー… 97
(1)「疲れた」が子どもの口癖 …………… 97
(2) 子どもの健康問題の第1位が
生活習慣病……………………………… 98
(3) アレルギー・体温異常は体内からの
警告……………………………………… 99
(4) いまの子どもの体は「自然に育つ」
ことができない………………………… 102
4. 消えた子どもの遊び…………………… 102
(1) 子どもたちはどこに
行ってしまったのか…………………… 102
(2) 子どもの遊びはどう変わったのか…… 103
1) 外遊び時間の激減 …………………… 103
2) 外遊びから室内遊びへ ……………… 103
3) 遊び集団の縮小と変化 ……………… 104
(3) そして遊びが消えていった…………… 105
(4) 遊びの中で学ぶことができない……… 106
(5) 大人にも「3つの間」を ……………… 106
5. 子どものスポーツの落とし穴………… 107
(1) 子どものスポーツとは………………… 108
(2) スポーツ・トランスファーと
スポーツ・ドロップアウト…………… 109
(3) 子どもの発育発達段階に応じた
運動・スポーツのあり方……………… 110
1) 乳幼児期（0～2歳ごろ）…………… 110
2) 幼児期（3～5歳ごろ）……………… 110
3) 小学校低・中学年（6～10歳ごろ）… 110
4) 小学校高学年（11歳～） …………… 111
(4) ライフスタイルに見合った
スポーツの展開を……………………… 111
6. 子どもの育ちを保障する
運動・スポーツとは…………………… 112
(1) 専門的な指導は，幼児の運動能力を
伸ばさない……………………………… 112
(2) トップアスリートは，遊び込んで，
さまざまなスポーツを経験…………… 114
(3) 身体活動の「持ち越し」には
幼少年期の遊びが大切………………… 115
(4)「プレー・リーダー」と「プレー・デリバラー」
の重要性………………………………… 116
(5) 求められる子どもの運動・スポーツの
あり方…………………………………… 117
7. 子どもの「食」と「睡眠」を考える…… 117
(1) ファストフード・ファミリーレストランが
日本の食生活を変えた………………… 118
(2) いま家庭の食卓に並ぶもの…………… 118
(3) 食事の時間が合わない………………… 119
(4) 子どもの食問題「ニワトリ症候群」… 119
(5) おろそかにされている睡眠…………… 120
(6) 子どもたちも夜型で睡眠不足に……… 120
(7) 子どもにとっての睡眠の大切さ……… 121
(8) 驚くべき「メディア漬け」の実態…… 121
(9) 人と直接かかわれない子どもの出現… 122
8. これからの学校体育のあり方………… 123
(1) 新しい学習指導要領とは……………… 123
(2) 学習指導要領における
体力・運動能力つくり………………… 123
(3) 基本的な動きを身につける最適期…… 123
(4)「基本的な動きを身につける」とは … 124
(5)「体つくり運動」の授業づくり ……… 125
(6)「体つくり運動」を日常生活化する … 125
(7) 子どもの生活をトータルにとらえる
取り組みの重要性……………………… 126
9. 体力向上のための取り組み…………… 126
(1) 文部科学省で実施している取り組み… 127
1) 子どもの体力向上実践事業
(2004～2006年度）…………………… 127
2) 体力向上の基礎を培うための幼児期に
おける実践活動の在り方に関する
調査研究（2007～2009年度） ……… 128
3) 全国体力・運動能力，運動習慣等調査
(2008年度～）………………………… 128
(2) スポーツ関連団体の取り組み………… 129
1) 公益財団法人　日本体育協会 ……… 129

2) 公益財団法人　日本レクリエーション協会 ……… 129
3) 一般社団法人　日本トップリーグ連携機構（JTL）……… 129
(3) 学会や民間企業スポーツの取り組み… 130
1) 日本発育発達学会 ……… 130
2) (株) ベネッセコーポレーション…… 130
3) (株) イオンファンタジー……… 130
4) (株) ボーネルンド……… 131
5) (株) 学研教育みらい……… 131
10. 子どもの身体活動ガイドラインの策定……… 132
(1) 子どもの身体活動ガイドラインとは… 132
(2) 諸外国における子どもの身体活動ガイドライン（運動指針）……… 133
1) アメリカの身体活動ガイドライン … 133
2) イギリスの身体活動ガイドライン … 133
3) オーストラリアの身体活動ガイドライン ……… 134
4) シンガポールの身体活動ガイドライン ……… 134
(3) 日本の身体活動ガイドライン……… 134
1) 公益財団法人　日本体育協会「アクティブ・チャイルド60min.」… 134
2) 日本学術会議「提言　子どもを元気にする運動・スポーツの適正実施のための基本指針」……… 134
3) 文部科学省「幼児期運動指針」……… 135
11. 福島の子どもを元気にする……… 136
(1) 元気な遊びの広場「PEP Kids Koriyama」……… 136
(2) いま，福島の子どもたちは……… 138
(3)「3.11」以降の福島の子どもの状況 … 139
(4) 日本一元気な子どもに育てたい……… 139
1) 室内運動実技研修会の実施 ……… 139
2) 子どもを元気にする情報「かわら版」の作成と配布 ……… 139
3) 子どもの生活実態，体力・運動能力のデータ収集と分析 ……… 140
4) 屋内スポーツ広場「郡山ドーム」の建設構想と運動 ……… 140
12. 日本の子どもを元気にするために：健やかな育みを求めて……… 141
(1)「子どもの問題」再考 ……… 141
1) ストレスの増加 ……… 141
2) 意欲の欠如 ……… 141
3) 判断力の低下 ……… 141
4) 工夫する能力の低下 ……… 141
5) 情緒や感情表出の欠如 ……… 141
6) 社会性の欠落 ……… 142
(2)「子どもの問題」の背景 ……… 142
(3)「子どもの育ちの人間像」……… 143
(4) 子どもたちの考える人とのかかわり… 143
(5) 無償の交友，同じ想いをもつということ……… 144
(6)「子育て」とは・「教育」とは……… 145

9章　子どもたちの活動的で生き生きと輝く未来のために…… 浅見　俊雄…148

1. 知育・徳育・体育という視点から子どもの教育のあり方を考える……… 148
2. 体力を高めることだけが教育の目的ではない……… 150
3. 1人でも多くの子どもを運動，スポーツが好きで得意にするために…… 152
4. 発育期の遊び・運動・スポーツでの留意点……… 155
5. 東京オリンピック・パラリンピック大会に向けて，子どものスポーツへの夢を膨らませよう……… 160

1章
人間，とくに子どもにとっての遊び・運動・スポーツの意義

1．人間の進化の過程を辿ってみると

人間はなぜ遊びや運動，スポーツをするのだろうか．とくに子どもにとって，遊びや運動，スポーツをすることはどんな意味を持っているのだろうか．少し哲学的，原理的な問いかけかもしれないが，子どもの遊びや運動，スポーツの意味というか，人がよりよく生きていくことへの運動やスポーツの本質的な意味を理解することが，子どものよりよい成長発達に直接かかわっている親や教育関係者，子どものスポーツの指導者はもとより，さまざまな形で子どもの今とこれからにかかわっている人たちにとって，極めて重要なことだと思っている．それは子どもにとって勉強する意味は何なのかとか，子どもの教育はどうあるべきなのかを考えるうえでも，身体的な運動の持つ意味を抜きにしては，子どもの健全な発育発達の全体像を描くことはできないと思うからである．

まずこの問いへの著者なりの答えを書かせていただきたい．ここで述べる考えは，これまでに著者が学んだり，読んだり聞きかじったりしたこと，とくにヒトの進化に関する人類学的な知識を著者なりに咀しゃく吸収してまとめたもので，学門的な共通理解や一般的に定着している考え方と一致しているかどうかの吟味はなされていないものであることを始めにお断りしておきたい．

犬や猫はボールにじゃれつくし，野生の動物でも仲間と走り比べのように走ったりしている．動物の子ども同士が上になったり下になったりしてじゃれ合っている風景もよく見かけるものだ．しかしそれがスポーツにまで発展することはない．動物たちは子どものときからこうして遊びながら，また親のまねをしながら，生きるための技術，とくにそのために必要な身体を動かす技術を身に着けて行っているのだろう．

生物には大きく分けて動物と植物とがある．この違いは何なのだろう．

動物の動という漢字は，体重を足にかけて地面を足でとんとん突くの意味が，静止の反対，つまり動く意味に用いられるようになった文字で，自ら動く生物をこの字を使って動物と呼んでいる．これに対して植物の植は，つくりにある直が目をまっすぐに向けるの意であり，植は木をまっすぐに立てるの意から，草木を立てて植える，じっと立っているという意味を持つ字である．植物は動物と違って動かないで定着している生物ということになる．

ではなぜ動物は動き，植物は動かないのだろうか．生物には個体維持，つまり個の誕生から発育，成長していく機能と，次世代へ同種の生物を受け継いでいくという種属維持の機能を持っている．この2つの機能を動物は自らが動くことによって行っている生物で，植物はその場にじっとしていてこの機能を行っている生物だということができる．

動物が成長していくためには，餌を食べることが必要だが，餌となる植物や他の動物を探すために動き，それを自分のものとするためにも動き，食べるためにも体を動かす．そして動きが悪ければ餌をとれないばかりか，他の動物の餌になってしまう．安全な寝ぐらを探したり，作ったりするためにも体を動かさなければならない．種属維持についても，雌雄が出会うためにも，よりよい遺伝子を残すための雄同士の戦いがあり，相手を誘うための動作があり，性行為自体も体を動かさなければならない．

一方植物はその場にしっかりと根を生やして，水や栄養は根から吸い上げ，また光合成によって成長し，花を咲かせて，雌雄の交配は動物，主として昆虫や鳥たちを餌で誘ってその動きでしてもらい，種子ができれば風に運んでもらったり，動物たちに餌を供給する代わりに種子を遠くまで運んでもらって，次世代へと命をつないでいく．動くことで個体維持と種属維持とを行っていく戦略と，じっと動かなくても2つの機能を行っていく戦略と，まったく異なる方法で，この2種類の生物は長年地球上に生き続けてきているのである．

ここに書いたことは動物も植物もかなり進化した生物を意識して書いたもので，単細胞の生物や雌雄同体の生物など，これとは異なる戦略で生きているものもあることは承知しているが，ここではそこまでの深堀はしていない．

2. 二足歩行を選択したことがヒトの進化を加速させた

もちろん人間もその動物の一種である．個が生きていくために，また人間という種を存続していくために，動くことを必然としている．しかし，他の動物も進化しているとはいえ，それらの進化による変化とは格段に速いスピードで人間は進化してきた．1万年前から現在までの人間の変化は形態的にはそれほど変わってはいないが，機能的な変化と人間が生み出した知や技術や物を他の動物や植物のその間の変化と比べれば，その違いは歴然としている．

人間はそれ以前から石器や原始的な道具を使って狩猟や植物の採取，安全な寝ぐら作りに役立て，自然の火を使い，さらに人が火を起こす方法を見出して料理や暖房等に利用しだした．さらにそれまでは自然に生えている稲，麦等の食料となる植物を，畑を作って栽培する技術を開発し，また狩猟によって得ていた動物のうちのおとなしい豚，牛，羊，鶏などの動物を，囲いの中で飼育して食料を得る手段とした．こうして農耕や牧畜による食料の生産技術を獲得していった．

人と人との意思の伝達の手段も，動物と同様の発声や身振り手振りの伝達から，一つひとつに意味を持った言語による伝達へと，さらに絵をかくことから言語を文字であらわすことへと進化させていった．

こうして人間が自然に手を加えて形成してきた物心両面の成果を文化と呼んでいる

図1-1　ヒトの二足歩行の進化
（ビルビームD著，江原昭善・小山直樹共訳：人の進化．TBSブリタニカ，1977）

が，同じ動物でありながら，人間だけが独自の文化を発展させることができたのは，何が要因だったのだろうか．それは人間が移動のための方策として直立二足歩行を選択したことにあるというのが人類学者の定説になっているようである．他の霊長類と同じように樹上を主たる生活の場としていた人間が，なぜ安全な樹上を離れて危険の多い地上に降り立ったのかは定かではない．そして地上に降り立った人間は，他の哺乳類のような四足歩行ではなく，二足歩行を選択した．樹上での移動手段だった主として手でぶら下がって移動していた垂直に近い姿勢からの選択，あるいは草木の生い茂った草原で，周りの環境や他の動物の存在を見る必要から目の位置を高くする姿勢をとった，といった説があるようだが，定かではない．初めは前かがみではあったであろうが，ともかく二足で垂直に近い姿勢で移動するという方法を選択をした（図1-1）[1]．

この姿勢をとったことによって，それまで後肢とともに体重を支え，移動のために使われていた前肢は，その仕事を足となった後肢に任せて，手としての仕事を始めるようになった．また他の哺乳類のような四足歩行では，頭が重くなることはバランスを崩すことになるが，二足の直立姿勢では頭は重心の真上に位置することになって，脳が大きく重くなっても，バランスを崩すことなく，かえって重心が高くなったことによってよりすばやく巧みに動けるようになった（図1-2）[2]．

こうして体重の保持，移動といった重労働から解放された手は，肩，肘，手首，指の関節の動きの自由度を増して，脳との共同作業で，つかむ，回す，とる，投げるなどの新しい動きができるようになっていった．しかも筋と脳との刺激の交換が活発になって，いろいろな動きがより器用に行えるようになった．こうして石器に始まってさまざまな道具を作り，それをうまく使いこなせるように進化していったのである．人間が作り出した言語も，口，舌，声帯，呼吸筋などの筋肉と，機能拡大が可能となった脳との共同作業によって，より正確に人同士で思考を伝達する手段として開発されていったものである．

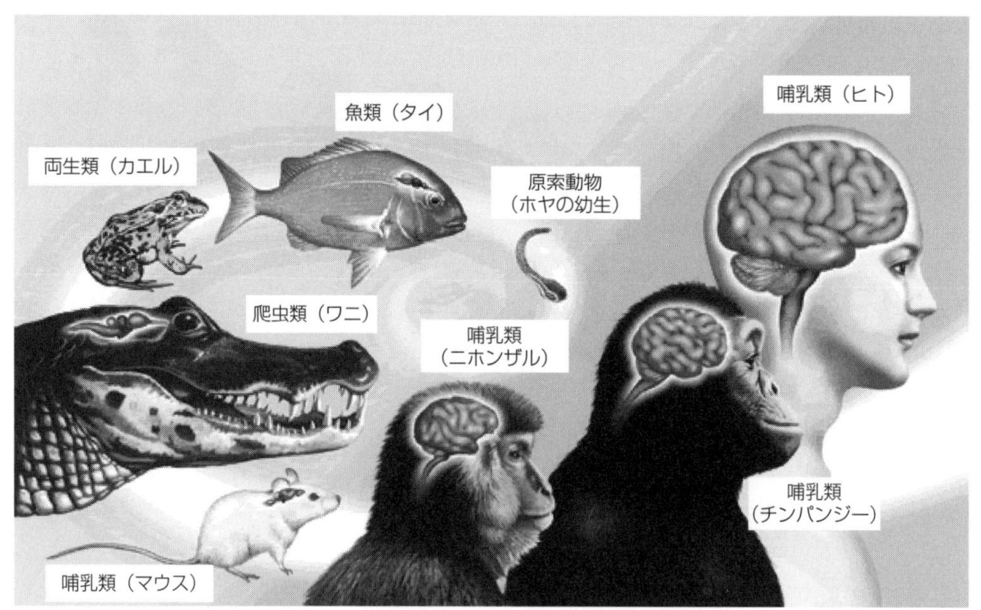

図1-2　動物とヒトの大脳の大きさの比較
（理化学研究所　脳科学総合研究センター）

こうして餌をとるための狩猟や採取も，その他の日常生活も，開発していった動きや道具，そして言葉による意思伝達によってより容易に行えるようになっていった．同時に，脳の機能が格段に発達して知恵のレベルを向上させていった．こうして人間は牛や豚などを囲いの中で飼う牧畜や，土地を耕して種子をまいたり移植したりして植物を育てる農耕の技術を開発して，そこに定着して集団で暮らすことによって，生きるための安全性を高め，人口を拡大していった．

ここで言いたいことは，こうした地上に降り立ってからの初期の人間の進化発展を支えたのは，筋肉と大脳との共同作業での身体運動の進化と機能拡大だったということである．またこれによって人を人たらしめた大脳の質と量の充実拡大も起こったということである．

農耕，牧畜が始まったのは今から1万5,000年から1万年前であるが，それより何百万年も前の地上に降り立ってからの人間の進化に比べれば，それ以後の人間とその生活の変わりようの速さは加速し続けているといってよいであろう．ここ100年をとっても，それよりは20年ほど短い著者の誕生からこれまでに著者自身が実際に経験してきた変わりようからも，その変容の速さを実感できる．

これらの人が作り出し，利用しているさまざまなものを文化，文明というが，広辞苑によれば「人間が自然に手を加えて形成してきた物心両面の成果，衣食住をはじめ技術・学問・芸術・道徳・宗教・政治など生活形成様式と内容とを含む．文明とほぼ同義に用いられることが多いが，西洋では人間の精神的生活にかかわるものを文化と呼び，技術的ニュアンスが強い文明と区別する」と書かれている．

そしてこの文化は，知あるいは知恵，すなわち大脳の働きによって作られ，継承し発展してきたと考えるのが当たり前のことといってもいいだろう．近代になって発展著しい機械文明や都市文化はすべて大脳の働きによって作り出されてきたものである．身体運動で表現する舞踊や音楽，演劇などの芸術も大脳で創作されたものを身体で表現するものであり，詩や文学，絵画や彫刻なども，やはり大脳で創造された知や美を手の動きを介して表現したものということができる．

とくに機械文明の発展は，人間の身体運動，すなわち人の身体が作り出すエネルギーを使った筋肉の収縮運動による巧みな身体の動きによってしてきた生産活動や移動運動を機械によって行えるようにしてきた．しかもパワーやスピード，スタミナの面でも，また精巧さにおいても人間よりも高い能力で仕事を行えるようになった．その結果生産性は格段に向上した．人間はつらい厳しい労働からは解放され，時間的にも経済的にも豊かな生活を送れるようになった．

こうしたことから，人がここまで進化発展してきたのも，これからさらにより豊かな生き方へと発展し続けていくのも，大脳の働きで創造される知のおかげであり，身体を動かす機能は機械が代替してくれるので，現代および未来へと人間がよりよく生きていくうえでは，知に比してそれほど重要な価値を持っている機能ではないというような考え方が，多くの人にとっての何となく合意している考え方になっているように著者には思えるのである．広辞苑の文化の解釈に，スポーツが入っていないのも，そうした一般的な考え方が反映されているといってよいだろう．学校の部活動も，文化部と運動部に分類されていて，文化部は知的，美的で高尚なもの，運動部は汗と泥にまみれた肉体的なものといったように考えられているといってよいだろう．こうした一般的な通念に著者は強い問題意識を持つのである．

3. 子どもは，生後に脳と筋肉との共同作業で正常に発育・発達する

ところで，馬の出産を見た人は，馬の仔が生まれてすぐに立とうとしては失敗し，それを何回も試みて，やがて立ち上がり，そして歩き出すということに感動する．母馬はそれをじっと見守っているが仔馬を助けることはしない．そして仔馬はすぐに自らが動いて母馬のお乳をくわえ，吸いだす．そしてすぐに元気に走り出す．

人間の赤ちゃんは立つどころか母親の乳房に近づくことさえ自力ではできない．母親が抱き上げて赤ちゃんの口を乳房に近づけてやらなければならないのである．人の赤ん坊は心臓が動き，呼吸をし，乳を吸い，消化吸収して排泄するといった，生きていくために必要不可欠な最小限の生理的機能しか持たずに生まれてくるのである．反射的な機能だけを備えて誕生して，それ以外の人間として生きていく上で必要な機能は，生まれてから後に親や周囲の人に教えられたり，見よう見まねによって，自らの努力で獲得していくしかない．

1920年にインドの西ベンガル州で，オオカミに育てられた2人の少女が助け出されたことがあった．その少女は8歳程度と1歳半ぐらいの姉妹とみられ，オオカミと同じように四つ足で歩き，走り，オオカミと同じようにほえ，口で直接生肉を食べたという．そして人間社会で生活するようになってからも，二足で立ち上がったり歩くことは不得意で，言葉もあまり覚えないままに，やがて死亡したという．

これは姉妹を救出し生育した牧師の記述から紹介したものであるが，この話には学問的立場から多くの疑問点があげられ，自閉症や発育不全の子どもをこうした話に仕立てあげたのではないかなどともいわれている．野生のオオカミが他の動物に授乳したり育てたりすることは考えられないという動物学者の意見がその一例である．このように信憑性の乏しい話ではあるが，出産，乳幼児期からの子どもの育て方，教育の意味など，人間の発育発達のあり方を考える上ではよくできた話である．大脳生理学者として多方面に活躍された時実利彦も，その著書の中でこの話題を取り上げて，大脳の発達から見た人間の特性を解説するひとつの例として紹介している[3]．

馬が生まれてすぐに立ち上がり，歩いたり走ったりすることができるのは，そうした動くことのソフトウエアが脳の中に組み込まれているからである．人間は他の動物と違って急速に進化はしたが，その進化の過程で獲得したさまざまな知恵や技術を遺伝子に組み込むことはしなかった．発達した大脳も，ほとんど白紙の状態で生まれてくる．生きるための最低限のソフトだけを組み込んで，後は誕生後に神経細胞間や筋肉などの身体の諸器官との共同作業によって連絡網を発達させていくことで，人としての機能の量と質を拡大していくという戦略をとっているのである．

動植物の進化の過程は遺伝子レベルでの変化によって自然淘汰的に形態や機能が変化してきたことで起こっているが，人類は二足歩行をはじめてからの急速な進化の過程で獲得してきたさまざまなことのほとんどを遺伝子に組み込むことはしなかった．形態的には受精によって単細胞で新たな個体としての生命を授けられてから，ちょうど地球上で生命が誕生してからの人類が進化してきた過程を胎内で再現するかのように形態的にも機能的にも成長していき，誕生を迎えるが，形態や生理機能は人としての最低限のものは備えていても，大脳の機能はほとんど白紙のままで生まれてくるといってよい．1,000年前，いや何万年以上も前の赤ちゃんといまの赤ちゃんを比較しても，形態も機能もほとんど違いは見られないであろう．

人間は二足歩行によってすべてがよい方向に変わったわけではない．腰痛や便秘，痔や難産などは四足動物にはほとんど見られない現象であり，二足歩行によってもたらされたマイナスの産物である．赤ちゃんの脳に知の遺産を残さなかったのは，出産に当たって頭が大きすぎることはお産を一層苦しいものとすることから，脳の大きさと機能は抑えて生んで，脳の質量ともの発達は生後に任せるという戦略をとったのかもしれない．人間に大きな進化をもたらせた二足歩行という移動形態や，それによって可能となった手の運動の変化，そしてそうした体の動きと脳との共同作業で獲得していった知の発達の過程を，もう一度個体レベルで経験させようということであったともいえるのだろう．お釈迦様は生まれてすぐに立ち上がって天と地を指さし，「天上天下唯我独尊」といったというが，いくらお釈迦様でも，人間である以上それはあり得ない話である．

こうして生きるための必要最小限の能力しか持たずに生まれてきた赤ちゃんは，母親をはじめ，外界からの刺激に反応しながら，まずは体の動きを発達させていく．手足をバタバタさせ，体や頭を動かし，手を握るようになり，目が見え耳が聞こえるようになればますます外界からの情報量は増え，そして寝返り，四つ足で体を支え，はいはいし，やがてつかまり立ちし，独りで立ちあがって，そして二足歩行の第一歩を踏み出すという感動的な瞬間を迎える．まさに「這えば立て，立てば歩めの親心」である．そして耳や目からの情報を受けて自分の意思を発音によって発信していく過程で，親にしか意味が分からない発音から，共通の意味を持った言葉を言えるようになっていく．この辺は人類が二足歩行を獲得するまでの，そして共通の言語を持つまでの歴史を短時間に個人の中で再確認しているのかもしれない．

両親はじめ赤ちゃんの周囲の人たちも，この辺までは感覚器，運動器など体が正常に機能して，立って歩き，言葉がしゃべれるようになることが関心の最大事であるが，さらに走ったり跳んだりできるようになってくると，からだを動かすことよりも，頭を使うことというか知の発達に関心の中心が移って行ってしまう．

小学校に入ればその関心の差はさらにはっきりしてくる．跳び箱が跳べなかったり，鉄棒の逆上がりができなくても，うちの子は運動が苦手でとは言うだろうが，できないままで過ぎて行っても，それをあまり気にすることはないであろう．しかし，九九がなかなか覚えられなかったり，漢字の読み書きができなかったりしたら，親はそれをほってはおかないだろう．跳び箱や逆上がりができなくても入学試験には影響しないが，数学や国語の成績は将来の人生にとっても大きな影響を持つことになるから，何とか覚えさせようと子どもを叱咤激励することになるだろう．

現代の社会生活で，跳び箱や逆上がりの技術はまったく必要ではないが，計算能力や，漢字を読み書きできる能力は，上の学校への入学や，さらには社会人になっても絶対に必要な能力である．それゆえ小学校の時から覚えさせなければいけないと親は主張するだろうが，計算することも漢字で文章を書くことも携帯電話でできてしまう現代で，しかも科学がさらに進歩していく近未来では，計算能力や文章を読み書きする能力を子どものときに教える必要はなくなるのだろうか．いやそんなことは絶対にないだろうし，そうなってはならないだろう．

計算や読み書きの技術を習得することも，そのほかの勉強も，すべて先人の知恵を受け継ぎ，その過程で大脳にさまざまな刺激を与えて脳の可能性を拡大していく作業であり，さらに高度の知恵を習得し，未知の知の開拓への可能性の基礎作りをしているといってよいのだろう，こうした基礎的な能力を機械や装置にばかり頼るようになってしまえば，人間はこれまでの進化の継承はできずに，退化への道を進むことになってしまうのではないだろうか．身体を動かす能力にもこれと同じことが言えると思うのである．

4. 子どもにとっての身体知の発達の大切さを知ろう

からだをさまざまに動かす技術も，すでに書いたように人間がはじめから持っていたものではなく，大脳と筋肉との共同作業で，目的に合った動きができるように能力を開発して，人間のよりよい生き方に寄与してきたものである．こうした先人たちの努力で高めてきた身体の能力を，著者は身体知と呼んでいいと思っている．そして今も，オリンピックの選手たちが見せてくれるように，これまでできなかった身体での動きを，速さや力強さの面でも，巧みさの面でも進歩させ続けている．

大脳だけで司る知も，これに身体もかかわっている身体の知も，長い年代をかけて人類が築き上げてきたものであり，それをさらに洗練してより高い価値を持ったものとして後世に伝えていくことが，現代に生きるわれわれに託されている義務であるということができるだろう．もちろんさらに文明を高めていくことができるのは才能と環境に恵まれた一部の人に限られるが，そうした優れた人材は，全体的なレベルの高さの上に生まれてくるものである．その全体的なレベルの高さを保証するのが，子どもの教育のあり方というか，成長発達していく過程での社会環境の質の高さにあるということができる．そしてその社会環境は社会を構成する多くの人たちの考え方に依存しているのである．

大脳と筋肉とが共同で司っている身体知もまったくこれと同じことがいえるのだろう．子どものときからさまざまな動きを経験して，よりよくからだを動かせるようになることが，個人の頭とからだの健全な発達にとっても，またその後の長い人生をより豊かに生きていくことにとっても重要であるし，より多くの人たちの身体知のレベルが高いという環境の中から，スポーツでの記録や新しい技術への挑戦，あるいは身体運動で表現する芸術の美の創造が可能となっていくのであろう．個人にとっても社会全体にとっても，人類がよりよく文化を継承し発展していく基礎が，子どものときの教育にかかっているといえるのであろう．

読み書きなどの勉強の能力もからだを動かす能力も，子どものときにその基礎的なことを学び，習得していくことが，個人としてその後の長い人生をより豊かに生きていく基本となり，さらにその能力を高めていくことへの応用の効く頭とからだを育んでいくことへとつながるのである．「よく学びよく遊べ」という昔からの格言は，子どもの成長・発達にとっての至言である．そしてこの言葉は，大人にとっても，高齢者になっても，より豊かに生きていく上で極めて重要な言葉だと思っている．

すこし観念論的なことを書きすぎたきらいはあるが，子どもがからだを動かして遊び，さらに学校や社会の中でさまざまな運動やスポーツをすることの意味を考えるときに，本書でさまざまな角度から述べられている運動やスポーツをすることの心身の正常な発育･発達や，健康面での意味といった具体的な効能としての意味だけでなく，人間がこの地球上で他の動物とはまったく違った進化を遂げたことへ，そして二足歩行に始まる身体の機能の拡大が果たした役割へ思いをはせることで，身体およびそれが動くこと，よりよく動くようになることの意味についての考え方を深めていただければという思いから，本章を書いたことをお汲み取り頂ければと思っている．

[浅見　俊雄]

[参考文献]

1）ビルビームD著，江原昭善・小山直樹共訳：人の進化．TBSブリタニカ，1977.
2）理化学研究所　脳科学総合研究センターHP　http://www.brain.riken.jp/jp/aware/evolution.html（2014年6月1日現在）
3）時実利彦：脳と人間．雷鳥社，1968.
4）リチャード・フォーティ著，渡辺政隆訳：生命40億年全史．草思社，2003.
5）寺田和夫：人間の生物学的特性と進化．（広田公一・浅見俊雄編：人間と身体運動．杏林書院，pp.21−29, 1984）

2章 子どもの遊び・運動・スポーツの昔と今

1. 遊び・運動・スポーツという言葉の意味

まず最初に，ここで使っている遊び・運動・スポーツという言葉をどういう意味というか，どんな行動形態のものをそれぞれの言葉で表現しているのかについて，著者の考えを述べておきたい．誰もが日常ごく普通に使っている言葉なので，別に説明を必要とする言葉ではないとは思うが，定義というほど厳密なものとしてではなく，何かこんな範囲のものをそれぞれの言葉で表しているという程度のことでの説明である．

まず遊びであるが，ここでは子どもがさまざまにする遊びの中で，からだを積極的に使って遊ぶことの意味で使っている．運動遊びといった方がいいものである．鬼ごっこ，ケンケンパなどのようにそれぞれに名前がついていて，遊び方というかどんな方法で遊ぶかは暗黙のうちに了解されていて，すること自体が楽しくて，面白いからからだを動かしてしているものである．古くから伝えられてきたものや新しいものもあるが，いずれも大人のかかわりはほとんどなく，子どもが一人でまたは何人かの仲間で，主として戸外ですることの方が多い．からだをあまり動かさないでする遊びや，大人のする遊びは，ここでは含めていない．

次にスポーツは，野球やサッカー，バレーなど，誰もがスポーツと考えている身体運動を指している．競技性があって，ルールがあって，やればうまくなるという技術性があって，身体を積極的に使って行うものである．練習や試合を含めて，している本人や大多数の人が，いま自分がしているものはスポーツだと思っているものである．囲碁やチェスなどもスポーツに含める考え方もあるが，こうした頭の働きが中心でからだを積極的には使っていないものは，ここでは含んでいない．だからといって，ここでいうスポーツは頭を使わないということではない．どのスポーツもからだだけでなく頭も積極的に使っているものである．

最近はコンピュータやゲーム機器で対戦相手と競うゲームをeスポーツ（エレクトロニックスポーツ）と称して，統括団体があって世界大会も行われているが，著者は先の囲碁などを含めて，ゲームというのなら理解できるが，競技性とルールがあるだけでスポーツというのはおかしいと強く思っている．スポーツは積極的にからだと頭を使うものでなければならないというのが著者の理解である．

運動は，上の2つには含まれない身体を積極的に使う活動で，日常生活で行うものや生産活動としての労働とは違って，それをすること自体に何かの意味を持って行う身体の運動を指している．体操競技はスポーツだが，ラジオ体操や準備運動で行う体操や，走るのでも陸上競技で行うものはスポーツだが，健康のために行うジョギングは運動と呼び，体力づくりのために行うさまざまなトレーニングなども運動に含めている．

スポーツの説明で競技性をあげたが，例えばゲレンデで楽しく滑るスキーやスノーボード，あるいは健康のためにする水泳などは，遊びなのか，スポーツなのか，それとも運動なのだろうか．小さい子どもなら雪遊び，水遊びといっていいだろうが，少しできるようになれば競争はしていなくてもスポーツ競技と同じようによりうまくなることを目指して身体運動をしているのだし，本人がスポーツをしていると思えばスポーツといって一向に構わないものだ．カルタはからだをあまり使わない室内遊びといっていいだろうが，百人一首で日本一を決めるようなものは，ルールも競技性もあるし身体運動をかなり必要としているから，スポーツといってもいいのかもしれない．いずれにせよ，厳密に区別しなければいけないものではないし，している本人の気持ち次第で，遊びといっても，スポーツといっても，運動といっても何の差し支えもないであろう．

これらとは別に体育という言葉がある．祝日の体育の日や，国民体育大会とそれを主管しているのが日本体育協会といった体育の使われ方もあるが，これらは英訳ではすべてSportsが使われている．これに対して学校の教科で行われる体育は，まさに体を動かすことをおもな内容とした教育の意味で，小学校の学習指導要領には，体育の目標を「心と体を一体としてとらえ，適切な運動の経験と健康・安全についての理解を通して，生涯にわたって運動に親しむ資質や能力の基礎を育てるとともに健康の保持増進と体力の向上を図り，楽しく明るい生活を営む態度を育てる」と定めている．中学，高校の指導要領においてもまったく同様のことを体育の目標に掲げている．著者は体育という言葉はこうした意味を持つ学校で行われる教科目のひとつを表す言葉として限定的に用いるべきで，体育をスポーツという意味で使うのは改めるべきだと強く思っている．

また知育，徳育，体育という言い方の中で体育という用語がつかわれているが，これについては第9章で取り上げているのでそちら見ていただきたい．

この体育という教科の中では，適切な運動として上記の遊び・運動・スポーツを，発育発達段階に応じて多角的に学年ごとに配置して，授業を進めることとしている．この年代の学校外での活動においても，遊び，運動，スポーツを実施するに当たっては，この指導要領の目標に掲げた趣旨を十分に理解して実施していくことが望まれていると認識すべきなのであろう．しかし，学校の教科以外で行うものは，体育という言葉を用いるのは不適切で，遊び・運動・スポーツのどれかを用いるべきだと，著者は思っている．

2. からだを動かす知恵，技術の次世代への伝承

人間の進化の過程で，身体とそれを動かす知恵というか技術を新しく獲得してきたことが進化に大きなかかわりを持ったこと，人間はそうした身体の動きの知や技術をまったく身につけていない状態で誕生して，生後に，見たり聞いたりしたことをまねしたり，親や周りの人に，あるいは学校やクラブなどで教えられたりして，できないことをできるようにしながら成長，発育していくことは前章で述べた．ここでは，そうした身体を動かす知恵や技術の次の世代への伝達をどういう形で行ってきたのか，中でも子どもの時にどうやってできないことができるようになっていったのかについて述べてみたい．

古い古い時代のそうした伝承の仕方は知る由もないが，たぶん，大人の世代のすることを子どもがまねをすることから始まり，それに大人の指導が加わって，できないことをできるようにしていったのだと思われる．

道具を作るために石や木を切ったり割ったりする，形を作るために叩く，削る，磨くといった手と道具を使ってものを作る技術や，狩猟のために石や槍を投げる，木の実の採集のために木に登るといったようなさまざまなからだの動かし方，そして移動の基本となる歩く，走る，跳ぶといった動作を，親や大人のまねをしたり，教えられたり，子ども同士の遊びの中で競い合ったりしながら，初めはできなかった運動ができるようなっていったのであろう．子どものときに獲得した技術を，成人する過程でより洗練していくとともに，さらに効率のよい動きや，新しい動きを開発して，次の世代へと伝承していくといったサイクルをとってきたのであろう．大脳が中心的な役割をもっている知恵や技術の伝達も，まったく同様に行ってきたのであろう．

基本的には親の世代から子どもの世代への伝承を繰り返し行いながら，身体を動かす知や技術も発展させてきたといってよい．そうする中で，日常の生活のため，生産のため，あるいは動物や他の人間たちとの戦いのために開発してきた身体の知や技術を使って，日常から離れて競い合ったり，遊んだり，宗教的行事の一部として行ったりすること，いわば，生きていくための必須のものとしてだけではなく，より豊かに生きていくためにも身体運動を用いるようになっていった．文化，文明としての身体運動が生まれていったのである．こうしてスポーツや身体の動きで表現する芸術へと発展していくことになる．

このような知や技術の伝承が，家族あるいは生活をともにしている集団のレベルで行われていたものを，より効率的に行うために学校教育という形での組織的な知や技術の伝承へと発展していったのであろう．またこうした制度的，組織的な形での伝承と並行した形で，とくに子どもの世代では，遊び・運動・スポーツという形で，それまで人類が発展させてきた身体を動かす知恵と技術の伝承とさらなる開発を行ってきたということができるのであろう．

こうした文化人類的な考察は著者の専門ではないので，歴史的な考察はこの辺にとどめて，一気に現代に飛んで，著者が生まれ育ってきた80年程度の年代の中で，子どもの遊びや運動，スポーツがどう変わってきたかを見て行こう．

3. 著者の経験の中での子どもの遊び・運動・スポーツの変容

著者が生まれ育った80年ほど前のころは，多くの家庭で兄弟姉妹が多く，また近所に同年代の子どももたくさんいて，お兄さんお姉さんの後を追って外遊びに出て行ったり，近所の子どもたちと何人かの仲良しグループができて，遊ぶというのが当たり前のことだった.

著者が生まれ育った浦和（現さいたま市）の家の周りの環境は，郊外であったこともあり，道路に車が行きかうこともほとんどなく，近所には広場や田畑，森林，沼，小川などの自然環境が広がっていた．神社やお寺なども楽しい遊び場だった．そうした環境の中で，子ども同士でからだを使った遊びに没頭していたものだ．ウサギはいなかったので追うことはなかったが，小鮒やザリガニなどはよく小川にとりに行ったものだ．トンボとり今日はどこまで行ったやら，とか，カラスがなくからかーえろ，というのが当たり前のことだった．今のように特定のスポーツを決まった集団でするということはなく，鬼ごっこ，缶けり，ケンケンパ，縄跳び，メンコなど，その地に根づいた遊びを，年長者というかガキ大将がリーダーとなって遊んでいた．そして当時は戦争ごっこも，男子には好まれた遊びのひとつだった.

こうした遊びはすべてからだを使って行うもので，しかも全身を多様に動かす動作がたくさんあり，そしてうまく動きができるようになると，いっそう楽しく遊べるようになるものだった．また遊びの場は単に多様な動きを習得するだけでなく，集団の中での身の振る舞い方というか，社会性を身に着けていく場でもあった．保育園というものは当時はなかったのではないだろか．幼稚園に行く子もそんなに多くない時代だった.

字を習うことも幼稚園では始まったと思うし，家でもそうした知に関する教育は学校に入る前から始まっていたような気がする．幼稚園では室内で歌ったりお遊戯もしたが，著者の記憶には外遊びがほとんどを占めている．女子師範学校の附属幼稚園だったので，同じキャンパスにある小学生のやっていたサッカーやドッジボールもしたが，先生に教わるということではなく，休み時間や放課後に，子ども同士で，見よう見まねで，自分たちなりにルールも決めてやっていた．それも男女混じっても試合をしたが，よく男女対抗で試合をやり，サッカーは男が勝ったが，ドッジボールは女子にやられていた．試合ばかりで，練習するということはなかった.

小学校時代の体育（当時は体操）でどんなことを教わったかは覚えていない．むしろ昼休みや放課後に，幼稚園に引き続いてサッカーやドッジボールをしたし，母艦水雷という鬼ごっこ，鉄棒や竹のぼり，地面に丸を描いた土俵での相撲，などなど，そして家に帰ってからは近所の仲間と主として自然の中で遊びまわっていた.

しかし，戦争が激しくなるにしたがって，学校では剣道や竹やり訓練，防空壕掘りといった戦時色の濃い運動が中心となっていった．そして6年の夏に終戦．夏休み中に学校の近くの6年生（著者も6年生だった）が呼び出されて，先生と一緒に物置の整理をして，野球のグローブやバット（その時初めて見た．戦時の末期には敵性スポーツということで禁止されていた），野球やサッカーのボールが出てきて，先生に野球のやり方を教わった．その時にスポーツをする解放感というか楽しさをしみじみと味わったものだ．サッカーもしたがその時から野球が遊びの中心を占めて行った．家の前のそんなに広くない道路で，ゴムボールを手で打って，電柱の1塁に触ってホームに帰ってくる野球を3～4人の仲間でよくやっていた．2人でもゲームはできた．ピッチャーが投げたボールを打者が打って，フライをとればアウトだし，打ったボールをピッチャーがホームへ持って帰るより，打者が先に1塁に触ってホームに帰れば1点となり，スリーアウトで攻守交代するのである．子どもたちでそうしたルールを考えたのである．

そして旧制中学の最後の学年として中学に入り，そのまま新制の高校生まで上がった6年間，体育の授業はスポーツ中心になり，運動部はサッカー部に入って，その後今に至るまでサッカーが仕事を含めて著者の人生を支配するスポーツとなった．

少し著者の回顧話になってしまったが，要するに当時の子どもの学校以外での生活の中心は，子ども同士の遊び，それも子どもの集団での外遊びが中心で，年長者や仲間の動きを見習って，動く技術を獲得することで遊びの質を高め，同時に社会生活に必要な知恵も学び取っていたのである．またこうしたからだの動きを習得していく過程で大脳も刺激されて，単に動きの回路をよりよいものにしていくだけでなく，大脳の全体的な働きを活性化させて，知恵の発達にも効果をもたらしていたのだと思っている．まさに「よく学び，よく遊べ」を実践していたのである．

ここで一気に60年以上たった現代の子どもの遊び・運動・スポーツの実施状況を見て行こう．

この60余年の間に，都市化，機械化，中でも車社会化が急速に進み，また少子化によって兄弟姉妹はゼロかいても一人という家族が増え，地域社会の子どもの数は少なくなった．こうした影響を受けて子どもの遊びや運動，スポーツは大きく変容した．道路は車の頻繁な往来で遊びの場ではなくなった．かつて都心部以外では家の近くにあった自然環境も，今はほとんどなくなり，そうした自然環境に恵まれたところは過疎化で遊び仲間が求めにくくなった．

著者が今住んでいるのは東京の都心だが，住宅街なので車の往来は少なく，かつてはキャッチボールをする子どもの姿を見ることができたが，今は一人で縄跳びや自転車乗りの練習をしている子を見かける程度である．小さな児童公園もあるが，ボール遊びは禁止で，鉄棒があってもそれで遊んでいる子どもを見たことはない．滑り台やブランコも事故が起きたことから取り外したところが多く，ブランコがあっても勢いよく大きくこいでいる姿はほとんど見られず，中学生ぐらいの女の子が軽くゆすりながら隣同士で何か話をしているのをたまに見かける程度だ．公園に大勢の子どもたちを見ることができるのは，夏休みの朝のラジオ体操ぐらいだが，これも朝早くからうるさいと近所の人からクレームが出て，期間を短縮したり，中止してしまったところも多いようだ．朝夕に道路でジョギングをしているのは中高年の人たちばかりで，子どもが走っているのは学校に遅刻しそうになった子どもが走っている程度だ．

一人で，あるいは近所の仲間でする遊びや運動はあまり見られなくなったが，街中では同じ服装で，揃いのバッグを持って，大人に引率されて移動中の子どもたちの集団をよく見かける．サッカーや野球などの練習か試合に出かける，あるいは帰ってきた集団だ．放課後の学校の校庭でも，小中高を問わず，小人数で自由に運動している姿はほとんど見られず，部活動として組織的にスポーツをしている場面がほとんどである．

今は子どもたちのからだを動かす環境は，学校の部活動や地域のスポーツクラブ，あるいはプール，体育館，競技施設で行われるスポーツ教室等の組織に所属して，大人の指導者のもとで行われる特定スポーツの練習や試合の場にしか求められないというのが現在の状況なのである．

4. エビデンスから見た子どもの遊び・運動・スポーツの変容

共著者の中村が行った，現代の小学生と各年代の大人の小学生時代の遊びについて，その内容，場所，時間を比較した調査の結果については8章「4. 消えた遊び」で中村が紹介しているので，詳細はそちらを見ていただきたい．ここではそのうちの遊びの内容の変化について図8-14（p.105）と同じものを図2-1で再掲する[1]．現在の40歳以上の大人が小学校のころにしていた遊びは，著者がそれより30年ほど前の子どものころにしていたものとほとんど同じで，年代によって種目の変遷は多少あるが，少人数で，誰とでも，場所はどこでも遊べるものが中心だった．野球は各年代ともずっと上位に入っている種目だが，同じ野球でも三角ベースなどの自由度の高いものから，どの年代のころからか正規の野球へと変化してきているといえるだろう．ソフトボールにも同じ流れがあるように思われる．

小学校の体育に1950年代からサッカーが教材として入ったこと，赤き血のイレブンやキャプテン翼といった漫画の影響，そして日本のサッカーが強くなり，さらにJリーグの誕生といったサッカーを取り巻く環境の変化から，サッカーが30歳代からベスト5に入ってきているが，最近の別の調査では，野球を抜いて子どものするスポーツの1位になっている．

今の小学生の遊びの1位には男女ともテレビゲームが，男子の5位にはカード遊びが入っているが，いずれもからだを積極的には動かさない遊びである．本書では対象にはしていない遊びであり，国際オリンピック委員会も，スポーツの発展を妨げる3つのスクリーンとして，テレビ，テレビゲーム，携帯電話をあげている．そしてスマホを片時も離せない子どもが増えているということも聞く．こうしたことにかかわる時間を少しでも少なくして，その時間を遊び・運動・スポーツに向けることが，子どもの健全な発育，発達にとっての現代の大きな課題となっているといえるのだろう．

また遊びの場所も30歳以上では室内は非常に少なく，年代が若くなるにつれて自然的な場所は減って人工的な場所が多くなるが，現在の子どもの遊ぶ場所は半分近くが室内になり，自然の中での遊びは10%以下になっているということである（p.104，図8-13参照）[1]．

中村は小学生時代の外遊びの時間の年代別の変化も調べている（図2-2，図8-12（p.104）の再掲）[1]．これによれば，女子は各年代とも男子より1割強少ないが，現在の小学生は男女とも30歳以上の大人たちの小学生時代に比べて，ほぼ半分程度の時間しか外遊びをしていないことが示されている．

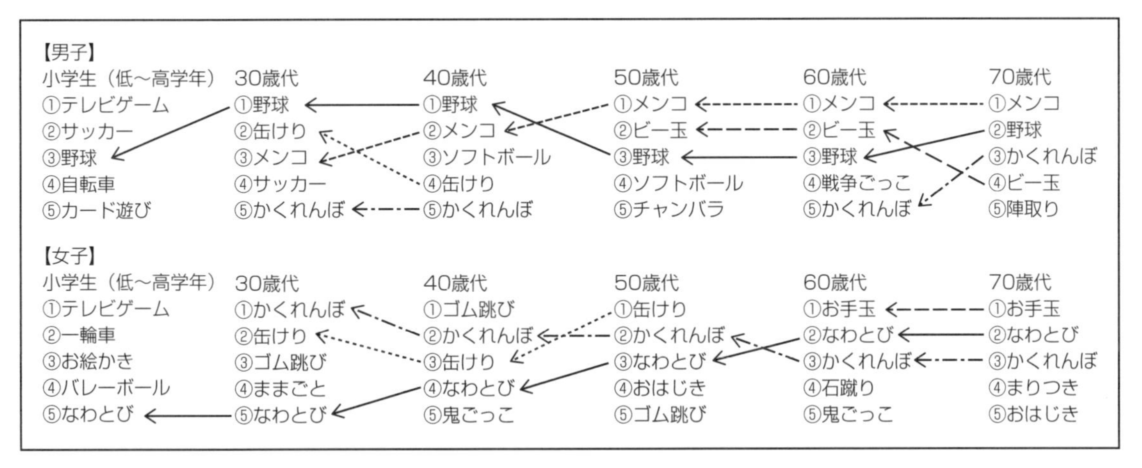

図2-1　年代別にみた子どもの遊びベスト5

（中村和彦：子どもの遊びの変遷に関する調査研究．2006）

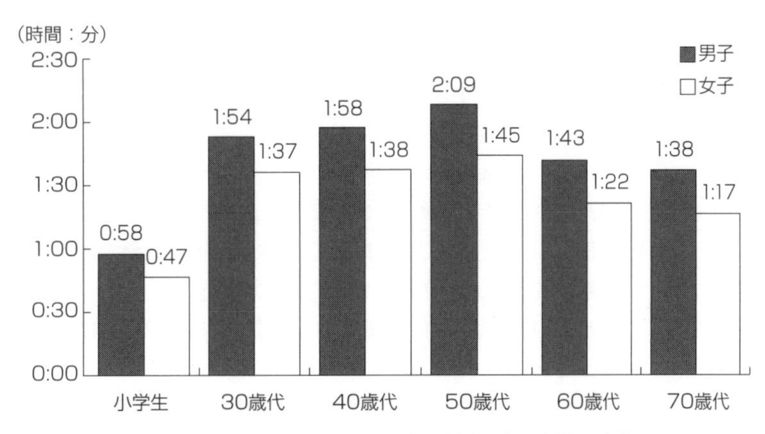

図2-2　各年代の子どもの時の外遊びの時間の変化

（中村和彦：子どもの遊びの変遷に関する調査研究．2006）

している遊びの種目や，場所，時間が変化してきただけでなく，もうひとつの問題として，かつては一人の子どもが複数の運動遊びやスポーツをしていたものが，今は運動をしている子どもでもひとつのスポーツしかしていない子どもが増えていることがあげられる．野球だけ，サッカーだけ，水泳だけしかしていないということである．

こうした小学生年代の遊び・運動・スポーツの変化によって，からだ，とくにその動かし方にどんな変化が起きているのかについても，中村は調査をしている(8章2.(3)基本的な動きが身についていない（p.93）参照)．この調査では，走跳投などの基礎的な運動の動作パターンを，巧みさの程度，すなわち動作がうまくできているかどうかをそれぞれの運動について評価して，1985年と2007年の幼稚園児と小学校児童の動作の習得度を比較している．これによれば，同じ年齢での基礎的動作の習熟度が20年ほど前に比べて2/3程度までしか達していないということである．また，そのうちの2007年の小学生の成績を1985年の幼稚園児の成績と比べると，1985年の幼稚園の

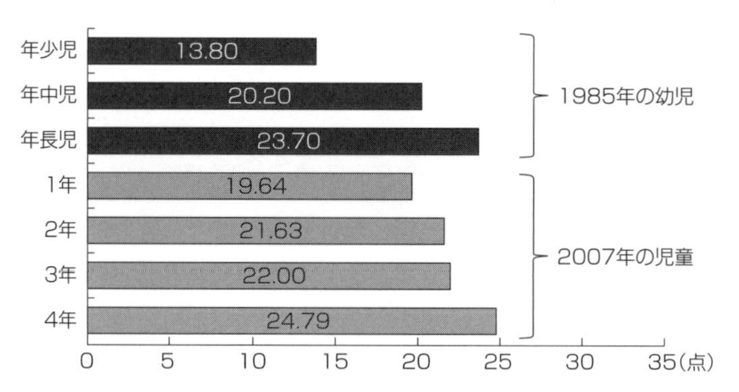

図2-3　幼稚園児（1985年）と小学生（2007年）の基礎的動作の習熟度の比較

（中村和彦ほか: 観察的評価法による幼児の基本的動作様式の発達. 発育発達研究, 51: 1-18, 2011）

年中児が2歳上の2007年の小1よりもわずかではあるが習熟度が高く，1985年の年長児の動作の巧みさは2007年の小3より高く，小4に近い数値であることが示されている．この20年余で，小学生の基本的動作の習熟度が20年前の幼稚園児並みにしか発達していないということである（図2-3）[2]．

これらの調査から，年少のときから幼稚園や小学校でも家に帰ってからも，遊び・運動・スポーツをする機会が減り，またスポーツをしていても単一のスポーツの運動だけしかしていないことによって，いろいろな形でからだを動かすさまざまな基本的な運動の技能が低下していることがはっきりしたということができるだろう．要するに子どものからだを動かす能力が全体的には明らかに未習熟のまま成長しているということである．

文部科学省では，1964年の東京オリンピックを契機に，小学生から高齢者までの体力・運動能力調査を全国からの抽出調査で実施してきた．これは国民の体力・運動能力の現状と経年的変化を把握して，課題を明らかにするとともに，その結果を政策に反映させることを目的としたものである．これに加えて，全国的な子どもの体力の状況について詳細な把握・分析を行うことを目的に，2008年からは，小学校5年生と中学校2年生を対象として，「全国体力，運動能力，運動習慣等調査」を始めた．これはその前年から始まった全国学力テストにならったものである．

2008年，2009年は全国の全学校の当該学年のすべての児童，生徒を対象とした悉皆調査だったが，予算の関係もあって2010年からは学力は30%，体力は20%の抽出調査となった．2011年は東日本大震災の影響で中止されたが，2012年は20%の抽出調査で行われ，2013年にはまた悉皆調査に戻って実施された．毎年の調査の分析結果は「全国体力・運動能力，運動習慣等調査報告書」として，毎年文部科学省から報告書が出版されている[3]．また中止された2011年には，それまでの3年間のデータからさらに分析を加えて，「子どもの体力向上のための取組ハンドブック」が作成，出版されている[4]．

著者も中村もその調査の検討委員会のメンバーとして初年度から参加していて，各

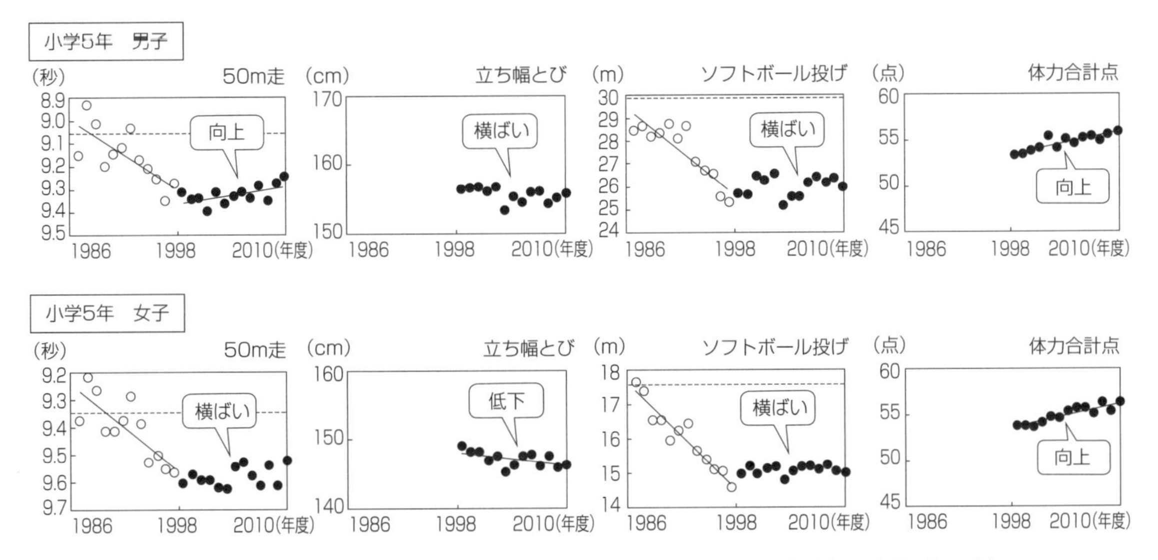

図2-4　長期的（1986～2010年）にみた走跳投および体力合計点の変化（10歳）

図中の破線は，1985年水準を示す．
立ち幅跳びと体力合計点は，テスト項目変更のため1998年度以降を示す．
（文部科学省：子どもの体力向上のための取組ハンドブック．pp.8-9）

年度の報告書とハンドブックの作成にもかかわっていたので，ハンドブックと2013年度の報告書からいくつかの分析結果を紹介したい．この部分も中村の分担した第8章と重複するところがあるが，ある意味で重要な部分であるので，重複はお許しいただきたい．

図2-4，図2-5は長年行ってきた体力・運動能力調査小学5年生（10歳）と中学2年生（13歳）の走，跳，投種目と体力合計点の経年変化である．種目が1998年から一部変更されたので，投と合計点はその後の分しかないが，ここに示していない種目を含めて1985年ごろまでは向上傾向を示していたが，そのあたりを頂点としてその後低下傾向に転じていた．文科省を中心に1985年ごろの最高値へと回復するための施策を講じた結果，低下傾向には歯止めがかかり，1998年ごろからは横ばい，または緩やかな向上傾向に転じた種目もあり，合計点では緩やかではあるが向上傾向を示している．しかし依然として低下傾向を続けている種目もあるし，どの種目もまだ1985年ごろの水準に比べると依然として低い水準にある．

また最近では投種目に低下が見られている．図2-4，図2-5では小学生男女のソフトボール投げと中学生男子のハンドボール投げには横ばい，中学生女子のハンドボール投げには向上という説明が入っているが，これは1998年から2010年までの変化の傾向を表したものである．しかしこの後の2012，2013年には小・中・男女すべてで連続して低下を示していて，2008年以後は直線的に低下している．その理由についてはまだ確実な検証は行われていないが，子どものスポーツの実施種目が野球からサッカーにシフトしている現象が見られることから，それが投能力の低下につながっているのではという見方もある．前に上げた1種目しかスポーツをしていないことか

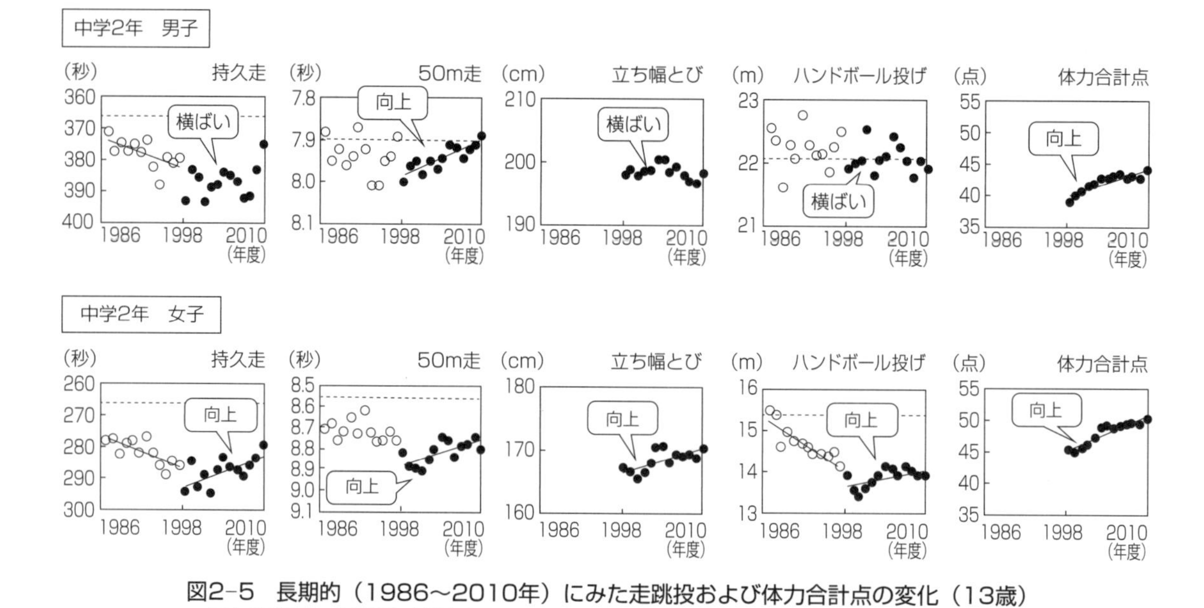

図2-5　長期的（1986～2010年）にみた走跳投および体力合計点の変化（13歳）
図中の破線は，1985年水準を示す．
立ち幅跳びと体力合計点は，テスト項目変更のため1998年度以降を示す．
（文部科学省：子どもの体力向上のための取組ハンドブック．pp.8-9）

らの現象といえるのかもしれない．中学校の教諭に聞いた話では，中学生の女子には，ハンドボール投げでボールを片手では投げられない生徒がかなりいるという．両手で持って投げたのでは遠くへは投げられない．握力も低下傾向が見られるので，これがボールを片手では持てないということにつながっているのかもしれない．

投距離のパフォーマンスには筋力と投げる技能の両者がかかわっているが，子どもたちのボールを投げる機会が減少していることが，投の運動技能の習熟度の低下と，投げる動作にかかわっている筋力の低下を招いて，投距離を減少させていると推論されるのである．

この調査では学校の授業以外での運動実施時間について，児童生徒からかなり詳細に回答を求めて，1週間の体育の授業以外での運動時間を算出している．2013年の報告書から子どもたちの運動実施時間の分析結果を見てみよう．週当たりの総運動時間を60分単位でグループにして，その人数の分布を示したのが図2-6である．これによれば，週に60分以下しか運動をしていない児童・生徒の割合が，小・中・男女ともっとも多く，2013年のデータでは，小学生男子では9.1％，小学生女子では21.0％，中学生男子では9.7％，中学生女子では1/3に近い29.9％もの子どもが，週に60分，1日に平均すれば10分にも達しない時間しか運動をしていないということになる．

小学生のグラフは男女とも，時間が長くなるにつれて人数の割合が漸減していくが，中学生の男女は300分あたりで緩い谷底になったあと900分のあたりに向けて緩やかな山を描いて，そのあと漸減していくという形になっている．

この60分以下しか運動していないグループを，さらに0分，つまり体育の時間以外にはまったく運動をしていない子と，残りを15分ずつの4グループに分けてその割合

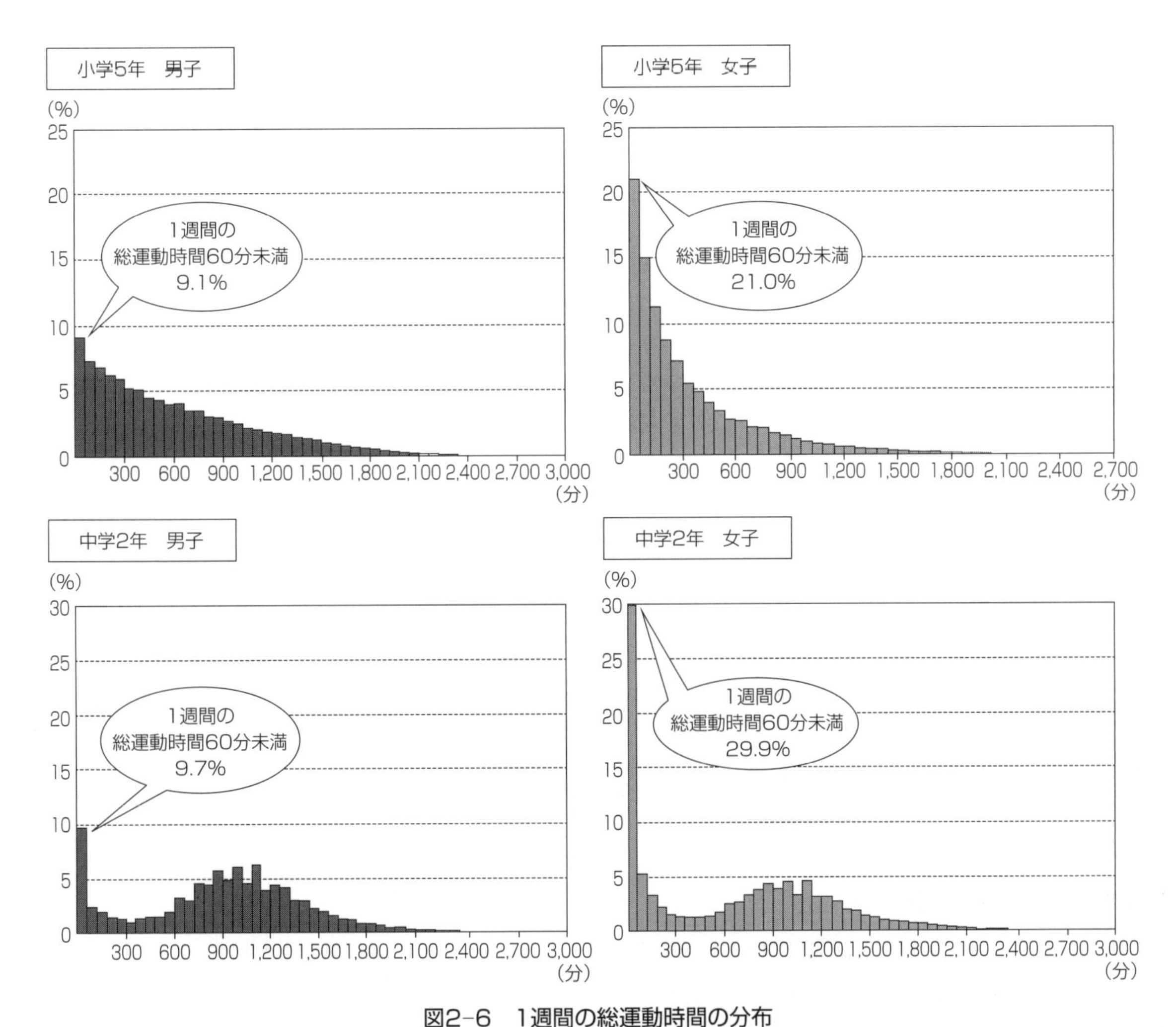

図2-6　1週間の総運動時間の分布

(文部科学省：平成25年度　全国体力・運動能力，運動習慣等調査報告書．p.34, p.70)

を見たのが図2-7である．小学生では男女ともそのほぼ半数が0分，つまりまったく運動をしていないことになり，60分以下の割合とこの割合とを掛け合わせると，全体の児童のうち男子の5%，女子の10%の児童が運動をまったくしていないということが示されている．中学生ではこの割合はさらに増え，60分以下の生徒のうち男女ともほぼ8割が運動時間0であり，全体に対する割合では男子の7.6%，女子の24.0%もの生徒が運動はまったくしていないということになる．中学生女子の4人に1人が体育の時間以外にはまったく運動をしていないということである．

図2-6の中学生のグラフで，谷間となっている420分で2群に分けて，それ以下と以上の2群と全体の群別に体力合計点の分布を示したのが図2-8である．420分というのは毎日1時間運動をするということで，その2群の体力分布が小・中・男女ともきれいに正規分布することを示す左右ほぼ対称の山を示している．これまでも運動をしている子としない子とが二極化しているのでは，また体力も二極化しているのでは

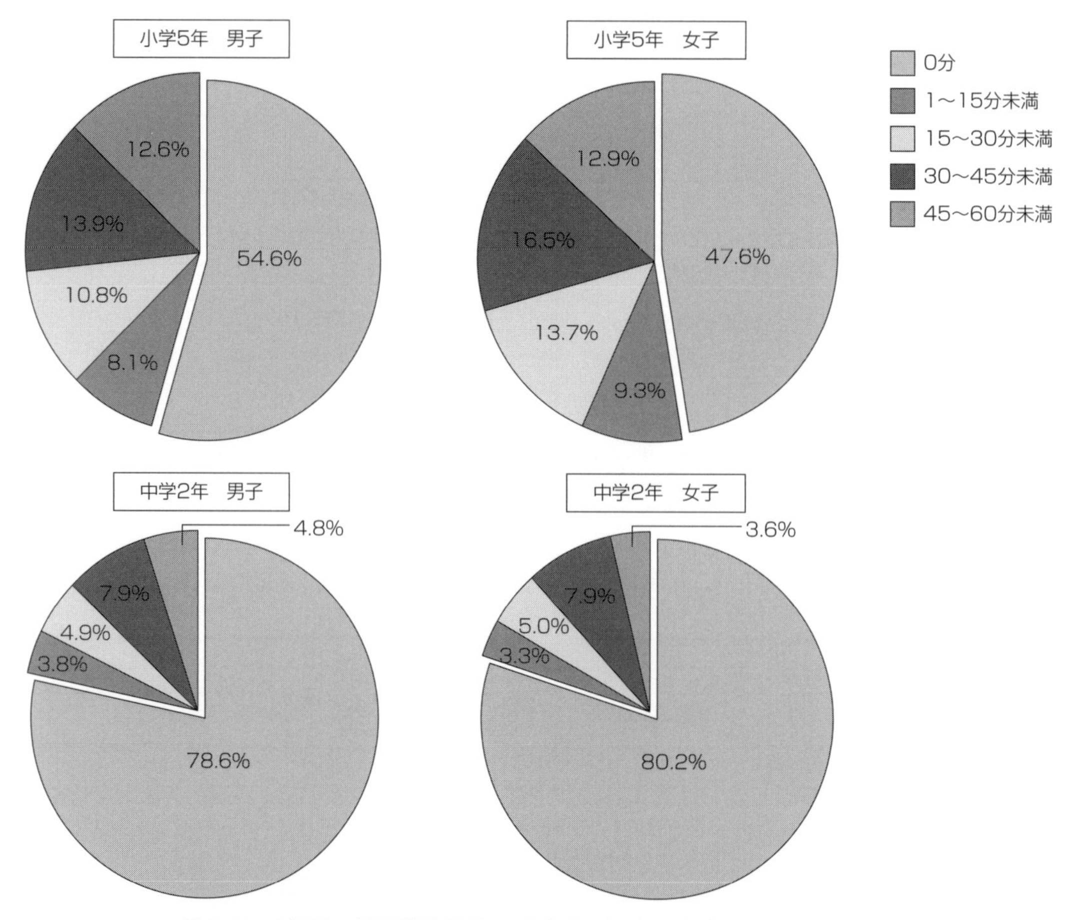

図2-7　1週間の総運動時間が60分未満の児童・生徒の運動時間の内訳
（文部科学省：平成25年度　全国体力・運動能力，運動習慣等調査報告書．p.34, p.70）

ないかといわれていたが，その二極化が事実だということがこれらの図から説明できるのではないかと思っている．

さらにこの調査では，生徒･児童個人の生活習慣や，体育やスポーツに対する態度，認識，家族や地域社会とのかかわりなどを調査して，運動時間や体力とどう関係しているかを多面的に分析している．生活習慣では朝食をきちんと食べる，睡眠時間が適切であり，テレビを長時間は見ていない子どもの方が，家族とスポーツや運動を一緒にしたり，テレビを含めてスポーツを見たり，スポーツの話題を話し合ったりしている子どもの方が，また地域とのスポーツでのかかわりのある子どもの方が，いずれも運動時間も長く体力も高いことが認められている．

また，授業や部活などで新しい運動に挑戦するときは，その動きのコツがわかるとできるようになり，できるとさらに楽しくなって，運動やスポーツをすることが一層好きになり，もっと運動やスポーツをしたくなるということが，またその反対の方向だと運動やスポーツがきらいになって，したくなくなっていくことが示されている．これらの結果は，体育の授業や部活などで指導する，あるいは習う時の重要なポイン

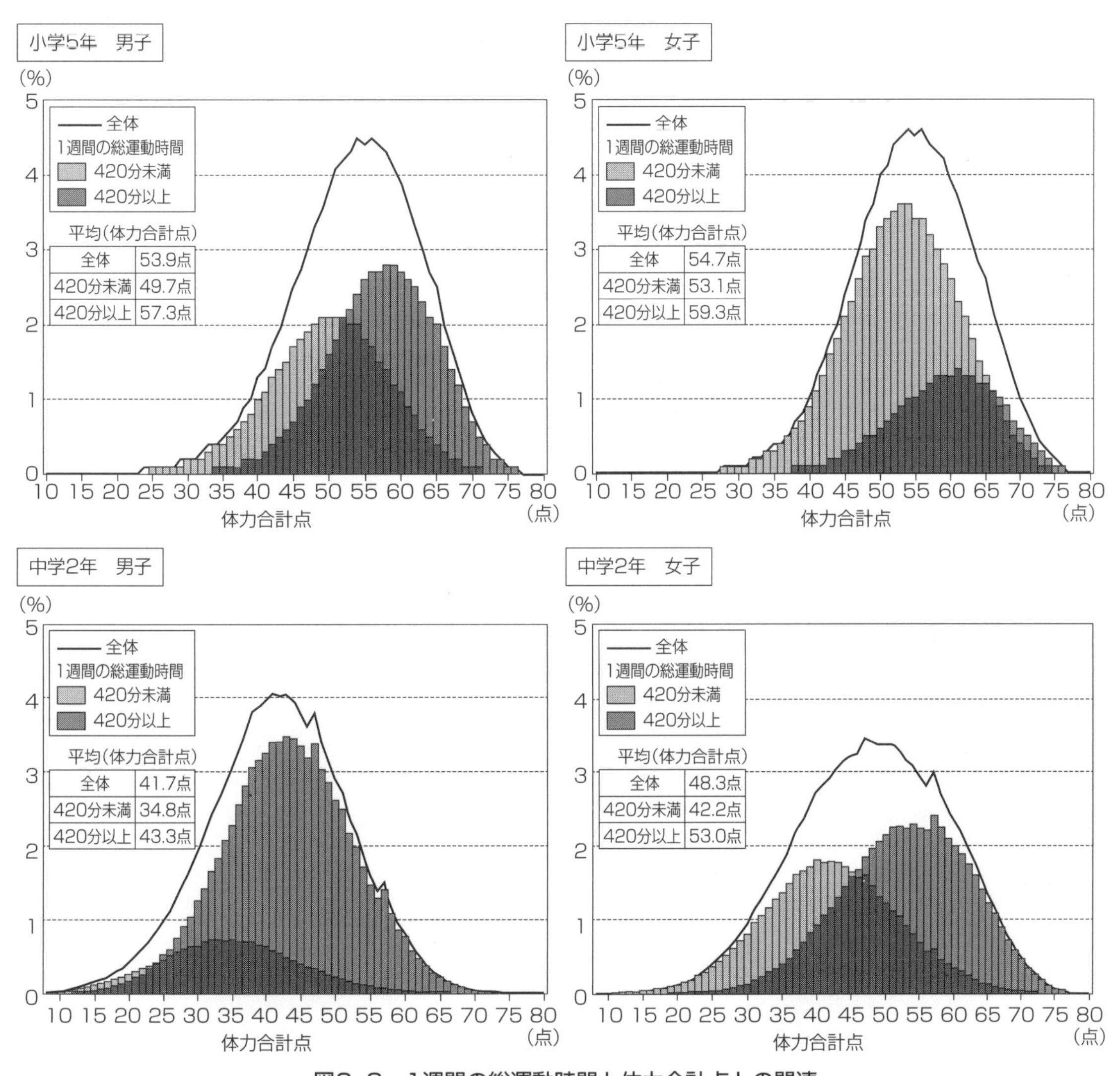

図2-8　1週間の総運動時間と体力合計点との関連

（文部科学省：平成25年度　全国体力・運動能力，運動習慣等調査報告書．p.34, p.70）

トになるものである．

さらに学校の授業改善や課外の運動時間の確保などに積極的な取り組みをしている学校ほど，学校全体の体力レベルの高いことが示されている．

学校関係者，中でも体育の教科の指導や，課外の運動部活動等にかかわっている方々には，ぜひこの各年度の調査報告書とハンドブックをお読みいただきたいと思っている．また地域などで子どものスポーツにかかわっている指導者などの方々にも，そして父母にもぜひ知っておいていただきたい事柄である．これらの冊子は，全国の各小・中学校並びに県・市町村の教育委員会に送付されている．また，文科省のホームページでも見ることができる．

[浅見　俊雄]

［参考文献］

1）中村和彦：子どもの遊びの変遷に関する調査研究．2006.
2）中村和彦ほか：観察的評価法による幼児の基本的動作様式の発達．発育発達研究，51: 1-18, 2011.
3）文部科学省：全国体力・運動能力，運動習慣等調査報告書（平成20，21，22，24，25年度） http://www.mext.go.jp/a_menu/sports/kodomo/zencyo/1266482.htm（2014年3月26日現在）
4）文部科学省：子どもの体力向上のための取組ハンドブック http://www.mext.go.jp/a_menu/sports/kodomo/zencyo/1321132.htm（2014年3月26日現在）
5）日本学術会議：提言 子供を元気にする運動・スポーツの適正実施のための基本指針 http://www.scj.go.jp/ja/info/kohyo/pdf/kohyo-21-t130-5-1.pdf（2014年3月26日現在）
6）笹川スポーツ財団：子どものスポーツライフ・データ2012：4～9歳のスポーツライフに関する調査報告書．2012.
7）笹川スポーツ財団：スポーツライフデータ2010：スポーツライフに関する調査報告書．2010.
8）文部科学省：小学校学習指導要領 http://www.mext.go.jp/a_menu/shotou/new-cs/youryou/syo/（2014年3月26日現在）

3章 子どもの遊び・運動・スポーツの現状と問題点

現代社会においてはテレビ，車，コンピュータなど，機器の日常生活への普及により，日常生活における身体活動量が減少し，運動不足から来るさまざまな健康障害が問題になっている．とくに発育期の子どもの運動不足は，正常な心身の発達を阻害する重要な要因として見逃すわけにはいかない．

そこで本章では，子どもの運動・スポーツの現状と問題点について次の観点から考えてみたい．

1. 相対発育の観点から見た子どもの体力
2. 発育の個人差を骨年齢との関係で見る
3. 発育期の筋腱複合体に見られる弾性特性
4. 現代の子どもの体力は低下している
5. 子どもの運動に関する海外の取り組み
6. 日本における子どもの運動に関するガイドライン

1．相対発育の観点から見た子どもの体力

腕力や脚力などのヒトが最大努力で発揮できる筋力（最大筋力）は，発揮する筋の横断面積に依存することが明らかにされている．そして，発育期に最大筋力は急激に増加するが，その原因の主たるものとして筋断面積の急激な増加がある．発育期に最大筋力と筋断面積との関係を見ることは，子どもの身体運動やスポーツ活動を考える上で非常に重要である．

人体の筋断面積測定は，超音波法により数多く行われている．そこで，発育期の子どもの腕および脚の筋断面積を超音波法により測定し，同時に最大筋力を測定し，両者の関係を見た．図3-1は7歳から18歳までの上腕部および大腿部の筋断面積（屈筋群および伸筋群）と最大筋力（屈曲筋力および伸展筋力）との関係を見たものである[1]．男女ともに発育に伴い筋断面積が増加し，最大筋力がほぼ直線的に増加している傾向が見られる．このことは，発育に伴う筋断面積の増大が，最大筋力の増加を生み出していることを示すものである．

最大筋力が筋断面積にほぼ比例関係にあることから，上肢（前腕および上腕）および下肢（大腿，下腿）についての筋断面積の年代別比較をしたのが図3-2である[2]．7歳から12歳くらいまで男女ともに年齢が進むに伴い，各筋群の筋断面積はほぼ直線

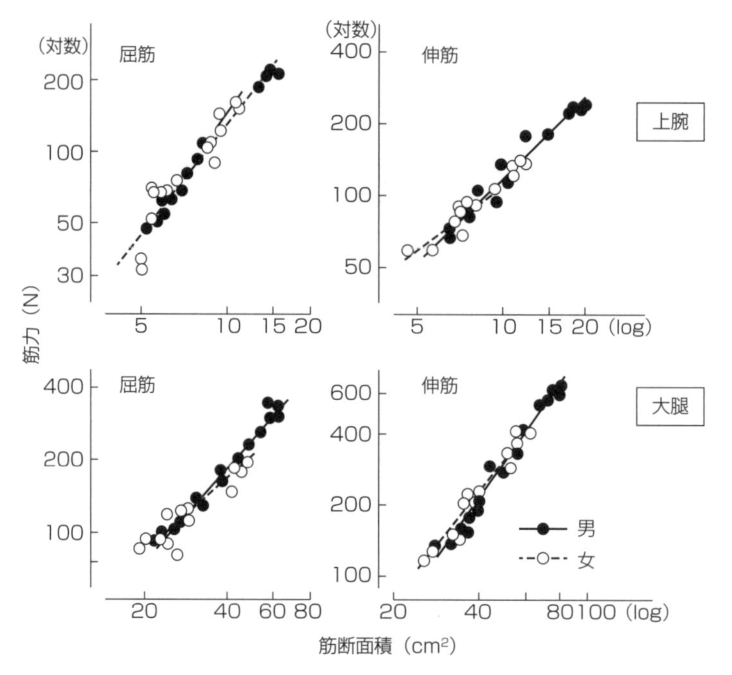

図3-1　発育期（7歳～18歳）に見られる上腕部および大腿部の伸展筋および屈曲筋の筋断面積と最大筋力との関係

（金久博昭，角田直也，池川繁樹，福永哲夫：相対発育から見た日本人青少年の筋力．人類学雑誌，97: 71-79, 1989）

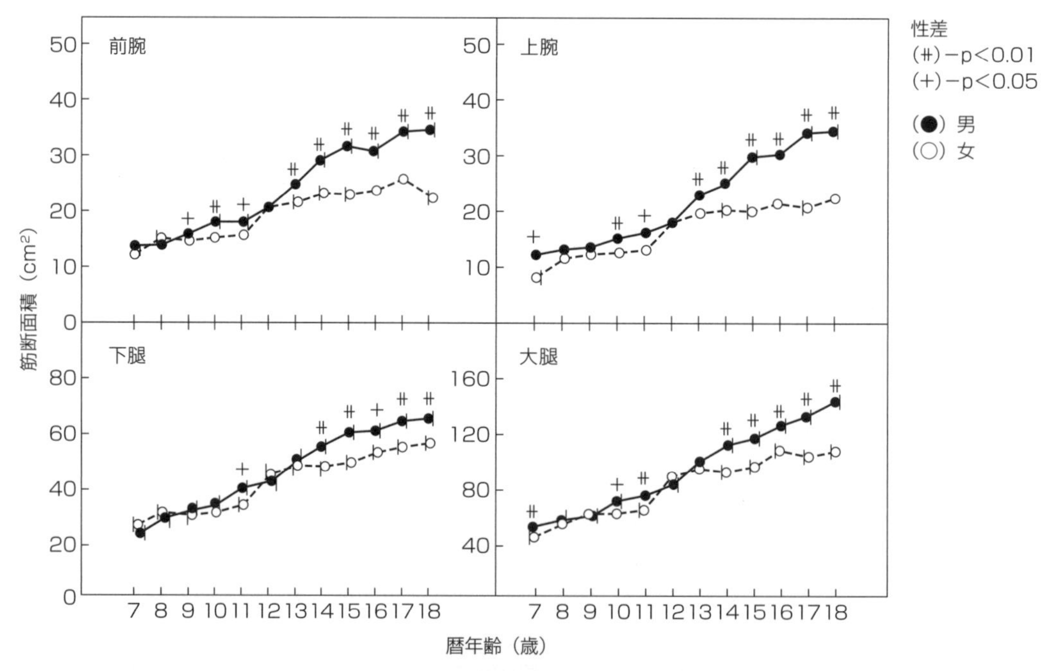

図3-2　発育期に見られる筋断面積（前腕，上腕，下腿，大腿）の変化
各年齢における筋断面積の平均値と標準偏差．

（福永哲夫，金久博昭，角田直也，池川繁樹：発育期青少年の体肢組成．人類学雑誌，97: 51-62, 1989）

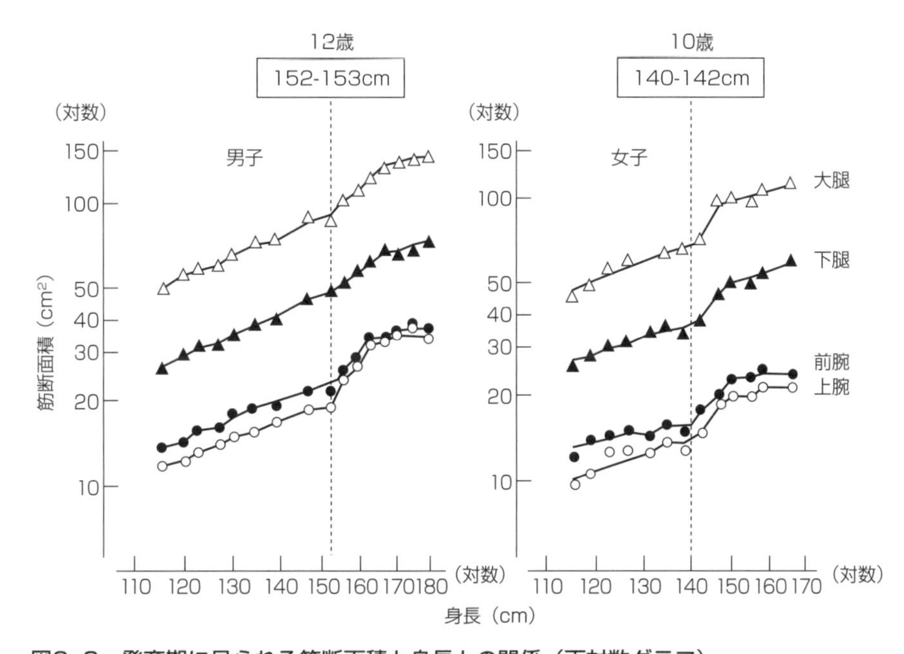

図3–3　発育期に見られる筋断面積と身長との関係（両対数グラフ）

（金久博昭，角田直也，池川繁樹，福永哲夫：相対発育から見た日本人青少年の筋力．人類学雑誌，97: 71–79, 1989）

的に増加する．いずれの部位においても，12歳ごろ以降に，男子は急激な筋断面積の増加が見られ，男女差が大きくなる．12歳ごろ以降の男子の急激な筋の発達は，思春期の男性ホルモンの影響と考えられている．

思春期の急激な筋の発達について，相対成長の観点から分析すると興味ある現象が明らかになる．相対成長とはディメンション論的な観点から長さと体積，重さ，面積などとの関係を見ようとする分析方法である．面積は長さの2乗であることから，筋断面積は長さ（身長）の2乗に比例することが考えられる．

そこで図3–3は，発育期の男女について身長と筋断面積との関係を両対数グラフで表したものである[1]．男女ともに，身長の増加に伴い筋断面積も直線的に増加する傾向が見られるが，その増加傾向はある身長を境に急激になる．男子についてみると，身長が約150cm（約12歳）以降の筋断面積の増加はそれ以前に比較してより急激である．一方，女子でも同じような傾向が見られるが，男子に比較して身長が約10cm低い（約140cm）年齢（約10歳）で急激な筋断面積の増加が見られる．

発育期の筋発達に影響する因子としては，性ホルモンがある．身長が男子では150cm付近（12歳ごろ），女子では140cm付近（10歳ごろ）での急激な筋断面積の発達は性ホルモンの影響であることが推察される．

2. 発育の個人差を骨年齢との関係で見る

筋組織や筋力は発育期に急激に発達するが，その発達の程度には大きな個人差が見られる．同じ暦年齢でも，生物としての成熟に個人差が大きいことがそのおもな原因

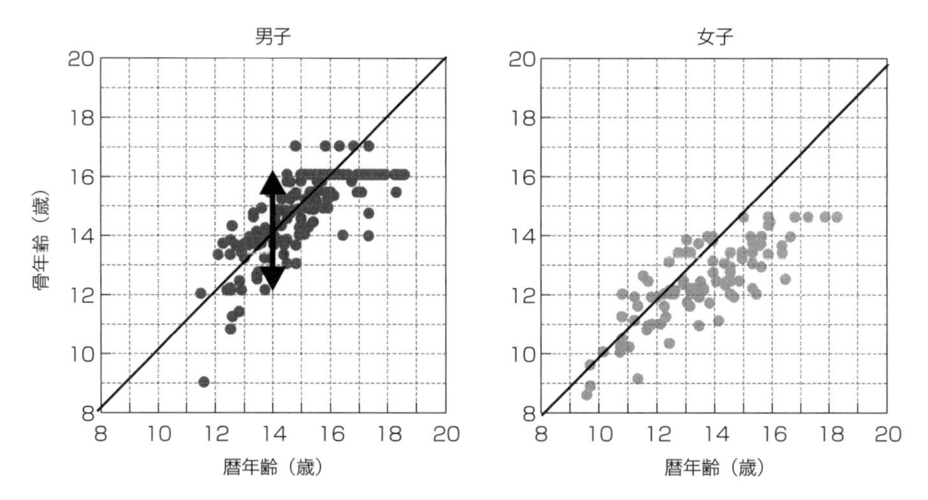

図3-4　発育期の男女に見られる骨年齢と暦年齢との関係

（日本体育協会：Guide Book　ジュニア期の体力トレーニング．1996）

である．生物学的に見た年齢を測る指標として骨年齢がある．この方法は，手のX線写真による化骨状況から生物学的な年齢を推定する方法である．

(1) 暦年齢と骨年齢

骨年齢と暦年齢との関係は，どのようになるのであろうか．図3-4に見られるように，男女ともに発育期には暦年齢が同じでも骨年齢にかなりの個人差がある[3]．例えば，男子についてみると，暦年齢が14歳の場合でも，骨年齢では12歳から16歳までの個人差が見られる．このことは，発育期においては暦年齢だけでは身体の生物学的発育段階を判断できないことを示している．

(2) 体格および筋の発達と骨年齢

身長，体重，胸囲に代表される体格は発育期に大きな増加が見られるが，その傾向は暦年齢で見た場合と，骨年齢で見た場合とではかなり異なる．図3-5は，発育期の競技選手（陸上，ウエイトリフティング，スピードスケート，テニス）および一般児童について発育に伴う身長，体重，胸囲の変化を暦年齢と骨年齢とで見たものである[3]．発育期の4年間を各児童について追跡調査した結果である．いずれの種目の選手も年齢とともに身体は大きくなるが，同じ暦年齢では明らかに体格の種目差が見られる．同じ暦年齢でも体重および胸囲はスピードスケート選手がもっとも高く，テニス選手は低い傾向が見られる．

一方，骨年齢で見ると，同じ骨年齢では種目差はほとんどなくほぼ同じ体格であることがわかる．このことは，生物学的成熟度を表している骨年齢で見ると身長，体重などの体の大きさは生物学的な成熟度にほぼ比例し，スポーツ競技の種目特性は関係がないことを意味している．

さらに，詳しく発育期の筋の発達を見るために，超音波法により上腕および大腿の筋厚を測定し，年齢との関係を見たのが図3-6である[3]．例えば，暦年齢では同一年

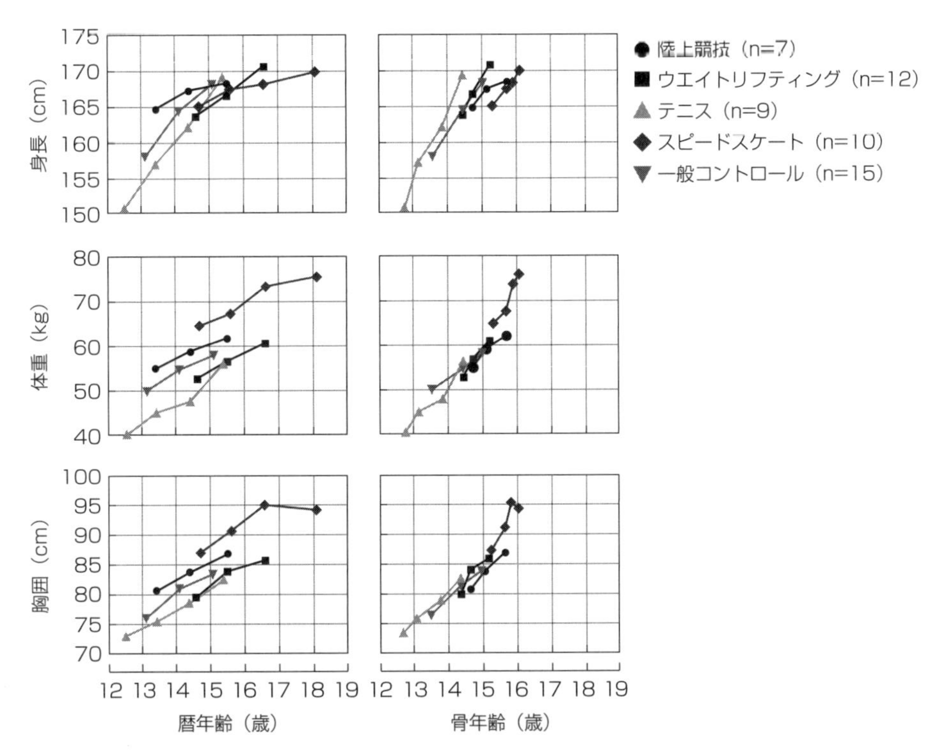

図3-5　身長，体重，胸囲に見られる年齢（暦年齢および骨年齢）に伴う変化

（日本体育協会：Guide Book　ジュニア期の体力トレーニング．1996）

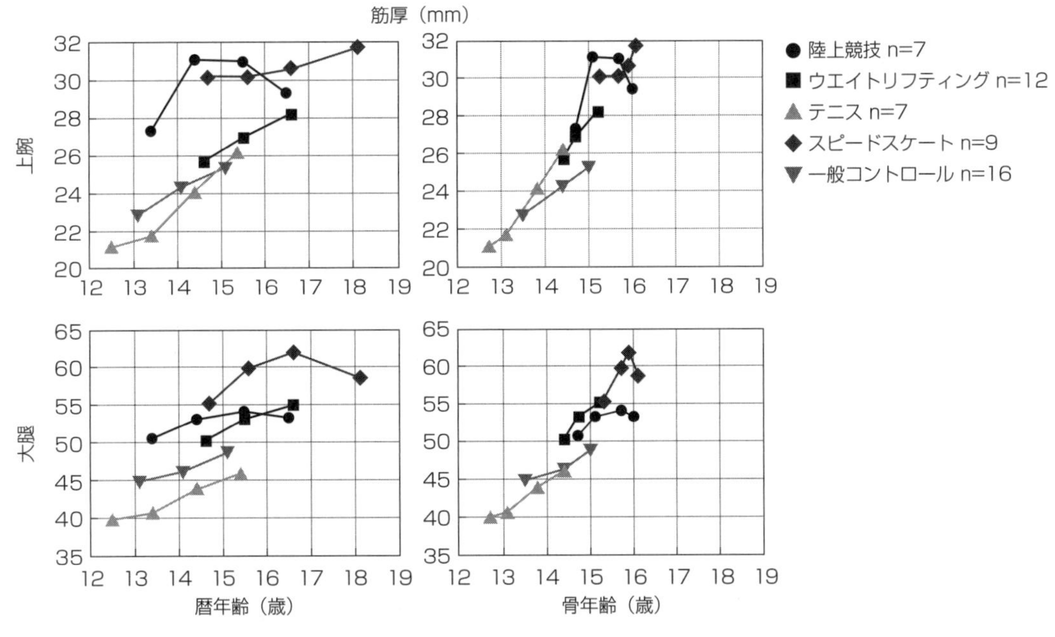

図3-6　大腿および上腕部に見られる，筋厚の年齢（暦年齢および骨年齢）に伴う変化

（日本体育協会：Guide Book　ジュニア期の体力トレーニング．1996）

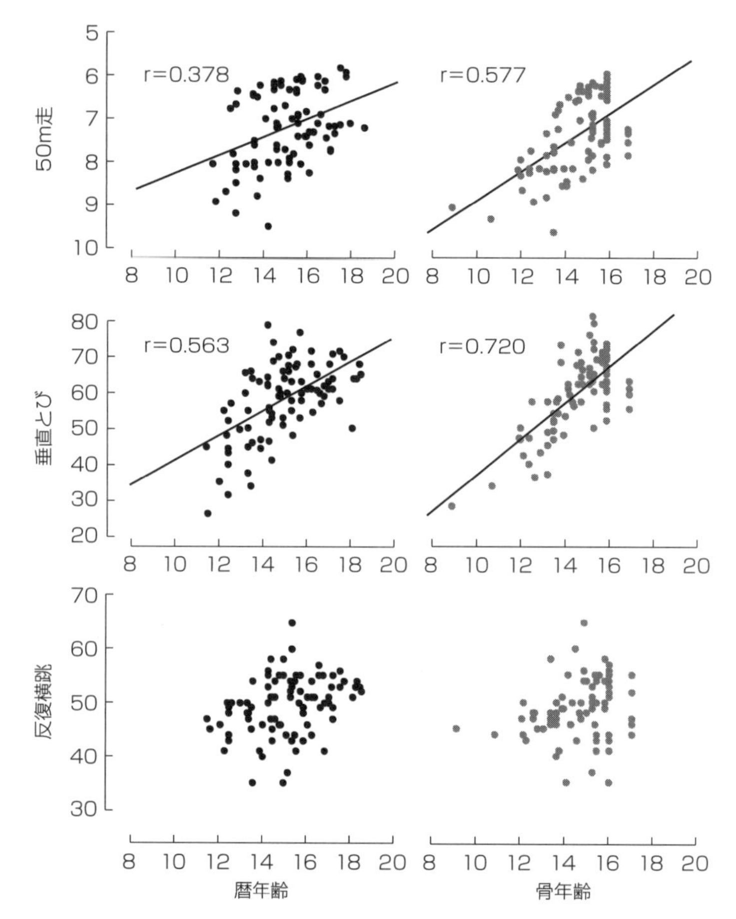

図3-7　発育期に見られる走，跳およびサイドステップの年齢（骨年齢と暦年齢）に伴う変化

（日本体育協会：Guide Book　ジュニア期の体力トレーニング．1996）

齢でも筋厚に大きな種目差が見られる．大腿前面の筋厚でみると，スピードスケート選手が高く，テニス選手は低い傾向が見られる．一方，骨年齢ではほとんど種目差は見られず，骨年齢が同じであれば競技種目に関係なくほぼ同じ筋厚である．つまり，同じ暦年齢での筋の発達に見られた両種目の差は，スピードスケート選手が早熟でテニス選手は晩熟であったことによると考えられる．

(3) 運動能力と骨年齢

さらに，走，跳などの運動能力の年齢別差異を暦年齢と骨年齢で見たものが図3-7である[3]．50m走タイムと垂直とび記録は年齢と有意な相関関係があり，年齢の高いものほど記録がよい傾向が見られるが，その相関係数を見ると，骨年齢との相関係数がより高い傾向が見られる．暦年齢に比較して骨年齢は生物としての成熟度をより正確に表す指標であることから，筋力や筋パワー能力を評価する指標としての垂直とびや短距離走能力は生物学的成熟度の高いものほど高い能力を示すことが理解される．

このことは，前述の筋断面積の発達が生物学的成熟度の高いものほど著しく，筋パワー系種目の記録がよいことを意味していると思われる．

一方，敏捷性能力を現す指標としてのサイドステップは両年齢とも統計的に有意な相関関係を示さなかった．つまり，敏捷性能力は神経系の機能が主要因として考えられ，そして，神経系機能は発育期の初期（12歳以前）に十分に発達が終了するといわれているので，12歳以降の思春期には年齢の影響を受けない結果を示したのであろうと考えられる．

3．発育期の筋腱複合体に見られる弾性特性

一般に，子どもの身体は大人に比べて柔らかいとの表現がされる．身体が柔らかいとか硬いとかの表現の意味するものはなんだろうか．からだの硬さの解剖学的因子として関節の可動範囲が考えられるが，それ以外にも筋や腱の弾性特性を意味しているとも考えられる．

関節の可動範囲は比較的容易に測定できるが，弾性特性を測定する方法はこれまで実施することが困難であった．著者らは，超音波法を用いて腱の伸長量を定量することに成功した．この方法を用いれば，腱に作用する力の量と腱伸長量との比から硬さの指標としてのスティフネスを算出することができる．

図3−8は，超音波法を用いて外側広筋の筋束（筋線維を束ねたもの）長を測定し，筋束長／大腿長比を算出し，11歳および15歳と成人とを比較したものである[4]．年齢が若い子どもほどこの比が少ないことが見られる．筋束長／大腿長比が少ないことは逆に腱長の比率が多いことを意味する．

さらに，膝伸展筋力発揮時の腱の伸長量と腱張力との関係を見たのが，図3−9である[4]．等尺性膝伸展筋力発揮時の大腿四頭筋腱の長さ変化と腱に作用した張力との関係を見ると，腱張力がほぼ最大張力の50％以上の時には，腱張力と腱長変化量との関係はほぼ直線的である．そこで，両者の比を算出し伸展性（コンプライアンス，柔らかさ）の指標として表した．その結果，成人男性（1.8）に比較して，15歳児（2.9）および，11歳児（4.1）と若い年齢ほどコンプライアンスは高い傾向が見られた．このことは，子どもの腱は大人に比較して柔らかいことを示すものである．腱組織は，作用した力により伸縮するゴムのような弾性体であることが知られている．歩行，走行，跳躍などの身体運動中に，腱は外力により伸張し短縮する．このとき，腱伸長時に弾性エネルギーが蓄積され短縮時に放出されることになる．柔らかい腱はこの弾性エネルギーの蓄積・放出が行われやすいと解釈される．また，外界からの衝撃などに対して筋腱複合体の障害などが起こりにくいとも解釈される．

4．子どもの体力は昔に比較して低下している

文部科学省は体力・運動能力を調査し，毎年その結果を報告している[5,6]．

図3−10に見られるように，走・跳の記録は1985年に比較して1995年には約3～7％の低下が見られ，ソフトボール投げは約10～15％の低下が見られる[7]．1995年以降

外側広筋

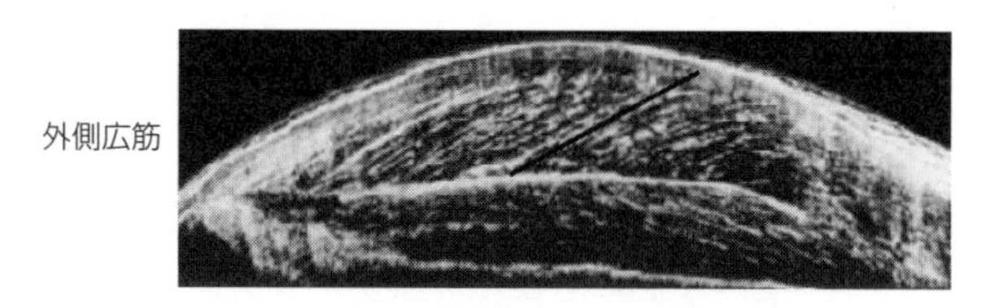

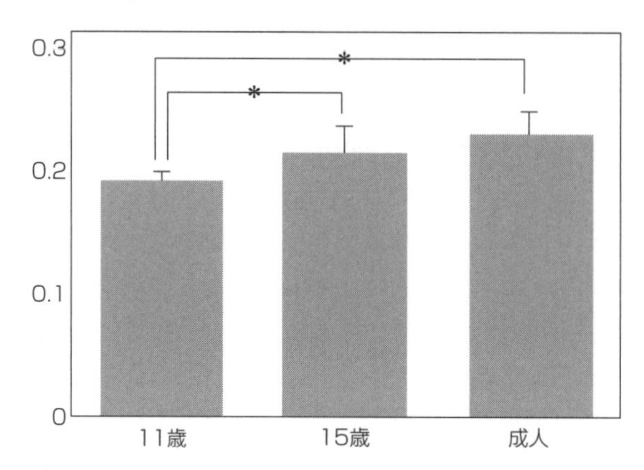

図3-8　発育期の大腿四頭筋に見られる（筋線維長÷大腿長）比の年代別比較

（Kubo K, Kanehisa H, Kawakami Y and Fukunaga T: Growth changes in the elastic properties of human tendon structures. Int J Sports Med, 22: 138-143, 2001）

伸展性（・10⁻²mm/N）

11歳	15歳	成人
4.1（0.9）*	2.9（1.1）*	1.8（0.3）

膝伸展筋力（N）
1500
1000
500
0
0　10　20　30　40
腱長変化（mm）
成人
11歳
15歳

図3-9　大腿四頭筋の膝伸展筋力の増加に伴う腱長変化
等尺性膝伸展筋力の増大に伴い大腿四頭筋の腱長が増大するが，腱長増加の比率は子どもと大人とでは異なる傾向が見られる．

（Kubo K, Kanehisa H, Kawakami Y and Fukunaga T: Growth changes in the elastic properties of human tendon structures. Int J Sports Med, 22: 138-143, 2001）

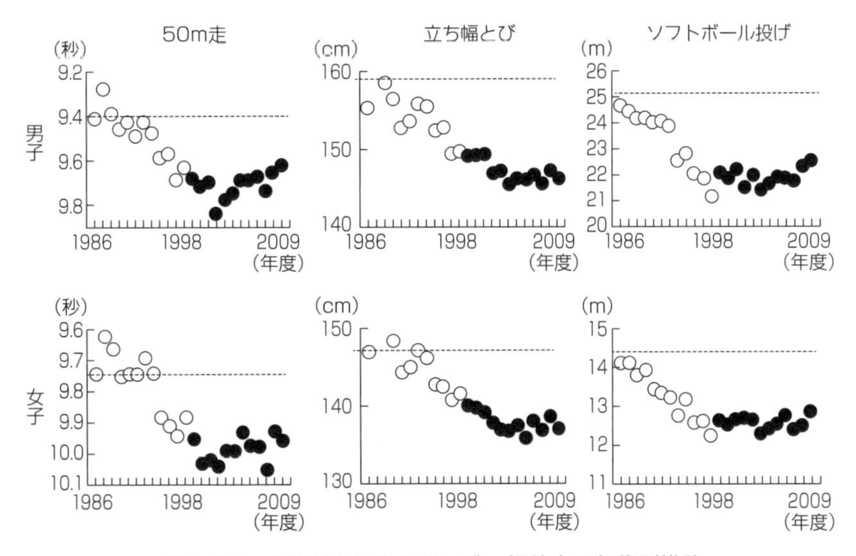

図3-10　小学校4年生の走，跳，投能力の年代別推移

（日本学術会議：子どもを元気にする運動・スポーツの適正実施のための基本指針．日本学術会議 健康・生活科学委員会　健康・スポーツ科学分科会　提言（平成23年8月16日），2011）

は2009年までほぼ一定の水準を保っているが，依然1985年に比較して低い値を示している．またこのことは，2009年度の文部科学省による全国体力運動能力，運動習慣等調査報告書[8]においても，中学生男子の50m走を除く走投の項目で，50%以上の児童生徒が1986年度の平均値を下回っていることからも確認できる．

このような子どもの体力低下の背景について，2002年の中央教育審議会答申「子どもの体力向上のための総合的な方策について」[9]は次の点を指摘している．

すなわち，

①外遊びやスポーツの重要性の軽視など国民の意識の低下，
②子どもを取り巻く環境の悪化，
③生活が便利になるなど子どもの生活全体の変化，
④スポーツや外遊びに不可欠な要素（時間，空間，仲間）の減少，
⑤就寝時刻の遅さ・朝食欠食や栄養バランスの悪い食事などの生活習慣の乱れ，
である．

さらに，多くの体力テスト項目では，経年的に平均値データが低下すると同時に標準偏差の増加が指摘されている（図3-11）[7]．このことは，よく運動している子どもとそうでない子どもとの間で体力差が生じ，いわゆる「体力の2極化」が進んでいると考えられている．

一方，日本の小児肥満の出現率がこの30年間に3倍に増加していることを示す調査結果[10]，体幹筋力の低下による姿勢異常児の増加[11]，下校後の小学生の外遊び時間の減少や伝承遊びの減少[12]，遊び集団の減少[13]，習得できる動きの多様性の欠如[14]なども報告されている．

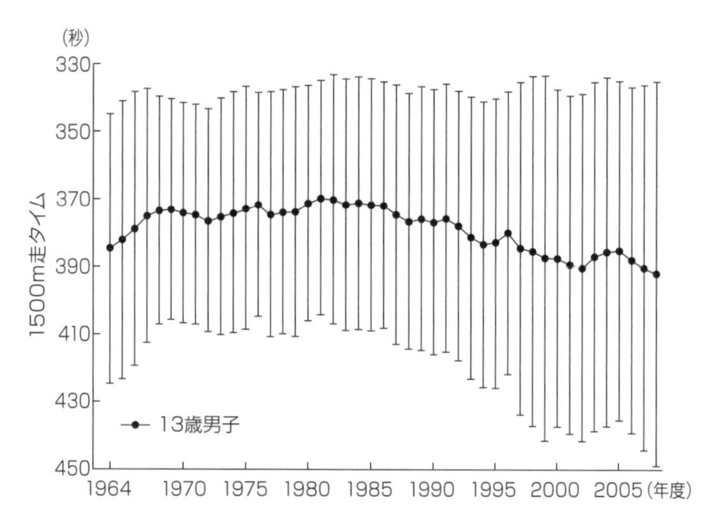

図3-11　持久走（1500m）タイムの平均値と標準偏差の経年変化

（日本学術会議：子どもを元気にする運動・スポーツの適正実施のための基本指針．日本学術会議健康・生活科学委員会　健康・スポーツ科学分科会　提言（平成23年8月16日），2011）

5．子どもの運動に関する外国のガイドライン

アメリカでは1980年代から小児肥満が急増したために，小児の身体活動の推進が提言され，乳幼児期から思春期までの子どもの身体活動に関するガイドラインが策定された．全米スポーツ・体育協会（NASPE）によるガイドライン[8]では，健康に関連する体力と運動技能を獲得するために必要な身体運動の種類，場所，指導者について，5歳から12歳までは，①年齢に相応しい中等度から高強度の身体活動を1日合計最低1～3時間，ほぼ毎日実施すべきである，②毎回15分以上続ける身体活動を毎日3～4回実施すべきである，などの具体的指針が提示されている．

また，アメリカ小児科学会の指針（2006年）[15]では1日の歩数が女児11,000歩～12,000歩，男児13,000～15,000歩の身体活動が推奨されている．さらに，2008年のアメリカ保健社会福祉省が発表したガイドラインでは，6～7歳の子どもに対して1日60分以上の中～高強度の有酸素運動を毎日行うこと，その中に筋力アップと骨を強化する運動を週3回以上含めることが推奨されている[16]．

また，WHO[17]も5～17歳の子どもに対して，
①少なくとも1日60分の中等度から高強度の身体活動を行うこと，
②1日60分以上の身体活動はより効果が望めること，
③その中に，筋や骨を鍛えるための高強度の運動を少なくとも週3回以上含めること，
を主唱している．

これらの提言を見ると，子どもの運動としては「1日1時間」が世界的な傾向といえる．

6. 日本における子どもの運動に関するガイドライン
—日本学術会議健康スポーツ分科会（2011年）による提案—

現代の社会生活において，都市化による空き地などの遊び場の減少，少子化による遊び仲間の減少，塾や習いことによる子どもの生活時間の変化，テレビゲームやコンピュータゲームなどの子どもの遊びの変化など，子どもを取り巻く社会環境に大きな変化が生じ，子どもが思い切り体を動かして遊ぶ機会は減少の一途をたどっている．

子どもの運動不足は，筋力や持久力や骨格の発達異常を引き起こすだけでなく，脳の機能の正常な発達を阻害し，運動に付随する身体感覚を劣化させ，体を動かそうという意欲によって形成される気力を減退させる．さらに，身体運動不足は運動を通じてさまざまな工夫を行う能力や，コミュニケーション能力の発達にもマイナスの影響を及ぼす．

このような背景をふまえて，第21期日本学術会議健康・生活科学委員会健康・スポーツ科学分科会では，次世代を担う子ども達の活力の状況にとくに強い関心と危機感を抱き，乳児から20歳未満の子どもたちの身体活動・運動・スポーツ・健康の問題について集中的に審議し，2008年（平成20年）に日本学術会議提言「子どもを元気にするための運動・スポーツ推進体制の整備」を公表し，具体的な運動実施指針の策定とそのためのエビデンスの蓄積，指導者の養成等を勧告した．

この勧告を受け，日本学術会議健康・生活科学委員会健康・スポーツ科学分科会は，具体的なガイドライン作成に向けて検討した結果，2011年に提言「子どもを元気にする運動・スポーツの適正実施のための基本指針」が出されている[7]．

その内容は以下のとおりである．

(1) 運動・スポーツを指導する際の留意点

1) 子どもの正常な発育発達を促進するよう，最低限度の運動量を確保する

- 5歳児までの幼児においては，基礎的な運動制御能力の発達を促進するような全身的運動を含む短時間の運動遊びなどを毎日数回行う．
- 5歳以上の子どもにおいては，骨や筋肉を強化する運動を含む毎日総計60分以上の中～高強度の身体活動を行う．
- 脳の運動制御機能や知的機能を高めるために，敏捷な身のこなしなどのすばやい動作や状況判断・作戦などの知的機能を要する全身運動を行わせる．

2) 多様な動きをつくる遊び・運動・スポーツを積極的に行わせる

- 小学校中学年までの子どもには，屋内・屋外においてさまざまな運動遊び・伝承遊びを自立的・自発的に行わせ，生活に必要な基本的な動作を習得させる．
- 小学校高学年では，学校・家庭において，さまざまな運動・スポーツを行わせる．スポーツ少年団などの教科体育外の運動・スポーツ活動に積極的に参加させる．
- 中学校・高校では，運動部活動や総合型地域スポーツクラブへの積極的な参加など，できる限り多くのスポーツや身体活動・運動に参加できるよう指導する．

3）子どもの特性に応じて運動・スポーツを行う「場」を適性に設定する

・指導者による強制を避け，子ども自身が興味を持って競い合えるようにする．

・集団を指導する場合には，個人的な進歩上達や努力を高く評価する雰囲気を作る．

・女子の運動・スポーツへの参加を促進するように工夫する．

・障害のある子どもがいることに留意して，スポーツや運動の指導を行う．

4）障害・疾病などの精神的・身体的健康障害の防止に配慮する

・骨の変形や障害を防止するため，体の一部に過度な負担がかからないようにする．

・オーバートレーニングやバーンアウトに陥らないようにする．

(2) 子どものライフスタイルの改善
―運動，食事，睡眠を総合的にとらえたライフスタイルを確立させる―

・早寝・早起き・朝ごはんの励行を奨励する．

・親と子が一緒に運動・スポーツを行う時間を生活の中に習慣として取り入れる．

・日光をあびて外遊びや運動・スポーツを行う習慣をつける．

(3) 運動・スポーツをしやすい環境の整備

1）幼稚園・保育所・学校・家庭・地域一体の運動・スポーツ実施体制を整備する

・幼稚園や保育所の身体活動環境の整備拡充を図る．

・スポーツ少年団，総合型地域スポーツクラブを充実させ，参加を奨励する．

・公共的な運動スポーツの施設を増やす．

・子どもが安全に遊びや運動・スポーツを行える社会環境の整備を図る．

2）学校体育をより一層充実させるための条件を整備する

・体育の教科内容や授業体制を社会的課題に即して随時改良し，教科書等により運動・スポーツの重要性を理解させ，積極的に体育授業に参加する態度を育成する．

・運動部活動など，学校における教科体育外の運動・スポーツ経験を充実させる．

・教員・指導者に対する専門教育を強化し，より一層のレベルアップを図る．

・子どものための運動・スポーツに関する研究体制を整備強化する．

[福永　哲夫]

[引用文献]

1）金久博昭，角田直也，池川繁樹，福永哲夫：相対発育から見た日本人青少年の筋力．人類学雑誌，97：71-79, 1989.

2）福永哲夫，金久博昭，角田直也，池川繁樹：発育期青少年の体肢組成．人類学雑誌，97：51-62, 1989.

3）日本体育協会：Guide Book　ジュニア期の体力トレーニング．1996.

4）Kubo K, Kanehisa H, Kawakami Y and Fukunaga T: Growth changes in the elastic properties of human tendon structures. Int J Sports Med, 22: 138-143, 2001.

5）文部科学省スポーツ・青少年局：平成21年度体力・運動能力調査報告書．2010.

6）文部科学省スポーツ・青少年局：平成22年度体力・運動能力調査報告書．2011.

7）日本学術会議：子どもを元気にする運動・スポーツの適正実施のための基本指針．日本学術会議健康・生活科学委員会　健康・スポーツ科学分科会　提言（平成23年8月16日），2011.

8) National Association for Sports and Physical Education (NASPE) : Physical activity for children. 2004.
9) 中央教育審議会：子どもの体力向上のための総合的な方策について．2002.
10) 岡田知雄：よく判る子どもの肥満．永井書店，2008.
11) 小林幸次，野井真吾：子どもを対象とした背筋力測定の意義—ある中学生・高校生の測定結果を基に—．運動・健康教育研究，17（1）：2-11, 2009.
12) 中村和彦，深田紀久美：山梨県における子どもの遊びの変遷に関する研究．山梨大学教育学部研究報告，44：151-157, 1994.
13) 中村和彦，宮丸凱史：子どもの遊びの変遷と今日的課題．日本体育学会第51回大会号，p.321, 2000.
14) 中村和彦，武長理栄，川路昌寛，川添公仁：観察的評価法による幼児の基本的動作様式の発達．発育発達研究，51：1-18, 2011.
15) Council on Sports Medicine and Fitness; Council on School Health: Active healthy living: prevention of childhood obesity through increased physical activity. Pediatrics, 117: 1834-1842, 2006.
16) U.S. Department of Health and Human Services: 2008 Physical Activity Guidelines for Americans. 2008.
17) WHO: Global recommendations on physical activity for health. 2010.

4章 心の発達から遊び・運動・スポーツを考える

1．最近の子どもの運動能力の低下と心の発達

昨今，子どもの運動能力が低下してきており，子どもたちの運動能力の向上は，教育現場における大きな課題のひとつとして，多方面でその改善に取り組まれている．この運動能力の低下に関しては，1997年に中央教育審議会が1985年以降の子どもたちの運動能力低下に関して，以下のような答申を挙げており，それ以後2011年度のスポーツ振興法においてもこのことが問題として取り上げられている．

〈子どもの体力向上のための総合的な方策について〉

（中央教育審議会　平成14年9月30日）

体力の低下は，子どもが豊かな人間性や自ら学び自ら考える力といった「生きる力」を身につける上で悪影響を及ぼし，創造性，人間性豊かな人材の育成を妨げるなど，社会全体にとっても無視できない問題である．

（「II　体力の意義と子どもの体力低下の原因　1　子どもの体力の現状と将来への影響」より）

では，この運動能力の低下がなぜ問題になるのであろうか．この問題を考えるとき，単に身体だけの問題ではないことは，この2002（平成14）年度の中央教育審議会の答申からもよみとれる．

これまで，子どもの運動能力の低下の問題に関しては，身体の問題だけでなく，子どもたちの心の発達とも密接に関連していることが報告されてきている[1)]．本章ではこの点に着目し，幼少期の子どもたちの運動能力の発達と心の発達の関連を検討することで，子どもにとっての運動が心に与える影響に関して考えていくことにする．

子どもにとっての運動は，心の発達にどのような意味があるのであろうか．運動をすることは，体にも心にもいい影響だけを残すのであろうか．それは否であろう．というのは，運動は子どもの心の発達にとって，プラスの方向だけではなくマイナスにも作用するものである．例えば，運動の実施においてはきまりやルールを守りながら活動を行うので，自分の周囲の人や状況のあり方を理解し，自己主張をしながらもそれらに調和した行動がとれるようになり，結果としてフェアプレイなどの社会性の発達が促されるような気がする．その一方で，集団内でのポジション争いや勝つためには反則をしたり，相手を傷つけたりもするなど，社会性を育むとは逆の経験をするこ

ともある．このように，運動は子どもの心の発達にとってよいと思って行って運動に参加していても，知らず知らずのうちに子どもたちの心と体を傷つけてしまっていることが多々見かけられることも事実である．このようなネガティブな面の経験が子どもたちに起こらないようにするためには，運動を通してどのような経験をするのかということが重要なことであり，そのためには，子どもの運動と心の発達の関係に関して見直していく必要がある．

2．子どもの日常行動と運動能力の関係

子どもの運動能力低下は，子どもたちの心の発達にどのような影響を与えているのであろうか．われわれの心の動きは行動として表現されるため，行動傾向を見ることによってその人の心の変化を見ることができる．つまり，子どもの心の発達は行動傾向の変化によって読み取れるといっても過言ではない．幼児の行動傾向と運動能力を比較することによって，幼児の心の発達と運動との関係について考えることができる．杉原ら[2)]は，2008年に全国の幼児の運動能力を測定した際，日常の行動傾向と運動能力の関係についての調査も行っている．杉原らは，各園の保育者に幼児個々の幼稚園・保育園等での日常行動について，「何事にも積極的に取り組む」，「自信がある」などの13項目について尋ね，各質問への答えと幼児個々の運動能力の関連について分析を行っている．その結果，図4-1に示してあるように日常行動の項目の中で「自信がある」，「積極的」，「粘り強い」，「好奇心旺盛」，「引っ込み思案ではない」の意欲に関する項目と「友達関係良好」，「社交的」，「リーダー的」などの人間関係や仲間関係に関する項目の計8項目に関して，運動能力の高い子どもは低い子どもに比べてその行動傾向が高い傾向を示すことが明らかになった．このことは，運動能力の高い幼児ほど意欲的で人間関係や仲間関係が良好であることを示しており，日常の行動傾向と運動能力とが関連あることを示しているものである．

3．心身の相関

「子どもらしい子ども」とは，どんな子どものことをいうのであろうか．いろいろな幼稚園や保育所などに掲げられている本園の目標という表記の中に，「明るく，元気な子」という文言をよく目にする．確かに，大人では，明るそうに見えても元気でない大人がいるし，明るそうに見えなくても元気のある大人はいるが，子どもの場合，明るい子は必ずといっていいほど元気（身体に限らず）な子であり，元気な子は明るい子である．そういう意味で考えると，「明るく，元気な子」とは「子どもらしい子ども」の姿を示しているのではないだろうか．年齢の低い子どもほど心と体は繋がっており，心身の相関が高いといわれている．つまり，年齢の低い子どもほど，身体や運動の発達は精神の発達に影響をあたえているのである．この視点から考えると，昨今の子どもたちの運動能力の低下は，運動や身体の発達が促進されていない，または阻害されていることを示しているだけでなく，子どもたちの精神の発達に対しても，何らかの阻害を受けていると考えられる．前述した日常行動と運動能力の間で，意欲

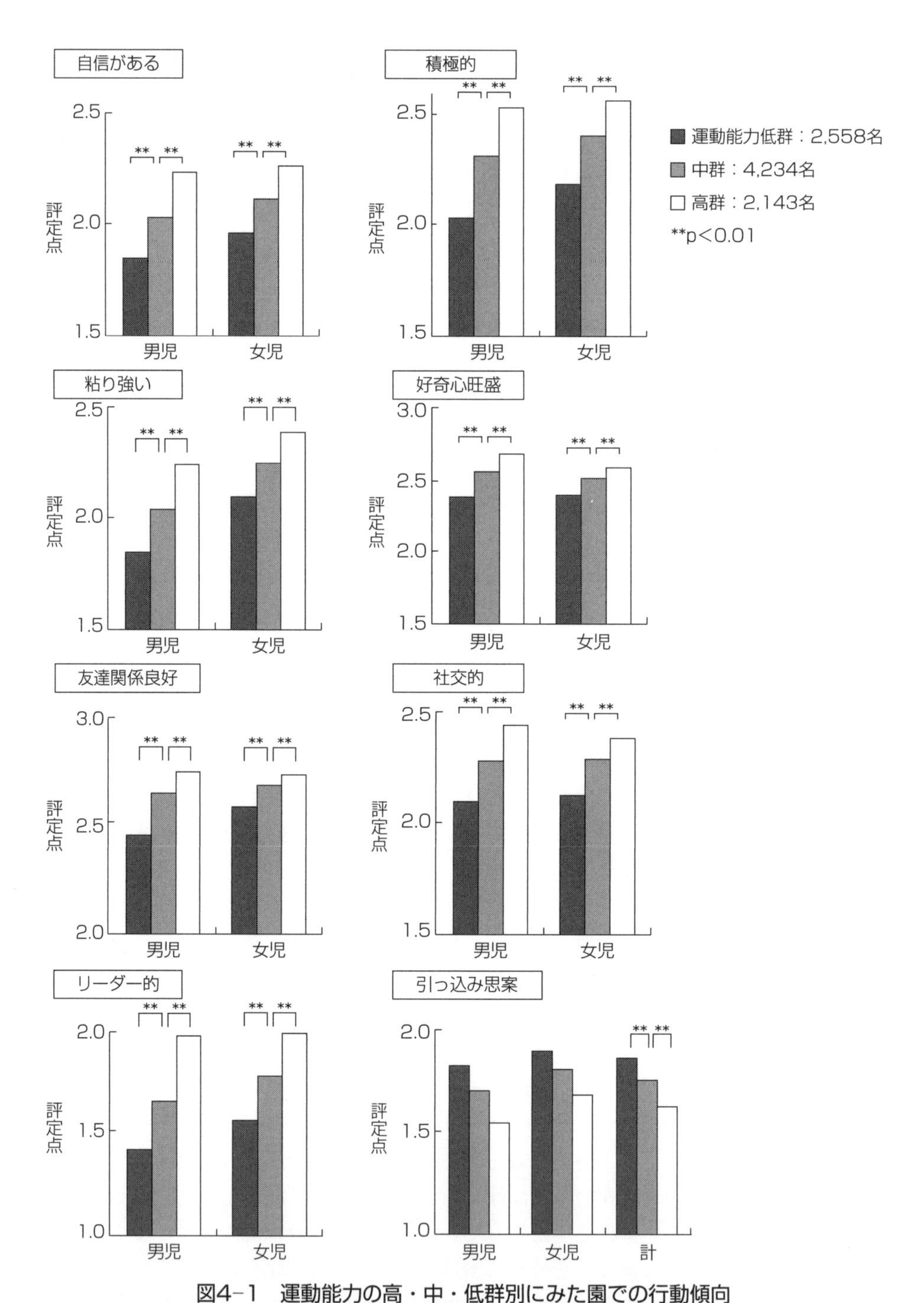

図4-1　運動能力の高・中・低群別にみた園での行動傾向

（杉原　隆ほか：幼児の運動能力と運動指導ならびに性格の関係．体育の科学，60: 346, 2010）

の高さや人間関係・仲間関係の良好さに関して運動能力の発達が影響しているという結果は，まさに子どもたちの運動・身体の発達が精神の発達と関連していることを示しているのである．

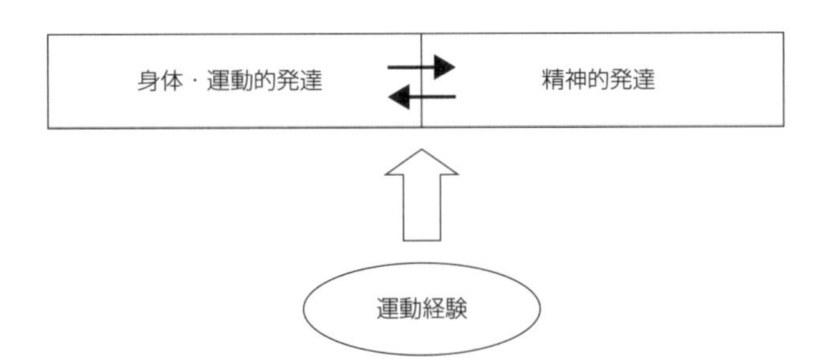

図4-2　身体・運動の発達と精神の発達の関連

では，この身体・運動の発達に影響を与えている要因にはどのようなものが考えられるのであろうか．杉原ら[3]は幼児の運動能力の発達に関して，家庭と園での運動経験という直接的要因と，物理的あるいは心理社会的な環境という間接的な要因が関係していると考えている（間接的要因≧直接的要因≧運動能力）．つまり，身体・運動発達に直接的に影響を与えているのは子どもたちの運動経験であり，その経験の減少が運動能力の低下につながっているのである．このことは，子どもたちの運動能力低下の原因を考えたとき，運動遊びや外遊びの減少などのように子どもたちの運動経験の減少の報告と一致するものである[4]．確かにそのような運動・身体活動を含む運動経験の減少は，運動・身体の発達に関して促進を阻害するような影響を引き出す直接的な原因であると考えられる．さらに心身相関の立場から考えると，運動経験は精神の発達に関しても大きな影響を与えていると考えられる．子どもたちの運動経験は，子どもたちの身体･運動の発達と精神の発達の両方に関して影響しているのであり（図4-2），子どもの運動経験は，運動面のみでなく心に関しても大きな意味を持つことになる．

4．心の発達と身体の発達

（1）自己概念の形成

「かくれんぼ」とは不思議なものである．「かくれんぼ」の何が不思議かというと，「もういいよ」といえるところである．なぜ，「おに」に自分が見えないなどということが自分でわかるのであろうか．実は，自分から「おに」が見えないのではなくて，「おに」から自分が見えていないということに気づけていると「もういいよ」と伝えられるのである．なぜ，このようなことができるのであろうか．実は，「もういいよ」という時は「おに」の立場から自分を見ることができるようになっている．つまり，他者の立場から自分を見ることができるようになっていくと「もういいよ」といえるようになり，このような運動遊びができるようになっていくのである．このように他者から見られた自分の姿，自分のイメージのことを自己概念という言葉で表現されている（自己概念：個人が自分自身をどのように見ているかをさす）[5]．この自己イメージである自己概念が形成されることによって，他者からみた自己の姿をイメージすることができるようになっていくのである．

「かわいいかくれんぼ」という童謡があるが，そこで歌われている「ひよこ」の「かくれんぼ」は失敗である．なぜなら，歌詞の中に「きいろいあんよがみえてるよ」というフレーズがその結果を示している．つまり，ひよこは自分から相手が見えなければ，相手からも見えないと思っており，自分の方からしか他者を認知できていないのである．幼児期の発達の認知的特徴のひとつに自己中心性[6]という見方がある．「ひよこ」はまさに，この自己中心的なものの見方をしているのであるが，「かくれんぼ」ができるようになっていくと他者からの見方が可能になり始めていることを示している．自己中心的なものの見方から他者の視点に立てるものの見方（脱中心化）の方向へと移行していく移行期がちょうど幼児期後期から児童期前期にあたり，この時期あたりから，自分自身が他人からどのようにみられているかということに気づき始められるようになっていくのである．

(2) 自己概念の形成と性格

自分自身の性格を人に告げるとき，かなり抵抗感を感じたことがある人もいるのではないだろうか．それは，なぜであろうか．私たちは，自分の性格を人に語るとき，「私はあなたから○○に見られているのではないですか」と，他者の視点からとらえた自己のイメージを性格として伝えているため，性格を語るとき，なんとなく抵抗感を感じているのである．つまり，自分自身をどのようなイメージでとらえるかということが性格を語る上で重要なことになっているのである．

「人格・性格とは何か」，この問題に関しては，心理学ではいろいろな立場から多くの考えが提示されているが，考え方のひとつとして，自己概念によって形成される行動傾向によってとらえられる認知的な見方がある．この考えによれば，他者から見た自己のイメージである自己概念が形成される幼児期から児童期にかけては，芽生えはじめた自我をもとに性格が形成されていくことになる．言い換えると，この時期の経験を通して自分をどのようにとらえるかということが，その後の性格形成に大きな影響を与えていると考えられる．この時期の自己概念の形成に大きな影響を与える経験としてハーロックは運動をあげている[7]．

(3) 自己概念の形成と運動

幼児期にどのような運動経験をするかということが，自己概念の形成につながってくる．とくに，「できる」と「できない」という経験は，幼児の自己概念の形成に重要な意味を持ってくる．年齢の低い子どもほど，「できる」，「できない」を「からだ」を使って表現する．子どもたちにとって，運動から得た「できる」という経験は，自分自身を肯定的なイメージでとらえる機会を提供してくれる．できなかったことができるようになれば「できた」という有能感を感じ，結果として自分の行動に自信を持つようになる．つまり，肯定的な自己概念を形成する．一方，努力してもできないことを経験してしまえば，「いくらがんばっても，どうせ自分はできないのだ」という否定的な自己のイメージを描くことになり，否定的な自己概念を形成してしまう．その結果，努力と結果が繋がらなくなり「無力感」を形成してしまうのである．

例えば，逆上がりを例にとって考えてみよう．逆上がりを初めからできる子どもは

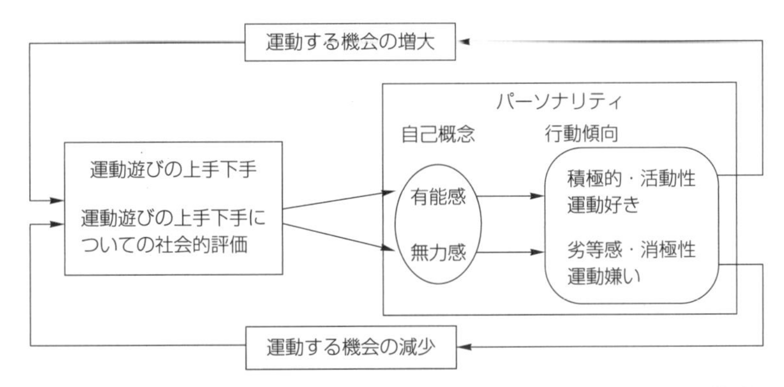

図4-3　運動経験と自己概念およびパーソナリティの関係についての模式図
（杉原　隆：子どもの心と健康.（近藤充夫編著，保育内容・健康，建帛社，p.54, 1989））

いない．そのため，できるようになるには，練習が必要になる．練習をすることによってできるようになれば，「できた」という有能感を持てるようになるが，一生懸命練習してもできなければ，「できない」という無力感を感じることになる．有能感を感じた子どもたちは，「できた」という気持ちを持つことで，もう一度その経験を再現しようと運動に挑戦していき，結果としていろいろな運動に参加し，運動が好きになっていく．しかし，一生懸命練習したのに結局できないという経験をしてしまった子どもは，どうせ練習してもうまくできないというような無力感を感じるようになる．その結果，逆上がりをうまくできないという劣等感や逆上がりなどしたくないというような消極性を持つようになっていき，さらにはその劣等感や消極性は逆上がりだけにとどまらず，逆上がりとつながる体育の授業や最終的には運動そのものを嫌いになっていく可能性が考えられる．つまり，運動経験を通して形成された自己概念が行動傾向に影響を与え，結果として運動を好きになったり，嫌いになったりするのである．この循環によって運動に関する考え方や性格が形成されていく．このような運動経験と自己概念およびパーソナリティの関係について，杉原は図4-3に示すような循環関係を指摘している[8]．

5. 子どもにとって運動が「できる」とは

(1) 運動有能感と重要度

これまで，子どもは運動ができるようになると，有能感を感じて自信が獲得されていくことを述べてきた．とくに，幼児期から児童期の運動経験において，運動が上達したり成功したりするような経験をすると有能感を感じ，結果として自信を持って積極的に行動することができるようになっていくことが報告されている．このような幼児期・児童期の運動経験で感じる有能感のことを，運動有能感[9]と呼んでいる．くり返すが，この運動有能感を感じるためには，できなかったことが「できる」ようになっていくことが重要である．その意味では，運動が上手な子ほど有能感が高く，上手な子ほど運動能力も高いことになる．しかし，すべての子どもが運動が上手なわけもな

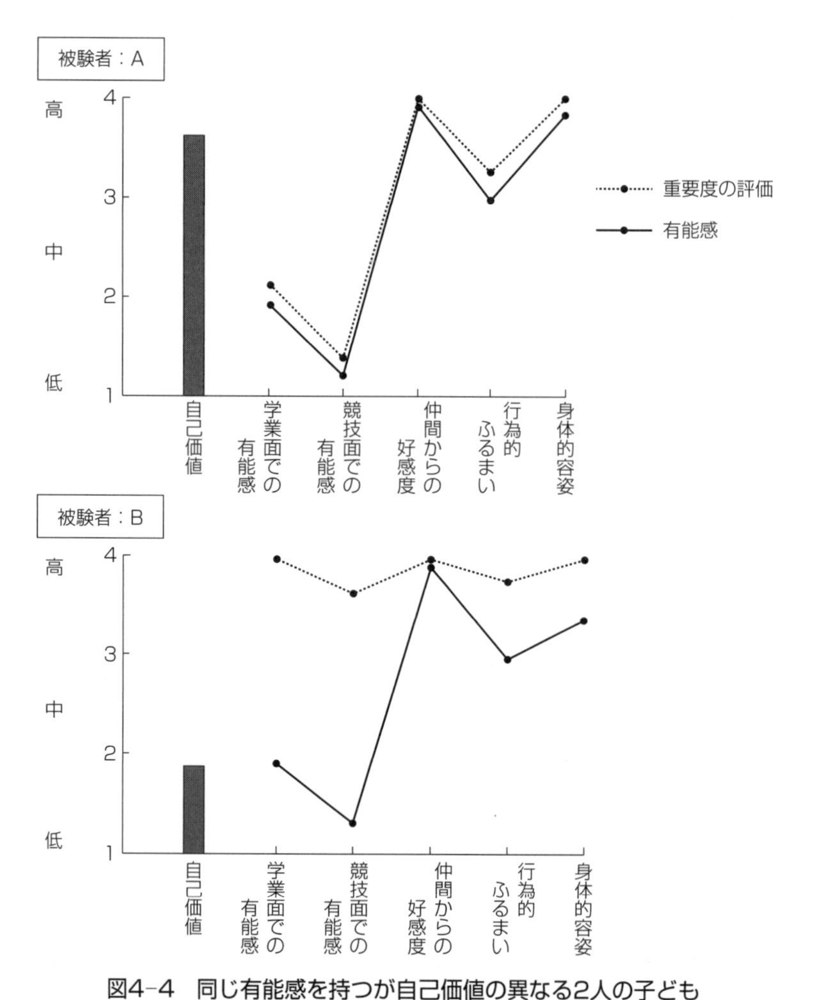

図4-4　同じ有能感を持つが自己価値の異なる2人の子ども

(Harter S: The construction of the self-a developmental perspective. The Guilford Press: New York, 1999より引用改変)

く，運動が上手な子の心が育つというのであれば，運動が上手でない子の心は育たないことになる．しかしながら，ここで問題になるのが，何をもって「上手」と考えるのか，「できる」とは何かということである．

Harter[10]は，いくら有能感が高くても，自分にとってそのことが重要なことでなかったら自己価値は低下するということを報告している（図4-4）．自己価値とは，自信などにつながり自尊感情などとかかわる価値であり，この自己価値が高まることが有能感を感じることと同時に重要なことになってくる．つまり，自分にとって重要だと思うことで有能さを感じることが，自信を高めることになるということである．図4-4は2人の男児の有能感と自己価値を比較したものである．A君，B君は互いに同じ有能感を持っている（図4-4の実線）．一方，自己価値は，A君の方がB君よりもかなり高い得点を示している．この差が出てきた理由は，破線で示されている重要度が影響している．A君は有能感と重要度が類似する傾向を示しているが，B君は有能感と重要度が一致していない．つまり，A君は自分で大切だと思うことでの有能感が高いのであるが，B君は自分にとって重要でないと考えているものには有能感を持っているのであるが，重要なことに関しては有能感を持っていないのである．その結果，自己価値に大きな差が出たと報告している．

そのため，重要度をいかに認知するかということが重要なことになってくる．重要度の認知に関しては，自己の能力認知の発達と関連してくるものであるが，この能力概念は12歳前後ぐらいから分化しはじめることが報告されている[11]．一方，運動有能感を感じる幼児期・児童期は，この能力認知はまだ未発達であり，自己の能力認知を客観的に認知することは難しい．では，3歳ぐらいからの幼児・児童はどのようにして能力を認知するのであろうか．言い方が悪いが，この時期の子どもたちは大人に上手に騙されやすい．つまり，幼児期・児童期前期の子どもたちは，重要度の認知において保育者，教師，指導者，両親などの大人の影響を強く受けることを示唆している．確かに，3歳ぐらいの幼児は何かができると必ず保育者や親の元に行き，「見て」と確認を取る現象はよく見かける（著者は「見て見て現象」と呼んでいる）．このことは，大人がほかの子どもと比較することなく，しっかりとその子どもが「できた」ことを認めてあげれば，ほかの子どもと比べてできていなくても自分は「できた」と思えるのである．また，Brustad[12]は，スポーツを行う子どもの認知や情動に与える影響として親の信念や態度，行動が影響していると報告している．

(2) 子どもへの運動指導で「できる」とは

前述したように，同じ運動経験をしたとしても，大人がその経験にどのようにかかわるかによって，子どもの心の発達に違った影響を与えてしまう．

大人は，大人から見て運動やスポーツの上手な子どもほど，大人に近い子どもととらえてしまう傾向にある．これは，子どもを小さな大人としてとらえる考え方で，「子どもを大人のミニチュア」としてとらえている．この考え方では，子どもが自分なりに「できた」として満足しても，大人はどの程度大人のレベルに近づいたのかという他者と比較した評価を下してしまう．子どもは，せっかく自分なりに「できた」という有能感が得られても，他者との比較によって重要度が低下し，自信を引き出すことができなくなる．幼児期から，大人ができているようなことを強く求め，それができるように強く指導してしまうと，結果として他者と比較してしまうことを求めてしまうのである．実際，幼稚園で運動指導を行っている園と指導を行っていない園での運動能力を比較してみると，運動指導をしていない園の方の運動能力が高いことが報告されている（図4–5）[13]．この理由はいろいろと考えられるが，そのひとつとして，子どもへの運動指導は，大人と同じ能力を求め，大人の技術を一方的に指導してしまうことになる．その結果，他者との比較を子どもにも求め，有能感が引き出せず，積極的な活動を妨げているのではないだろうか．

このように，大人に近づけるような運動経験ではどうしても子ども同士がお互いを比較してしまうため，自分で「できた」と思っても，他者との比較を通してできていなかったら，否定的な自己のイメージを形成してしまうのである．ところが，前述したように年少期の子どもたちにとっての運動経験は，その経験を通して子ども自身が

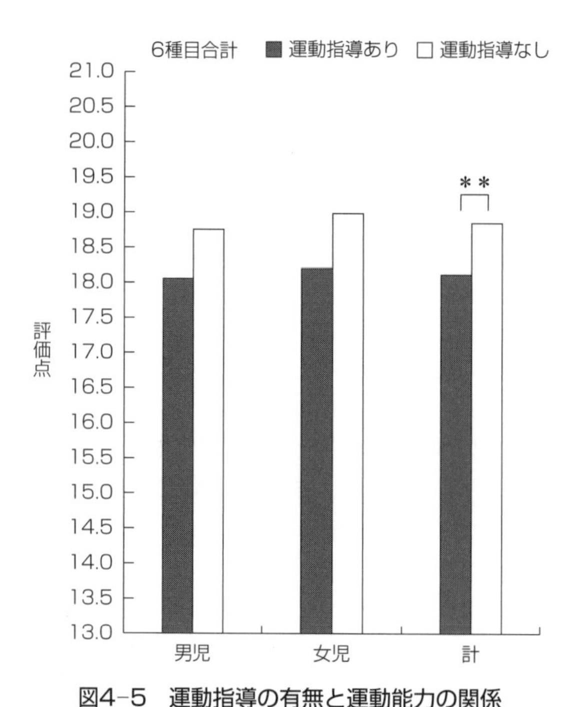

図4-5　運動指導の有無と運動能力の関係

（森　司朗ほか：幼児の運動能力における時代推移と発達促進のための実践的介入．平成20～22年度文部科学省科学研究費補助金（基盤研究B）研究報告書．2011）

自己概念を形成でき，さらには性格の形成を進める大切な機会である．大人に近づけるような運動指導で否定的な自己評価をしてしまうと，人格形成のための重要な機会に悪い影響を及ぼしてしまう危険性を含んでいる．

また，はやく大人に近づけるためには，大人の運動（技術）を子どもの視点に立たずに一方的に指導してしまう可能性がある．このような方略は幼少期だからこそ持っている，興味や関心を狭めてしまい，与えられることに順応してしまい，指示に対して受け身的になってしまい，有能感に伴い派生する自信を持って自分から行動を起こす自発性が発揮できなくなってしまい，意欲的に運動に取り組めなくなっていくのである．

一方，著者らの研究[14]では，昨今の幼児の運動能力は低下しているが，自由遊びの時，運動遊びをする頻度の非常に高い子どもや一番好んで行う活動が活発な子どもは運動能力が高いことが報告されている（図4-6）．運動能力の発達は意欲などの日常の行動傾向と関連し，運動能力の高い子どもほど日ごろから意欲的な行動傾向をとっているという著者らの結果から考えると，幼少期の子どもたちにおいては，大人に近づけるために一方的に教え込むような運動指導より，自分から意欲的に取り組めるような運動経験である外遊びや運動遊びが重要になっていると考えられる．

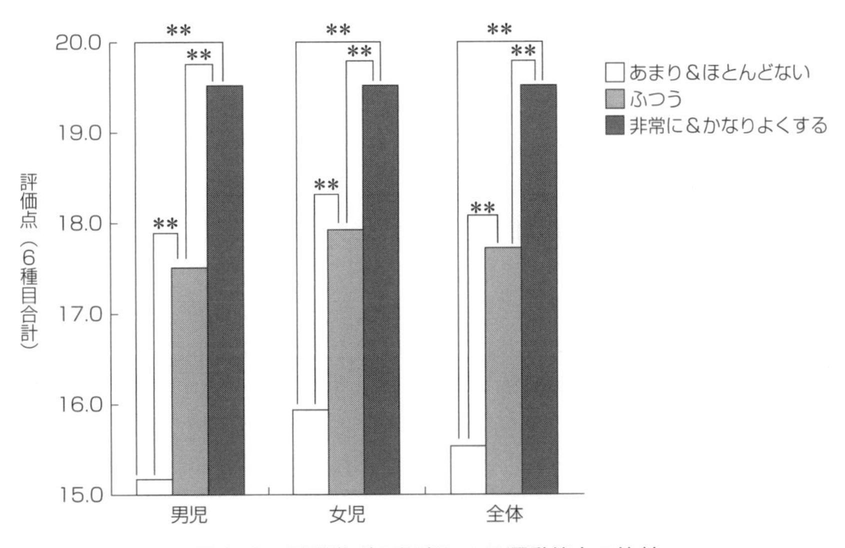

図4-6　運動遊びの頻度による運動能力の比較

（森　司朗ほか：園環境が幼児の運動能力発達に与える影響．体育の科学，54: 330, 2004）

6．運動と有能感・無力感

(1) 運動と有能感との関係

子どもにとって運動は，自己概念を形成するには重要な経験を提供してくれる活動である．この自己概念の形成において重要な要因として，有能さという問題がある．この有能さはどのような時に感じるのであろうか．デシ[15]やド・シャーム[16]は，コンピテンス理論の観点から，自分の行動を自分で決め，環境に影響力を出すことができたときに有能さや効力感を感じると報告している．このとき人間は，内発的に動機づけられているのである．この内発的動機のひとつに，エフェクタンス（効果）動機という考えがある[17]．このエフェクタンス動機とは，環境との相互作用において有能であるということを動機づけていく動機であり，新しい能力の獲得や技能の向上ならびに能力を最大限に発揮することなどの能力に関する動機である．

例えば，鉄棒の「逆上がり」にＡ君が挑戦した場合を考えてみる．初めて鉄棒に立ち向ったとき，Ａ君は「逆上がり」が「できる」ようになりたいと考え，練習に取り組んだ．最初，Ａ君にとって鉄棒は「ぶら下がり」はできても「逆上がり」で回るような道具ではなかった．しかし，何度も練習して結果として「逆上がり」で鉄棒を回ることができたとき，最初はぶら下がるだけの存在であった鉄棒を，Ａ君は自分の力で回る道具へと変えたのである．このときＡ君は，自分の力で「逆上がり」ができるようになったという能力の認知により，自分自身の行動に有能さを感じることができたのである．このように，子どもたちがいろいろな運動に挑戦していくことは，エフェクタンス動機を充足させるための経験が運動を介して行われているのである．このエフェクタンス動機を充足させ，自己概念が形成されていく過程は年齢段階によって異なっている．自己概念と同義語である自己知覚と年齢の関係について

Marsh[18] は児童期・青年期では，年齢と自己知覚との間にU字型が見られることを指摘しており，児童期後期から青年期初期にかけては身体的変化や心理的変化によってもっとも自尊心や有能感のような自己知覚が減少し，13～14歳ごろから上昇を始めることを示している．

(2) 運動と無力感の関係

一方，いくら練習してもできなかった，という経験を通して否定的な自己概念を形成してしまうと，無力さを感じ無気力的な行動傾向を示してしまう．これは無力感を学習したと考えられ，学習性無力感と呼んでいる．

この学習性無力感とは，犬の学習実験を通して，セリグマンら[19]によって述べられた考え方である．セリグマンらは，嫌悪刺激に対して安全な場所への回避を学習させた後に，さらに，同様の嫌悪刺激を与え，先ほど学習した方法では逃げられない実験条件を設定した．その結果，犬はほかの方法で嫌悪刺激を避けて逃げようとする行動は学習せずに，与えられた嫌悪刺激に対してがまんすることを学習したのである．問題は，この学習の後に生じた．犬に再度，嫌悪刺激から回避できる実験条件を提示したが，犬は嫌悪刺激からの回避行動を生起させず，じっとその嫌悪刺激の提示が終わるまでがまんし続けたのである．つまり犬は，自分自身ではその状況を変えられない，コントロールできないという無力感を学習したのである．

このように自分の意図や行動と結果が随伴しないと認知することで，非随伴性を認知してしまう状況は統制不可能な状況であり，この状況では無力感を学習してしまうのである．ここでの犬は，嫌悪刺激から回避しようと思っても回避できない，努力してもその努力が報われない無力感を学習してしまったのである．その結果，嫌悪刺激から逃げようと思う気持ちが低下し，今まで学習した回避するための方略を使用しなくなってしまったのである．つまり，無力感を学習したことによって，動機づけが低下し，学習障害を生じさせ，情緒的混乱を生起させ，結果として無気力的な行動傾向（消極性，劣等感，失敗に対する過敏性など）が形成されてしまったのである．

このような経験は，前述した子どもたちの運動の中で経験されがちである．図4-7は，杉原・保坂[1]が高校の水泳部での学習性無力感について調査し，運動場面での学習性無力感の形成過程に関してまとめたものである．単純に考えれば，将来努力しても上達しないことに気付いた段階で，新たな方向へ方向転換（転移）を行えば学習性無力感症状に落ち込まなくてもいいと考えるのだが，この点がスポーツ場面ではなかなか難しい問題である．

以上を踏まえると，無気力的な性格や運動嫌いは運動場面などで学習された学習性無力感によって形成されるものであり，ともに学習性無力感の結果であるといえる．

7. 運動の好き・嫌い

(1) 運動の好き・嫌いと能力の認知

杉原ら[20]は，小・中・高等学校の生徒が運動を好きになった時と嫌いになった時の理由を調べている．その結果，運動が好きになったきっかけで一番多かったのは能

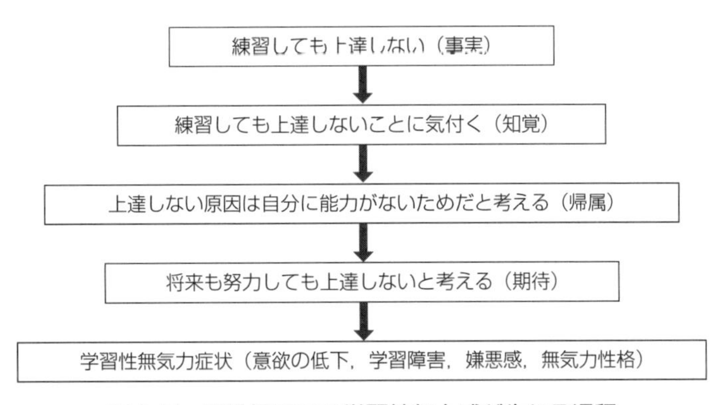

図4−7　運動場面での学習性無力感が生じる過程

（杉原　隆：新版　運動指導の心理学．大修館書店，p.159, 2008）

力であり，とくに小学校では好きになったきっかけのほとんどを占めていた．では，なぜ能力が運動を好きになるきっかけになったのであろうか．

実は，この能力の認知は有能さの認知と繋がったものである．杉原[1]は動機づけの立場から，内発的動機づけが満足されると自己決定と有能さの認知が高まり，その結果，運動が好きという快の情緒が生じるとともに運動有能感が形成されることを報告している．ここで述べる運動有能感は，運動経験において運動の上達や成功を経験する運動経験をすることで有能感を形成し，結果として自信を持ち積極的に行動する傾向を引き出すものであり，とくに幼児期・児童期の運動で経験されるものである．

能力の認知に伴う好きという快の情緒は性格形成と繋がるものであり，スポーツをしている人たちの性格を調べた花田ら[21]の研究では，スポーツを行っている人には，劣等感が低く，積極的・活動的で外交的な人が多いことを報告し，このような性格特性をスポーツマン的性格と述べている．しかしながら，このスポーツマン的性格は，現在スポーツを行っている人だけが持っている性格ではなく，現在スポーツを行っていない人でもこのような性格特性を持っている人はたくさんいるのである．このことは，このスポーツマン的性格は，スポーツを行うことによって形成されたものではないことを示しており，いかに子ども時代の運動経験が必要であるか，そして，運動が好きであることがいかに大切であるかということを示している．

一方，小・中・高等学校で運動が嫌いになったきっかけにもこの能力が報告されている[20]．運動が嫌いになるきっかけである能力は，前述した学習性無力感が原因と考えられる．つまり，できない運動を一生懸命がんばって練習したが最終的に「できなかった」という結果が引き出された場合，「できる」ようにと努力した結果とは非随伴する経験をしてしまい，結果として無力感が形成されるのである．

この努力してもできないという認知の結果，子どもたちに学習された無力感は，子どもたちが運動に取り組もうとする動機づけを低下させてしまい，そのことが運動の経験を減少させ，さらに「できない」経験が増え，その結果，運動が嫌いなっていくのである．

(2) 運動の好き・嫌いと運動の指導

運動の好き・嫌いの問題を能力に帰属して話してしまうと，やはり，運動が「できる」ようになることに焦点があてられる可能性がでてくる．確かに，できるようになること，上達することは，有能感の観点から見たときも重要なことであり，できるようになる指導をすることは，運動を指導する立場から考えたとき必須条件であろう．しかし，できるようになること（運動の技能獲得）のみに視点が向けられてしまうと，子どもの心の発達への配慮がされにくくなる．とくに子どもへの運動技能の指導は，前述したように，より大人に近い運動ができることへと繋がってしまう恐れがある．

ここで忘れてはいけないことは，子どもたちはどのような時に「できる」と感じているかということである．3歳以降の幼児期・児童期の子どもたちは，自分ができたということへの価値を親や教師がいかに認めてくれるかという，大人からの重要度が大切なことになってくる．このことは，ほかの子どもと比較してどうこうということではなく，その子が以前に比べて，どの程度できるようになったかということが大切なのである．その意味では，子ども一人ひとりの動きに共感していくことが重要であり，大人に近づいたことを評価することではない．個々に違った動きの特性があるということは，運動を経験することで多くの有能さを感じることができるようになっていく可能性のあることを示している．もちろん，児童期後期から青年期にかけては，他者との違いを客観的に比較することができるようになっていくが，そこでも，どのような目的を持って運動に取り組むかによって，運動そのものが子どもたちの心へ与える影響に違いが生じてくるのである．

8. 運動の取り組みと目標志向性

子どもたちが持つ各自の目標のことを目標志向性と呼び，この目標志向性には，自我志向性と課題志向性の2つの志向性があることが報告されている．自我志向性とは，能力について他者との比較で高い評価を得ることを目指す志向性である．そのため，常に他者より優れていたいという目標を持つ．子どもは運動を指導する教師や指導者について，常に自分と他者とを比べて優劣を比較する評価者・判定者としてとらえる傾向がある．自我志向性で運動に取り組んでいる子どもたちは，試合などで失敗するとすぐに指導者の顔色をうかがい，失敗した試合後は，なかなか指導者へは近づかない傾向にあると考えられる．

一方，課題志向性の子どもたちは，常日頃，新しい課題を抱き，それができるようになっていこうと努力し，運動に関する新しい知識や技能を習得することを目指そうとしている．そのため，子どもたちは少しでも今よりうまくなりたいと考えて，運動を指導する教師や指導者を自らがうまくなるためのよき導き手としてとらえる傾向にある．そのため，運動場面で失敗した場合，その失敗はうまくなるための情報を提供してくれることになり，失敗後は自我志向性を持った子どもとは異なり，指導者のもとにいき，うまくなるための修正を行うのである．課題志向性とは自己の目標に向かってその達成を求めていく動機づけであり，努力の結果，習得されていく運動技能は子どもたちの心の中に有能さを感じ，もっとうまくなっていこうと自分でさらなる課題を決めていく，自己決定が養われていくのである．

この自己決定と有能さによる動機づけは内発的動機づけであり，自分で課題を持ち，解決していくあいだ，運動への参加は継続されていくことになる．もちろん，勝敗が優先されるスポーツ競技においては，課題志向性よりも自我志向性の目標を持って取り組んでいかなければならないことが多くある．そのようなとき，自分自身に自信があり，自我志向性の目標を持ってがんばっている選手は，結果として勝利を引きだしやすく，勝利そのものがさらなる自信を引き出してくれる．

しかし，自我志向性の目標を持って試合などに参加した選手が，勝利できず自信を失ってしまうと，次にまた失敗してしまうのではないかと不安になる．さらに，一生懸命練習したにもかかわらず次の試合で負けてしまったりすると，努力と結果が随伴しないようになり，無力感に陥ってしまうことが考えられる．一方，課題志向性の目標を持って試合に臨んでいる選手では，試合での勝ち負けのために試合に臨んでいるわけではないので，失敗して自信を失っていようが，上達して自信を持っていようが，課題の習得に向かって努力をするので，結果としては常に前向きに努力していけることになる．

この点について上淵[22]は，達成目標と遂行行動に関して表4-1のように説明している．さらに杉原[1]も，順位や勝ち負けに向かって努力する自我志向性よりも，個人の進歩向上を目指して努力する課題志向性のほうが，競技スポーツや体育授業での動機づけを高め，同時に有能感を高めていけると指摘している．

9．運動の不器用さと有能感との関係

幼児の運動能力検査の種目のひとつである，両足連続跳び越しの最近の傾向を見てみると，跳び越していく時間も遅くなっているが，それと同時に10個の積み木を最後まで跳び続けられない子どもが増えている．この両足連続跳び越しは高さ10cm，幅20cmの積み木を50cm間隔に並べ，その積み木を両足を閉じて跳び越していくという課題である．わずか10cmの高さであるが，幼児の中には難しさを感じる子どももいる．この課題を失敗する子どもの多くは，積み木を連続して跳び越していく中で，速度が速くなり，速度に応じて自分の体の動きの調整ができない結果，50cmの積み木の間に着地できずに，積み木を1個飛ばして跳んだり，跳び越すことができないのである．また，吉田ら[23]は，同様の「両足連続跳び越し」における動作エラーに関して，両足連続跳び越しのうまくできない幼児は，リズミカルな連続跳躍動作がうまく行えず，動きの未熟さを示していると報告している．

ヒトは，2つ以上の動作や機能を同時に統合したり，調子よく運動したりする能力を乳幼児期の段階から，動きとして獲得していくのである．このような運動のことを協応（調）運動と呼んでおり，4歳ぐらいから急激に発達していく．ここであげた両足連続飛び越しもこの協応運動のひとつの例であるが，最近，このような自分の体を環境に合わせて運動を調整・コントロールしていく協応運動が苦手な子どもたちが増えているのである．運動をコントロールしたり，調整したりする協応運動が苦手なことを不器用とも呼ぶ．

表4-1　達成目標と達成行動

目標志向性	現在の能力への自信（自己効力）	行動パターン
遂行目標（目標は能力に肯定的な評価を得て否定的な評価を避けること）	高　い →	マスタリー志向* 挑戦の探索 高い持続性
	低　い →	無力感* 挑戦を避ける 低い持続性
学習目標（目標は能力を伸ばすこと）	高　い →	マスタリー志向* 挑戦の探索 高い持続性
	低　い ↗	（マスタリー志向へ）

*マスタリー志向，無力感とは，Diener & Dweck（1978）のいう，マスタリー型，無力感型の行動パターンのことである．
（上淵　寿：達成目標志向性が教室場面での問題解決に及ぼす影響．教育心理学研究，43: 392-401, 1995）

器用・不器用に関して落合[24]は，新しい運動技能の習得に取り組んだとき，その運動技能を短い期間で習得し，すぐに上達できるものとそうでないものとが存在し，前者を器用，後者を不器用と呼んでいる．そして，器用と不器用の差が見られる初期段階での学習速度の差は，最終的な到達段階を決定するとは限らないとも指摘している．

一方，自己認知と運動技能の関連について，ヨンマンズ[25]は，子どもたちの身体活動に関して発達させる主観的感情は，運動技能を獲得するうえで重要な役割を果たすと考え，運動技能と自己認知は発達の過程を通じて互いに作用しあうものであるため，協調運動に問題をもっている子どもが何回試みても失敗して身体活動への自信が欠如し否定的感情を味わうことであろうと述べている．このことは，2つ以上の動作や機能をコントロールし調整するような協応動作を苦手だと感じる子どもは，その苦手感が自己を否定的にとらえる自己認知を促進し，結果としてその子どもたちは運動の経験から有能感を感じることができず，パーソナリティ特性などにマイナスの影響を与える可能性があることを示唆している．

10．心の発達から見た子どもの運動

子どもの運動と心の発達について考えたとき“なぜ子どもは運動をするのか？”という問いがどうしても残ってくる．幼少期の子どもたちは，決して運動能力をつけようと思って運動はしていないはずである．遊ぶことを通して子どもたちは運動能力を自然と身につけてきているのであり，子どもたちの運動能力低下の主要な原因は子どもたちが外で体を使って遊ばなくなってきたことにある．このことは，子どもたちがこれまで遊びの中で経験してきた心の発達が経験されなくなり，さらには子どもたちの日常の行動傾向にも影響している可能性が示唆される．遊びとは主体的，能動的な活動であり，子どもたちは遊ぶために，自ら遊びたいと決めて遊び，さらには，遊びを通して有能さを感じる経験をしているのである．とくに幼少期の子どもたちは，有

能さを感じる経験の中心が運動経験であり，結果として運動発達が促進されているのである．

また，子どもたちが運動する理由は，運動することが楽しいから運動しているのであり，運動することで何か別のもの（例えば，体力）を得ようと思って運動しているのではない．ところが，私たち大人が子どもたちにスポーツや運動を教えてしまうと，最終的にはやく大人になるような指導をしてしまい，大人の技術を身につけさせようとしてしまう．その結果，一方的に動きを教え込むことになってしまい，幼少期の子どもたちの興味や関心に基づいた運動経験ができなくなってしまうのである．この興味や関心はいろいろなことを学習していくための前提条件であり，幼少期の子どもたちの認知面での発達にとっては重要な条件であり，同時に知性を広げていくためには欠かせない条件でもある．

このように，子どもの心の発達と運動は相関関係があり，運動が子どもたちの心の発達にとってプラスの影響を与えるか，マイナスの影響を与えるかは，個々の運動経験によるところが大きい．子どもたちの発達時期にあった運動経験を持つことができるかどうかが重要なことであり，大人のミニチュアとして子どもを捉えた運動指導をするのではなく，子どもの発達に応じた運動を行っていけるようサポートすることが子どもたちの心の発達に沿った運動のあり方になるのではないだろうか．

[森　司朗]

[引用文献]

1）杉原　隆：新版　運動指導の心理学．大修館書店，pp.147−162, 2008.
2）杉原　隆，吉田伊津美，森　司朗，筒井清次郎，鈴木康弘，中本浩揮，近藤充夫：幼児の運動能力と運動指導ならびに性格との関係．体育の科学，60: 341−347, 2010.
3）杉原　隆，森　司朗，吉田伊津美：幼児の運動能力発達の年次推移と運動能力発達に関与する環境要因の構造的分析．平成14～15年度文部科学省科学研究費補助金（基盤研究B）研究報告書，2004.
4）森　司朗：身体運動の保育．無藤　隆編，幼児の心理と保育．ミネルヴァ書房，pp.143−159, 2001.
5）ストラットン P，ヘイズ N著，依田　明，福田幸男訳：人間理解のための心理学辞典．ブレーン出版，p.103, 1996.
6）外林大作，辻　正三，島津一夫，能見義博編：誠信 心理学辞典．誠信書房，p.178, 1981.
7）ハーロック EB著，小林芳郎ほか訳：児童の発達心理学（上）．誠信書房，1971.
8）杉原　隆：子どもの心と健康．近藤充夫編著，保育内容・健康．建帛社，1989.
9）杉原　隆：新版　幼児の体育．建帛社，2000.
10）Harter S: The construction of the self: a developmental perspective. The Guilford Press: New York, pp.142−165, 1999.
11）伊藤豊彦：スポーツ参加と動機づけ．杉原　隆編著，生涯スポーツの心理学．福村出版，pp.67−77, 2011.
12）Brustad RJ: Affective outcomes in competitive youth sport: the influence of intrapersonal and socialization factors. J Sport Exerc Psychol, 10: 307−321, 1988.
13）森　司朗，杉原　隆，吉田伊津美，筒井清次郎，鈴木康弘，中本浩揮：幼児の運動能力における時代推移と発達促進のための実践的介入．平成20～22年度文部科学省科学研究費補助金（基盤研究B）研究報告書．2011.

14) 森　司朗，杉原　隆，吉田伊津美，近藤充夫：園環境が幼児の運動能力発達に与える影響．体育の科学，54: 329–336, 2004.
15) デシ EL著，安藤延男ほか編：内発的動機づけ：実験社会心理学的アプローチ．誠信書房，1980.
16) ド・シャーム R著，佐伯　胖訳：やる気を育てる教室：内発的動機づけ理論の実践．金子書房，1980.
17) White RW: Motivation reconsidered: the concept of competence. Psychol Rev, 66: 297–333, 1959.
18) Marsh HW: Age and sex effects in multiple dimensions of self- concept: preadolescence to early adulthood. J Educ Psychol, 81: 417–430, 1989.
19) ピーターソン C，マイヤー SF，セリグマン MEP著，津田　彰監訳：学習性無力感．二瓶社，2000.
20) 杉原　隆，小橋川久光：スポーツに対する興味の形成・変容．末利　博ほか編，スポーツの心理学．福村出版，pp.81–84, 1988.
21) 花田敬一，竹村　昭，藤善尚憲：スポーツマン的性格．不昧堂書店，pp.60–82, 1968.
22) 上淵　寿：達成目標志向性が教室場面での問題解決に及ぼす影響．教育心理学研究，43: 392–401, 1995.
23) 吉田伊津美，森　司朗，筒井清次郎，鈴木康弘，中本浩揮：「両足連続跳び越し」における動作エラーの実態．日本体育学会第60回記念大会予稿集，p.100, 2009.
24) 落合　優：器用・不器用．日本スポーツ学会編，スポーツ心理学事典．大修館書店，p.75, 2008.
25) ヨンマンズ M：協調運動の苦手な子どもたちの自己認知．辻井庄次，宮原資英編著，子どもの不器用さ：その影響と発達的援助．ブレーン出版．pp.109–125, 1999.

5章
発育・発達から子どもの遊び・運動・スポーツを考える

1. 動きのはじまり

人間は動きの中にも一人ひとり個性を持っていて，そこからその人特有の動きやしぐさを感じ取ることができる．しかしながら，その個性の中に潜んだ目的遂行のための身体の基本的メカニズムは，むしろ驚くほど違いがないといってよい．生物的に未熟な形で生まれてきたヒト[1]の，生後1年あまりの間にみられる姿勢や移動運動の変容は著しく，ほとんど動けない状態から立ち上がって歩みを始めるまでに急速に変化していく（図5–1）[2]．これらの劇的な変化は，生後の神経系機能の著しい発達によって導かれるものであり，その変化の順序性や普遍性には個人による違いはほとんどみられない．新生児の動きは，手足の無目的な動きと，外界への接触や四肢や体幹が受動的に動かされた時に生じるさまざまな反射によって起こる運動から構成されており，乳幼児期までにみられる特有の反射運動の消長が神経系のはたらきを知る手がかりになる（図5–2）[3]．例えば，反射中枢が脊髄レベルにある把握反射，原始歩行反射などは出生直後に出現し2～3カ月で消失する．脊髄から脳幹レベルで支配される緊張性頚反射や緊張性迷路反射は，より上位の中脳レベルで支配される立ち直り反射が現れる生後4カ月ごろになると抑制されて起こらなくなる．その後，月齢が進むにつれて，寝返り，おすわり，はいはい，つかまり立ちを経て，1年あまりで二足歩行が可能となる過程も，生得的に備わった反射機構という土台の上に学習がくりかえされることで巧みに行われていくようになる．

2. 粗大運動と微細運動

神経系の成熟にともなう原始的粗大運動の反射様式から，随意的でコントロールされた運動へ発達するという考え方がGesell[4]やMcGraw[5]をはじめとして古くからされてきた．乳幼児の発達検査はこういった考えの下に，スクリーニングなどに多用されている．これらの検査（ベイリー乳児発達尺度，デンバー式発達スクリーニング検査，津守式乳幼児精神発達診断法など）[6]は，ある現象が出現したり，ある課題が達成された年齢などを，標準とされる年齢や範囲と対照して評価していくものである．特定の現象の出現の様子から，発達の遅延などの診断に用いられる．デンバー式発達

図5-1　乳児の姿勢・運動発達

(Shirley MM: The motor sequence. (In: Dennis W Ed., Readings in child psychology, Prentice-Hall, 1963))

反射	月齢 0 1 2 3 4 5 6 7 8 9 10 11 12
吸啜(きゅうてつ)反射	
背反射	
モロー Moro 反射	
引き起こし反応	
緊張性頚反射	
手掌把握反射	
足底把握反射	
頚部の立ち直り反射	
陽性支持反射	
Landau反射	
体幹の立ち直り反射	
パラシュート反応	
随意運動	首のすわり　寝返り　お座り　起立

図5-2　乳児期の反射の消長と随意運動

(鈴木義之：新生児・乳児の反射.(小林　登ほか監修，乳幼児発育評価マニュアル，文光堂，pp.73-83, 1993))

スクリーニング検査[7]では，子どもの発達を行動全般としてとらえ，「運動行動（粗大運動）」「適応行動（微細運動—適応）」「言語」「個人—社会的行動」の4領域に区分され，運動以外の系も合わせて総合的に診断し発達様相をみるものとなっている．

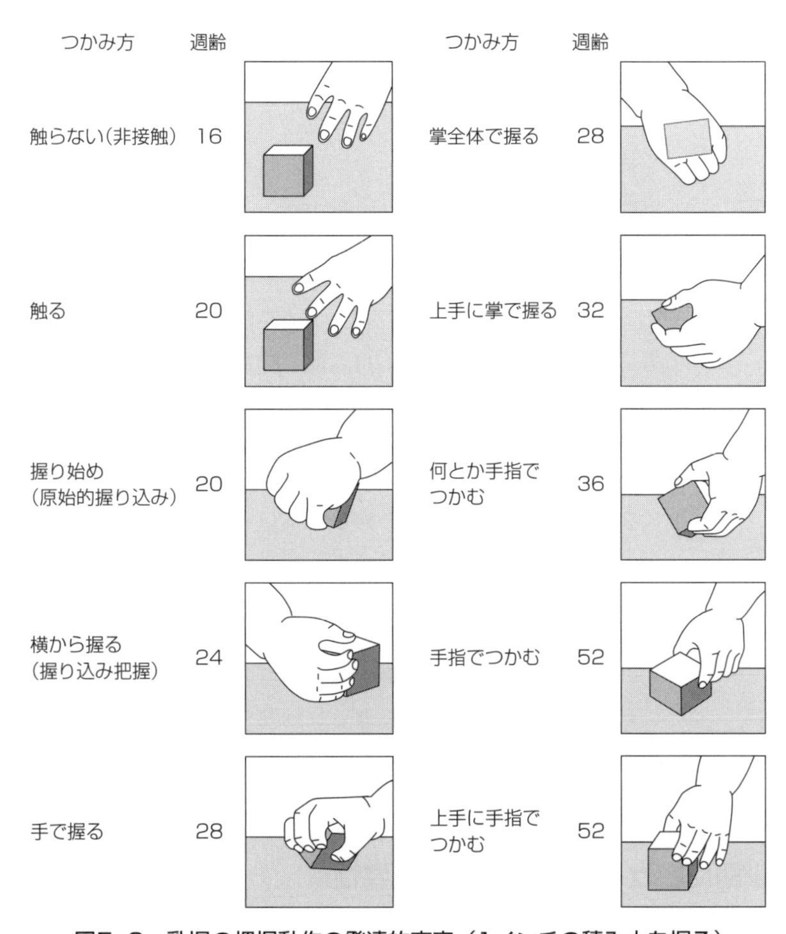

図5–3 乳児の把握動作の発達的変容（1インチの積み木を握る）

(Haywood KM, Roberton MA and Getchell N: Advanced analysis of motor development. Human Kinetic, 2012)

さらに，こういった古典的ないわゆる“成熟優位”な発達理論の一方で，運動発達においても環境からの入力刺激が神経系の構造形成と機能獲得に重要なはたらきを果たす可能性も示唆されている．Thellen ら[8]は，生後間もない乳児に見られる足踏み動作が数カ月後に消失するのは，反射が消失してしまうのではなく，急速な脂肪の増加によって重量が増した脚を直立位で持ち上げることができなくなることによるものだとし，身体と環境の影響を受けて動作の形成がなされることを指摘している．

姿勢変化や移動運動などの全身を動かす粗大運動の発達の一方で，上肢の動きを中心とした微細運動は，物に手をのばしたり，つかんだりするなどして道具を使用できるようになることでその発達が観察される．1歳前の乳児におけるリーチおよび把握動作の変容をみても，知覚，認知系の発達とともに手の動作は環境や刺激に応じて変わっていき，目に入った対象物に手をのばすことから，接触し，形状にかまわず手全体でつかみ，次第に指の役割を分化させて必要に応じた手指の動作へと変容する（図5–3）[9]．

Cratty[10]は，乳幼児期の発達様相について，知覚（perceptual），認知（cognitive），

運動（motor），言語（verbal）の各機能が相互に関連しあい，成熟するにつれてそれらの有機的な結びつきが作られると説明している．例えば，追視という視覚的能力はつかむという運動と結びくし，投げられたボールの軌道を予測しそれに合わせてうまく捕ることができるようになる．これらの機能の相乗的かかわりが基盤となり，さらに複数の機能の連結が形成されていく．

幼児期には日常生活における適応行動という形でさまざまな手の動きが可能になる．食事をするためのスプーンや箸の操作，ハサミ，鉛筆，などいろいろな用具の使用，あるいは服の脱ぎ着，ボタンのかけはずしなど，社会的に適応していくことを容易にする生活活動における自立的スキルを日常の中で身につけていく．昔の子どもたちでは，各種の生活動作はおおよそ幼児期（箸を使う（6歳ごろ），ハサミで形に切りぬく（4歳ごろ），ボタンをかける（3～4歳ごろ））にできるようになっていくのに対し，今の子どもはスキルレベルが低下し，昔では幼児期にできていた動作が6年生になっても満足にできない例も見受けられる[11]．これらの手指の動作の習熟は，神経系の成熟だけでなく訓練によって変わりうるものであることが示唆される．このような生活動作の中には，服の脱ぎ着などのように生活の自立を支えるものもあれば，動作目的遂行に加えて「正しい型」の獲得を求められるものもある．口に物を運べればよいだけの箸の操作や，書くことができればよいといった鉛筆の持ち方では十分とはいえない．正しい動作は指導され訓練されなければ身につかないが，それを指導するべき大人になっても必ずしも十分な動作様式が獲得できているとはいえない昨今でもある[11]．

3．幼少期における基礎的動きの重要性

未熟な状態から始まるヒトの動きには，その後の限りない発達の可能性が潜在しており，誕生後の成熟と学習を重ねることによってきわめて多様な動作を獲得することができる．Clark と Metcalfe[12] は，動作の獲得と習熟が乳幼児期からの反射や原初的な動きを土台にして，環境に適応しながら段階的に進んでいくという様子を構造的な枠組みで示している（図5-4）．生後2週の短い期間（reflective period；反射運動期）を経て，生得的な動作が優位ながらも環境的な刺激を受け，自立的行動の基盤をつくるべく適応していく（preadapted period；適応準備期）．その後の fundamental motor skill period（基本的動作獲得期）は，スポーツ動作を始めさまざまな動きへとつながる基本的な動作を獲得する時期であり，そこで得られた動きの基礎は，それぞれの場面に応じた多彩な動作パターンへと習熟していく（context-specific motor skills period；適応動作期）．例えば，基本的な動作として獲得した打つ動作は，野球のバッティング，テニス，ゴルフのストローク，サーブなど，場面や用具などに応じてさらに特殊化した動作へと発展し，さらにその先の熟練した動作の獲得やスキルの向上に向けての段階へと続く（skillfulness；動作熟練期）．基本的な運動スキルは，指導を受け練習することによって正確な動作を獲得し，さらに環境的な制限を克服して高度なスキルを身につけていく[13]．スキャモンの発育曲線にみられるように，神経系機能の発達が優先する幼少期には外的刺激への適応性が高い．この時期には多様な刺激を

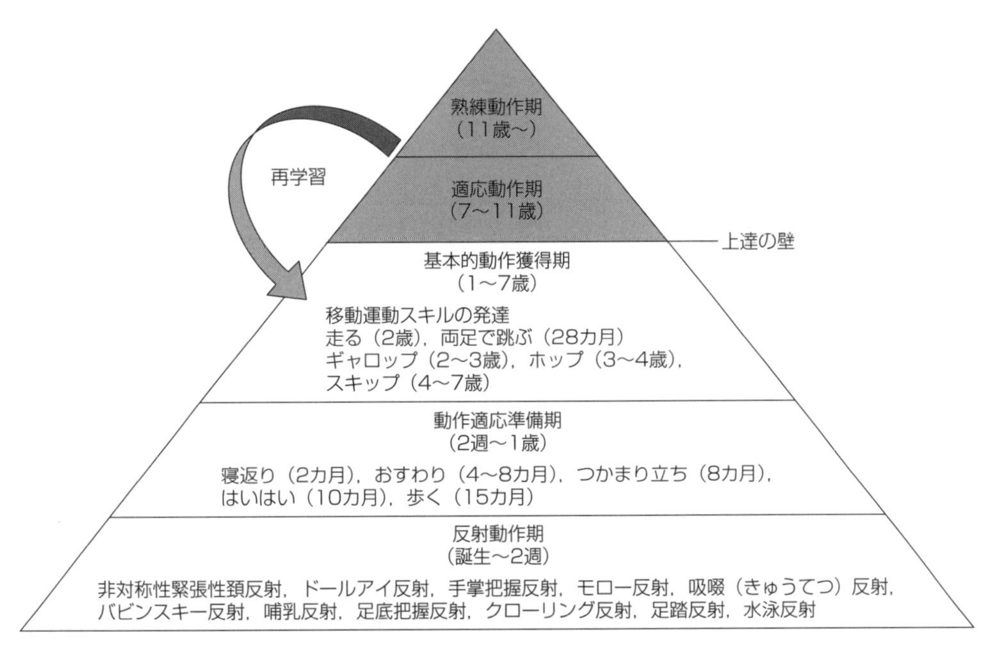

図5-4　運動発達の段階

(Clark JE and Metcalfe JM: The mountain of motor development: a metaphor. (In: Clark JE and Humphrey JH Eds., Motor development: research and reviews. Vol.2, National Association for Sport and Physical Education: Reston, Virginia, pp.163-190, 2002))

与えられることにより著しい機能発達を示し，それを背景にさまざまな動作を獲得し習熟できる適時性を持つといえる．歩行獲得後の1歳過ぎから7歳ごろの基本的動作獲得期に十分な動きのパターンを獲得しておかないと，その後の高度な動作の習得にあたってのつまずきを引き起こす可能性もある．

幼児期の遊びや保育活動の中にみられる動作は多様であり（表5-1）[14]，幼児期の運動の習得で大切なことは，できるだけ多様な運動を幅広く身につけることであり，運動の習得に偏りがあったり，まったく未経験な運動が多くなるような弊害を避けなければならない[14]．幅広く多様な動きの獲得によって，環境に対する自由な探索が可能になり行動力の基盤が作られることになる．

4. 基本的な動きの発達的特性

歩行開始直後の乳児の歩きをみると，全身のバランスを保つために上肢を反射的に拳上し，左右の歩隔も広い．歩行の経験を経るにしたがって歩隔は狭くなり上肢も下がってくる（図5-5）[15]．その後平地での歩行が安定するにつれ，3歳ごろまでに小さな障害物を乗り越える，階段の昇り降りなど，環境に応じたより複雑な歩行が行えるようになり，それに伴い自立的な行動範囲は急激に拡大していく．

日常生活，スポーツ活動をはじめとしてあらゆる身体活動に含まれる基本的な動きはさまざまであるが，ここでは代表的な動きである「走」「跳」「投」について，発達的な観点から解説する．

表5-1　幼児に見られる基本的動作とその分類

カテゴリー	動作の内容	個々の動作		
安定性	姿勢変化	たつ・たちあがる	さかだちする	わたる
	平衡動作	かがむ・しゃがむ ねる・ねころぶ まわる ころがる	おきる・おきあがる つみかさなる・くむ のる のりまわす	あるきわたる ぶらさがる うく
移動系	上下動作	のぼる あがる・とびのる とびつく	とびあがる はいのぼる・よじのぼる おりる	とびおりる すべりおりる とびこす
	水平動作	はう およぐ あるく ふむ	すべる はしる・かける・かけっこする スキップ・ホップする 2ステップ・ワルツする	ギャロップする おう・おいかける とぶ
	回転動作	かわす かくれる くぐる・くぐりぬける	もぐる にげる・にげまわる とまる	はいる・はいりこむ
操作系	荷重動作	かつぐ ささえる はこぶ・はこびいれる もつ・もちあげる・もちかえる あげる	うごかす こぐ おこす・ひっぱりおこす おす・おしだす おさえる・おさえつける	つきおとす なげおとす おぶう・おぶさる
	脱荷重動作	おろす・かかえておろす うかべる	おりる もたれる	もたれかかる
	捕捉動作	つかむ・つかまえる とめる あてる・なげあてる・ぶつける いれる・なげいれる	うける うけとめる わたす ふる・ふりまわす	まわす つむ・つみあげる ころがす ほる
	攻撃的動作	たたく つく うつ・うちあげる・うちとばす わる なげる・なげあげる	くずす ける・けりとばす たおす・おしたおす しばる・しばりつける あたる・ぶつかる	ひく・ひっぱる ふりおとす すもうをとる

(石河利寛ほか：幼稚園における体育カリキュラムの作成に関する研究　I. カリキュラムの基本的な考え方と予備的調査の結果について．体育科学，8: 150–155, 1980)

(1) 走　る

走る動作は，歩く動作の延長としてとらえられ，両脚の非支持期がみられるその原初的な形態はおよそ1歳半から出現する．その後移動の機会も増え環境に適応しながら，幼児期には基本的な動作のひとつとしてその原型が習得されていく．幼児の日常生活や遊びの場面では，ある地点から次の目標地点へと向かう多くの場合，ほとんどが走りであり，もっとも多くみられ動作様式である．宮丸[16]は，走り始めから成熟した動作に至るまでを以下のように段階的に分けている．

①走動作の始まりの段階（生後17～24カ月）：歩行からの自発的分化によって走運動が発生する時期で，走能力がきわめて未熟で，未発達な時期．

②基本的な走動作形態を獲得する段階（3～6歳）：走動作の習熟につれて走能力が急速に発達する時期．

③形態や機能の向上につれて走能力が向上する児童の段階（6～12歳）：幼児期のような走動作の変容はみられないが，体格，体力の向上につれて歩幅を増大させ，年

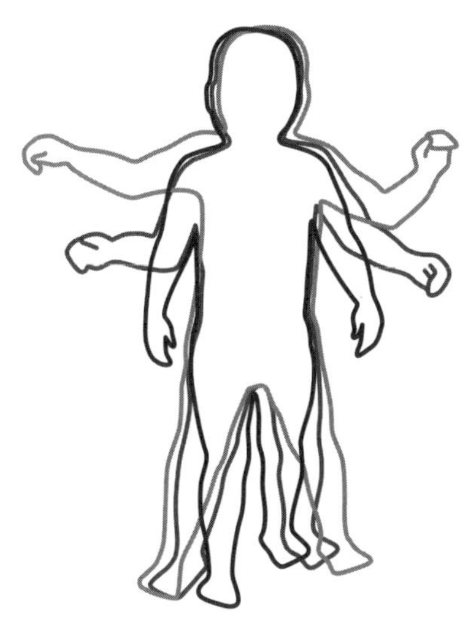

図5-5　幼児の歩行の変容
月齢とともに上肢は下がり下肢は幅が狭くなってくる.
(Burnett CN and Johnson EW: Development of gait in childhood. II. Dev Med Child Neurol, 13: 207-215, 1971)

齢とともに疾走能力が著しく発達する時期.
④走能力の性差が顕著になる段階（13歳～成人）：性成熟による男女の形態発育，機能発達と関連して，疾走能力の性差が拡大する時期.

幼児期には，走動作そのものが初期の未熟型から急激に変容し，6歳ごろまでにスポーツ運動の基本形態のひとつとしての走運動の粗形態を獲得する（図5-6）[16]．また，この時期の走動作パターンの出現には，明確な性差はみられない．性差は思春期以降増大するが，性成熟に伴う身体的変化によるところに加え，動作効率の面からも女子の走能力は男子に劣ることが示されている[17].

動作獲得後，幼児期，児童期とそれぞれの運動経験によって各自特有の疾走動作として身につけ定着していく．日常的な動作ゆえにあらためてよいフォームを身につけることは，それまでに身についた技術を矯正，改善することになるので，新しい技術を始めて練習していくよりもむしろ難しい場合も考えられる．発育期における走能力の向上は，おもに形態，機能など身体的発育によるところが大きい．小学生では優れたスプリンターであっても，そのパフォーマンスの高さは形態や脚筋力の大きさに起因し，動作そのものには改善の余地が残されている[18].

(2) 跳　ぶ

跳ぶ動作は，片足あるいは両脚で踏み切って全身を空中に放り出し，再び片足あるいは両足で着地するという運動スキルであり，およそ2歳を過ぎたころからできるようになる．跳ぶ動作には，平衡性と推進する力が関与し，この両者の制限を克服することによりそれに応じた動きが獲得され，さらに洗練されていく．うまくバランスをとりつつ，目的に合った方向へ身体を運ぶためには，たくみな身体の調整機能が必要になる．さらに，このような身体的条件のみならず，子どもにとって跳ぶという動作の遂行には，勇気や自信などの心理的要素も大きくかかわってくる.

1）立幅跳び

立幅跳びは上下肢の協調的動作であり，複雑な神経筋活動を要する．両足でぴょんぴょん跳ぶことは2歳ごろまでにできるようになり，跳ぶこと自体は系統発生的に出現する動作であるが，跳躍を推進するための上肢の動作は学習によって獲得され，目的方向への跳躍に有効に使うことができるようになる.

立幅跳びの動作様式は，およそ7～8歳で成熟型に達するといわれる[19]．幼児期から思春期ごろまでの立ち幅跳びの跳躍距離の変化を概観すると，幼児期には年齢とともに跳躍距離がほぼ直線的に増加し，5～6歳ごろに著しい伸びがみられる[20]．上肢の跳躍方向への振り出しや，そのタイミング，跳びだしの方向などに着目して段階的に分類した動作パターンも加齢に伴って向上し，跳躍距離の増大と並行して動作の変容がみられる（図5-7）[19]．立ち幅跳びにおける上肢動作の発達的変容は，移動と反対

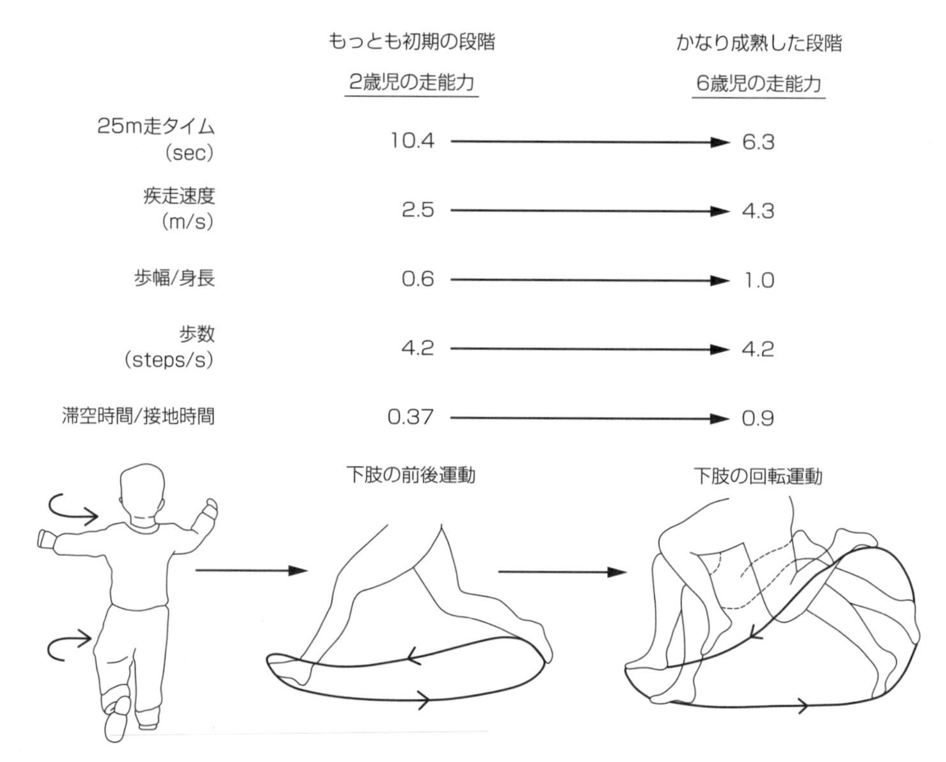

図5-6　2歳児と6歳児の走動作各要素の比較
(宮丸凱史：成長にともなう走能力の発達：走りはじめから成人まで．Japanese Journal of Sports Science, 14: 427-434, 1995)

方向にブレーキとしてはたらく動作獲得初期のころ（図5-7b，41カ月）から，やがてバランスを保持するための安定器として用いられ（図5-7c，5歳），しだいに運動量を増すために踏み切り時に大きく前方に振り出す力の推進器としてはたらく（図5-7d）ようになる．児童期には，股関節や肩関節の可動範囲が大きくなるとともに跳躍時の前傾角度も深くなり，前方への跳躍に対してより有効な動作を行えるようになる[21].

2）走り幅跳び

走り幅跳びは，基本的な動作である走動作と跳動作が複合され，片脚での踏切と両脚での着地が規定されたひと続きの動作である．その原初的な形態の動きは3歳ごろに可能となるが，児童期にいたるまで一定したフォームはなかなかみられない．加齢に伴って跳躍距離は増加するが，動作の改善というよりは助走速度の増大によるところが大きい[22]．また，男子が女子よりも優れる傾向にあるが，それも助走速度に起因するものである[23].

(3) 投げる

投動作（オーバーハンドスロー）は，ヒトに固有の動作であり，ボールなどの身体以外の物を操作し加速させるという特徴を持つ．投動作の始まりは，自由になった上肢（手）で物をつかみ，それを放りだすことによる．片手のオーバーハンドスローは，

図5-7　立ち幅跳びの動作発達

(Hellebrandt FA, Rarick GL, Glassow R and Carns ML: Physiological analysis of basic motor skills. I. Growth and development of jumping. Am J Phys Med, 40: 14-25, 1961より引用改変)

2歳前後からみられ6歳を過ぎればある程度の協応がみられる動作様式に達するとされる[10, 23-25]．しかしながら走，跳のような系統発生的な動作とは異なり，年齢にかかわらずその個人差が大きい．図5-8は，乳幼児の投動作を特徴ある動作パターンに分類して示したものである[24]．脚の動きがなく支持面が固定され，肘の前下方への伸展による投射（パターン1）から，肩を中心とした動きとなり（パターン2），腕や肩の水平面での動きが加わり（パターン3），腕や上体が後方へ引かれ，投げ手と同側のステップとともに投射されるようになり（パターン4），腕，上体，腰を投げ腕側へひねり，肩，上体，腰の回転，反対足のステップを伴う成熟型へ（パターン5，6），というように動作のパターンは変容する．またそれぞれのパターンの出現と月齢との関係からは，1～2歳はパターン1の未熟な段階であり，性差もみられないが，3歳以降性差が出現する．男子では3歳から5歳までにパターン3から5への変容がみられ，さらに6歳にかけて急激な変化がみられるのに対し，女子では4歳から6歳までの変化は極めて小さく，パターン3，4の段階にとどまってしまう傾向がある．

このような全体的な運動イメージに加えて，構成する動作要素に着目して動きを評価することができる．角田ら[26]は上体の反り，脚の構えと動き，腰の回転をカテゴリーとしている．深代[27]は，逆手の引き，腰の回転，上体の反りの利用，足の踏み出し，投げ手側の足の位置，前足の方向，リリースの位置，肘の伸び，フォロースルーの9

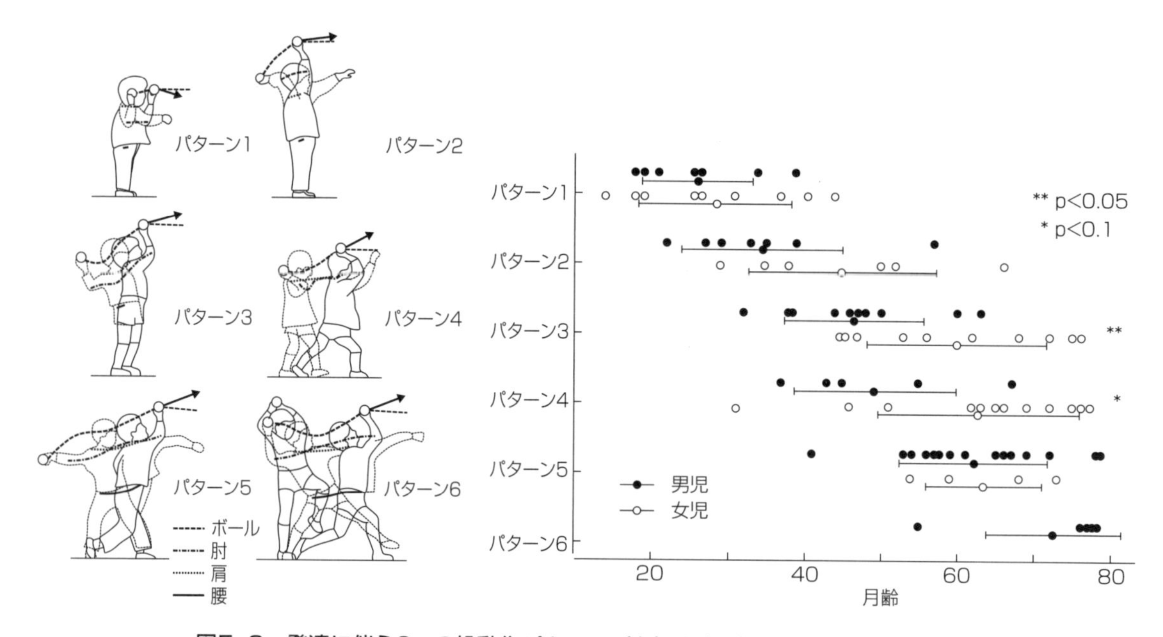

図5-8　発達に伴う6つの投動作パターン（左）と各パターンの出現月齢（右）

（宮丸凱史，平木場浩二：幼児のボールハンドリング技能における協応性の発達（3）：投動作様式の発達とトレーニング効果．体育科学，10: 114-124, 1982）

項目から，腰の回転，上体の利用，逆手の利用，が重要であることを示している．また，RobertonとKonczak[28]は，上肢，下肢，ステップなどについての動作要素のうち，投球速度を決定する要因として，6歳では上肢の動作，7歳ではそれに加えて体幹の動きとステップ長，8歳では体幹のひねり，13歳では前腕の遅れ，というように年齢ごとに示している．発達段階によって投動作に貢献する主要部位，動作要素が異なる可能性がある．さらに，7歳から9歳ころの男子では，ボールリリース時の手首の動きも顕著にみられるようになり投動作のパフォーマンスを高めている[29]．投球技能の発達には，構成する各動作要素の連鎖に伴う順序性があり，年齢や発達段階によって各動作の関連性は変化するであろう．

投動作は経験によって獲得される動作であるから，練習による動作改善の効果も大きいと考えられる．5～6歳の幼児では[24]，練習によって男女ともに上肢の使い方，体幹や腰のひねり，ステッピングによる体重移動など動作の改善がみられる．ただし，改善がみられた後の動作においても，男女差は縮まらずに残る．投動作の動作様式は，幼児期の練習効果が大きいとされるものの，女子にみられるように，経験が乏しいことによって未熟な動作段階で留まっている例も多い．児童期においても学習効果はまだ大きく，とくに動作レベルの低い子どもへの動作改善の必要性が指摘されている[30]．これらの動作評価の視点や動作改善の学習要素は指導法への有効な知見となる．

5. 動作リズムの発達

(1) 時間的動作調整能

子どもの日常活動や遊びの中には，スキップのような全身運動あるいは手あそびなどのようにリズミカルな動きが多くみられる．神経系機能の成熟に伴って，幼少期におけるリズミカルな動きの遂行は，運動はもちろん知覚，認知系を含んだ神経系機能の発達過程に裏付けられた動作様式の表れであると考えられる．

簡単なリズムやテンポを知覚することは生後1年未満の乳児でも可能であり，それは身体の動きを伴うことによって強化される．2拍子や3拍子などの簡単なリズムはそれに合わせて身体をバウンスされながら聞かされるとそれを区別して認識するようになるという[31)]．身体を動かしながらのリズム知覚は，平衡機能に関与する前庭器官と聴覚器官の連携を強め神経系機能の発育を促進するといえる．母親が子どもを抱いて子守唄を歌いながら身体を揺すったり，一緒にリズミカルに弾んだりすることは，赤ちゃんの運動感覚，リズム感覚の発達に影響を与える貴重な行為といえよう．幼児の手あそび，歌あそびでも，その多くは手を小さく上下に振りそれに合わせてうなずきや頭を軽く振る動作もみられ，リズム知覚と動作の関係が自然に強化されているととらえられる．

ヒトの動作テンポについて加齢に伴う変容をみてみよう．随意な速さで“できるだけ速く”あるいは“できるだけゆっくり”動くということは，前者はおもに身体機能的な制約を受け，後者はより恣意的な調節が加わることによって行われる．テンポを保った連続タッピング動作において，幼児では“できるだけ速く”行った時の動作速度は児童や成人に比べて遅く，逆に“できるだけ遅く”行った動作速度はより速くなる．両者の差として示される随意に可能な動作速度の調節幅は，幼児では著しく小さい（図5-9）[32)]．とくに，ゆっくりした動きでは動作の継続に伴うテンポの恒常性も低く，動作に伴う速さの定位も不十分である．すなわち幼児では，意識的に調節できる動作速度の範囲は小さく，とくにゆっくりした動きの遂行は難しいということになる．これらの動作テンポの調整能は，タッピングなどの小筋群での動きは幼児期に著しい変化をみせ，5～6歳で自身のリズムをコントロールすることができるようになる[33)]．また，全身的な動きも含めると動作リズムの調整能は7～8歳にかけて変容をみせ，10歳ごろになると成人と同程度となる．

(2) リズミカルな動作

一般にもよく知られる全身のリズミカルな運動としては，スキップやギャロップ，ホップなどがあるが，それらは歩，走，跳などの生得的に備わっている動作とともに基本的な移動運動の系列として分類される[34)]．それらの動作の発現や動作様式の獲得年齢は表5-2に示されるように幼児期が中心である．その獲得メカニズムや動作そのもののバリエーションには違いがあり，スキルの獲得には大きな個人差が生じるものである．神経系機能向上に経験が加わり幼児期の3，4年間の短い間にスキルの向上がみられる例もあるが，一方で初歩の基本的なパターンは獲得できたものの，ほとん

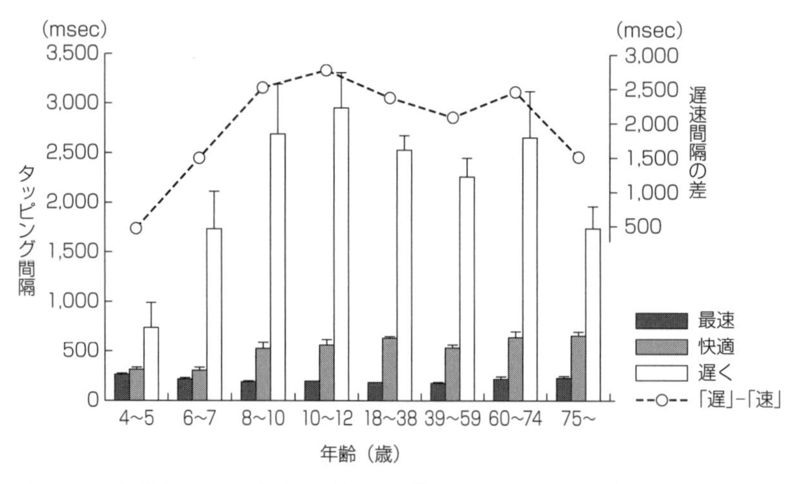

図5-9　年代毎に見た「速い」「遅い」「快適な」動作テンポおよび遅速の差

（McAuley JD, Jones MR, Holub S, Johnston HM and Miller NS: The time of our lives: life span development of timing and event tracking. J Exp Psychol Gen, 135: 348-367, 2006より著者作成）

表5-2　リズミカルな運動パターンの成就年齢

運動パターン	運動レベル	おおよその出現年齢
ホップ	利き足で3回	3歳
片足で踏み切り同じ足で着地	同じ足で4～6回	4歳
	同じ足で8～10回	5歳
	15mを約11秒で行う	5歳
	リズミカルな交互操作の成熟型	6歳
ギャロップ	基本形だが非効率的	4歳
片足リードで歩きとリープの組み合わせ	巧みな成熟型	6歳
スキップ	片足スキップ	4歳
リズミカルな左右交互のステップとホップ	巧みなスキップ（20%程度）	5歳
の組み合わせ	完成された巧みな成熟型	6歳

（Gallahue DL and Ozmun JC: Understanding motor development- Infants, children, adolescents, adults. 4th ed., McGraw-Hill, pp.211-213, 1998）

ど変化することもないまま成熟型の様式に至らない例もめずらしくない．

スキップ動作は，ステップ（足の踏み換え）とホップ（片足跳び）という基本的な動作の組み合わせからなっており，左右脚のすばやい切り換えを挟んでホップを交互にリズムよく繰り返すというものである．そのスキル獲得の順序をたどると，4歳ころにその動作様式はみられるようになり，5～6歳の間でほぼ完成し，6歳以降さらにうまくできるようになる．ただし，歩行の獲得から走への展開とは異なり，経験しないと獲得するのが難しい動作でもある．スキップの動作は単純なホップのくりかえしではなく，ホップの時間に比べて着地から反対側へのステップの時間が非常に短いという変則的なまとまりのリズムを持つ．したがって，ホップの着地から次のステップへスムーズに足を切り換えることによって動きが継続する．

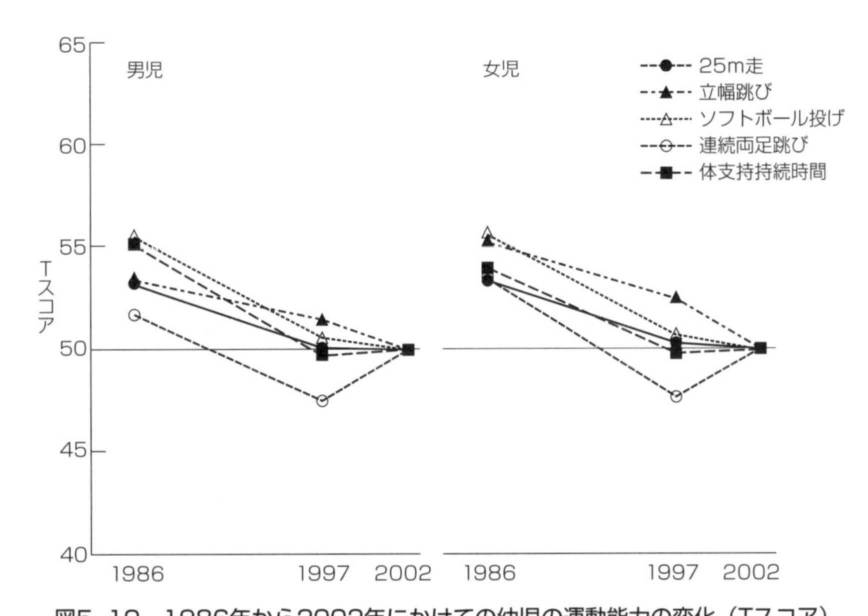

図5-10　1986年から2002年にかけての幼児の運動能力の変化（Tスコア）

(Sugihara T, Kondo M, Mori S and Yoshida I: Chronological change in preschool children's motor ability development in Japan from the 1960s to the 2000s. Int J Sport Health Sci, 4: 49-56, 2006)

このように全身をはずませてリズミカルに動く動作様式をホップ系リズム動作として括りその発達的特徴をまとめると，このような片側支配の左右切り換えを中心にした運動の遂行においては，左右支配の切り換えや上下のはずみに難しさがあること，片側荷重の身体調整に左右差があることなどがあげられ[35]，幼児期に獲得し習熟が可能である．

6．子どもの動きの能力の低下とその対応

子どもの体力・運動能力が低下の傾向をみせ始めたのは，すでに30年近く前にさかのぼる．学齢期以上の年齢を対象に，1964年から継続的に行われている体力・運動能力調査では，子どもたちの走る，跳ぶ，投げるといった基本的運動能力は1980年代以降20年余りにわたって長期間の低下傾向がみられ，近年でもいまだ低い水準にとどまっているのが現状である[36]．また，就学前の幼児についても同様の傾向がうかがえる．過去30～40年にわたる基本的な運動能力の変化についての調査結果[37,38]によれば，幼児でも就学児と同様に1980年代からその能力の低下が明確に認められている（図5-10）．さらにこれらのような運動能力テストのパフォーマンスとして量的に評価したものだけでなく，動作の質的な評価の観点からもその低下が明らかになっている．中村ら[39]は幼児の基本的動作7項目について動作パターンを観察的に評価し，1985年と2007年の動作発達得点を比較したところ，男女ともに2007年の得点が著しく低く，2007年の年長児は1985年の年少児と同等レベルの出来栄えであったことを示している（図5-11）．すなわち，現在の子どもたちの運動パフォーマンスの低迷状態の背景には，「動き方」の未熟さの存在があるといえる．

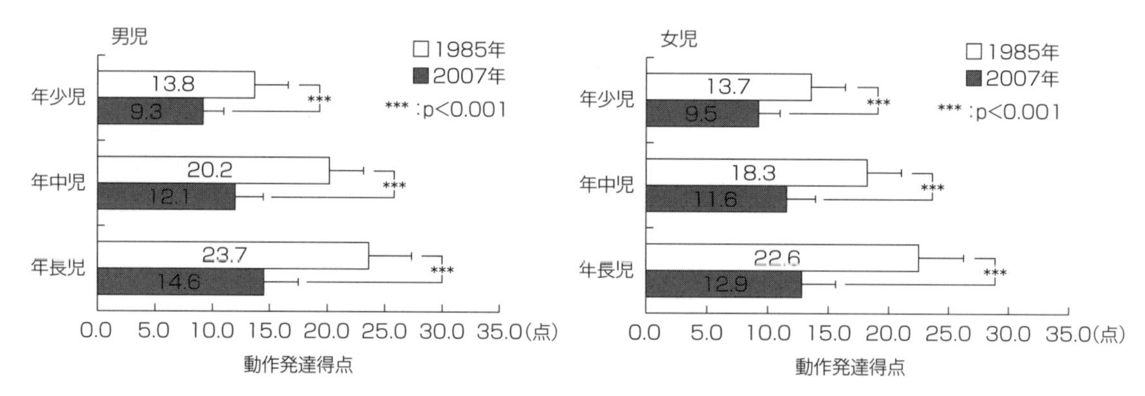

図5-11　性別に見た1985年と2007年との動作発達得点の変化

(中村和彦, 武長理栄, 川路昌寛, 川添公仁, 篠原俊明, 山本敏之, 山縣然太朗, 宮丸凱史：観察的評価法による幼児の基本的動作様式の発達. 発育発達研究, 51: 1-18, 2011)

これらの動きの能力の低さ，未熟さの原因は，運動経験，運動量が不十分なことによると考えられる．しかしながら，一方で子どもたちに多くの運動実施・スポーツ参与を促す動機のひとつは，動作スキルの高さやそのことの自己認識であるともいわれる[40-44]．したがってこのことから，幼少期にはまず遊びなどを通じてさまざまな動きを経験する中で運動そのものの楽しさを体感し，それが運動への次なる動機となって自然に多くの動きが獲得できる循環をつくっていく環境が重要だといえる．また，投動作をはじめとして生得的には獲得できない動作や未成熟な動作のままに留まりがちな動作については，とくに適切な指導と適度な練習をしていく必要があろう．例えば，走る能力や跳ぶ能力などは，歩数などの日常身体活動量との関係が認められるものの，投げる能力においては必ずしもそれが認められない[45]．すなわち運動や遊びを活発に行っている子どもであっても，動作の種類としては限られており，その中に含まれていない動きがあることがあらためて認識される．これは子どもたちの日常的な遊びの質や運動実施状況の変容によって，現代ではとくに明白となっているように思われる．

運動そのものの楽しさを知っている子どもは，運動の実施に対するハードルも低く，その継続によりそれぞれの発達段階に見合った運動経験が容易になる．ジュニア期に優秀なパフォーマンスを示す子どもの動作パターンは，必ずしも成人の（理想的な）動作と一致しているとは限らず，さらに高いパフォーマンスを目指す場合には成長にともなって動作の改良を施さなくてならない場合がある[18]．

成長期においてはどんな発達段階においても，「動き」の質と量の両面の適切な確保が必要といえる．

[佐々木玲子]

[引用文献]

1) ポルトマンA著，高木正孝訳：人間はどこまで動物か．岩波書店，1961.
2) Shirley MM: The motor sequence. In: Dennis W Ed., Readings in child psychology. Prentice-Hall, 1963.
3) 鈴木義之：新生児・乳児の反射．小林　登ほか監修，乳幼児発育評価マニュアル．文光堂，pp.73−83, 1993.
4) Gesell A and Amatruda C: Developmental diagnosis. 2nd ed., Harper & Row: New York, 1947.
5) McGraw M: The Neuromascular maturation of the human infant. Macmillan: New York, 1945.
6) 小林　登，前川喜平，高石昌弘監修：乳幼児発育評価マニュアル．文光堂，1993.
7) Frankenburg WK原著，上田礼子（訳）著：日本版デンバー式発達スクリーニング検査：JDDSTとJPDQ．医歯薬出版，1993.
8) Thelen E and Smith LB: A dynamic systems approach to the development of cognitive and action. MIT press, 1994.
9) Haywood KM, Roberton MA and Getchell N: Advanced analysis of motor development. Human Kinetic, 2012.
10) Cratty BJ: Perceptual and motor development in infants and children. 3rd ed., Prentice-Hall, pp.12−27, 1986.
11) 谷田貝公昭：昔の子ども，今の子ども．体育科教育，49（4）：76−77, 2001.
12) Clark JE and Metcalfe JM: The mountain of motor development: a metaphor. In: Clark JE and Humphrey JH Eds., Motor development: research and reviews. Vol.2, National Association for Sport and Physical Education: Reston, Virginia, pp.163−190, 2002.
13) Clark JE: On the problem of motor skill development. Journal of Physical Education, Recreation & Dance, 78 (5): 39−44, 2007.
14) 石河利寛ほか：幼稚園における体育カリキュラムの作成に関する研究　I．カリキュラムの基本的な考え方と予備的調査の結果について．体育科学，8: 150−155, 1980.
15) Burnett CN and Johnson EW: Development of gait in childhood. II. Dev Med Child Neurol, 13: 207−215, 1971.
16) 宮丸凱史：成長にともなう走能力の発達：走りはじめから成人まで．Japanese Journal of Sports Science, 14: 427−434, 1995.
17) 宮丸凱史編著：疾走能力の発達．杏林書院，2001.
18) 加藤謙一，宮丸凱史，松元　剛：優れた小学生スプリンターにおける疾走動作の特徴．体育学研究，46: 179−194, 2001.
19) Hellebrandt FA, Rarick GL, Glassow R and Carns ML: Physiological analysis of basic motor skills. I. Growth and development of jumping. Am J Phys Med, 40: 14−25, 1961.
20) 金　善應，松浦義行：幼児及び児童における基礎運動技能の量的変化と質的変化に関する研究：走，跳，投運動を中心に．体育学研究，33：27−38, 1988.
21) 陳　周業，石井良昌，渡部和彦：児童の立ち幅跳びにおける関節可動域のバイオメカニクス的研究．発育発達研究，48: 1−7, 2010.
22) 深代千之：跳ぶ科学．大修館書店，pp.166−171, 1990.
23) Wickstrom RL: Fundamental motor patterns. 3rd ed, Lea & Febiger, pp.101−135, 1983.
24) 宮丸凱史，平木場浩二：幼児のボールハンドリング技能における協応性の発達（3）：投動作様式の発達とトレーニング効果．体育科学，10: 114−124, 1982.
25) Wild MR: The behavior pattern of throwing and some observations concering its course of development in children. Research Quarterly, 9: 20−24, 1938.
26) 角田俊幸，稲葉勝弘，宮下充正：投能力の発達.昭和51年度日本体育協会スポーツ科学研究報告，No.1　投能力の向上に関する研究，pp.13−23, 1976.
27) 深代千之：幼児の投球技能．体育の科学，33: 103−109, 1983.
28) Roberton MA and Konczak J: Predicting children's overarm throw ball velocities from their developmental levels in throwing. Res Q Exerc Sport, 72: 91−103, 2001.
29) 桜井伸二，宮下充正：子どもにみられるオーバーハンド投げの発達．Jap J Sports Sci, 1: 152−156, 1982.
30) 高本恵美，井出雄二，尾縣　貢：児童の投運動学習効果に影響を及ぼす要因．体育学研

究，49: 321−333, 2004.
31) Phillips-Silver J and Trainor LJ: Feeling the beat: movement influences infant rhythm perception. Science, 308: 1430, 2005.
32) McAuley JD, Jones MR, Holub S, Johnston HM and Miller NS: The time of our lives: life span development of timing and event tracking. J Exp Psychol Gen, 135: 348−367, 2006.
33) Sasaki R: Developmental characteristics of temporal control of movement in preschool and school children of different ages. Percept Mot Skills, 85: 1455−1467, 1997.
34) Gallahue DL and Ozmun JC: Understanding motor development- Infants, children, adolescents, adults. 4th ed., McGraw-Hill, pp.211−213, 1998.
35) 森下はるみ，遣　仁敬：ホップ系リズム動作の発達とトレーニングの適時性．体育の科学，45: 439−444, 1995.
36) 文部科学省：平成21年度体力・運動能力調査報告書．pp.9−19, 2010.
37) Sugihara T, Kondo M, Mori S and Yoshida I: Chronological change in preschool children's motor ability development in Japan from the 1960s to the 2000s. Int J Sport Health Sci, 4: 49−56, 2006.
38) 穐丸武臣：幼児の体格・運動能力の30年間の推移とその問題．子どもと発育発達，1: 128−132, 2003.
39) 中村和彦，武長理栄，川路昌寛，川添公仁，篠原俊明，山本敏之，山縣然太朗，宮丸凱史：観察的評価法による幼児の基本的動作様式の発達．発育発達研究，51: 1−18, 2011.
40) Goldfield GS, Harvey A, Grattan K and Adamo KB: Physical activity promotion in the preschool year: a critical period to intervene. Int J Environ Res Public Hralth, 9: 1326−1342, 2012.
41) Cliff DP, Okely AD, Smith LM and McKeen K.: Relationships between fundamental movement skills and objectively measured physical activity in preschool children. Pediatr Exerc Sci, 21: 436−449, 2009.
42) Fisher A, Reilly JJ, Kelly LA, Montgomery C, Williamson A, Paton JY and Grant S: Fundamental movement skills and habitual physical activity in young children. Med Sci Sports Exerc, 37: 684−688, 2005.
43) Barnett LM, van Beurden E, Morgan PJ, Brooks LO and Beard JR: Childhood motor skill proficiency as a predictor of adolescent physical activity. J Adolesc Health, 44: 252−259, 2009.
44) Okely AD, Booth ML and Patterson JW: Relationship of physical activity to fundamental movement skills among adolescents. Med Sci Sports Exerc, 33: 1899−1904, 2001.
45) 佐々木玲子，石沢順子，楠原慶子，奥山靜代：運動様式の違いからみた幼児の日常身体活動量と基本的運動能力との関係．慶應義塾大学体育研究所紀要，52: 1−10, 2013.

6章 子どもの運動・スポーツに関する外科的傷害

子どもの運動は二極化してきており，いわゆる運動嫌いの子どもと，スポーツクラブや学校の運動部に属し，過度な運動を強いられる子どもに分かれてきている．今回はまず学校体育におけるスポーツ活動の現状を，日本体育協会スポーツ医・科学研究報告書（福林　班長）に沿って紹介するとともに，スポーツクラブの例としてサッカークラブのジュニア組織での外傷・障害発生状況や野球の現状について報告する．

1．中高生の部活動によるスポーツ外傷発生状況

（1）全体統計

本統計は独立行政法人日本スポーツ振興センター学校安全部の2010年度の統計を引用したものであり，基本的に全国の中学校・高等学校の体育的部活動中の事故として，保険請求（5,000円以上）の面から届け出があった事例である．運動部の部員数は中体連，高体連，高野連への届け出があった部員数をもとにしている．

2010年度のスポーツでの外傷発生件数は264,369件であり，発生頻度は9,294件（10万人/年）で，運動部で活動をしている生徒の4%が病院や診療所の処置が必要なケガをしたことになり，かなり高頻度の印象を受ける．また男子は女子の倍の件数の発生があるが，頻度的には同程度である．学年別に見ると部員数によると思われるが，中学生が高校生より件数の面では上回るものの，発生頻度からは高校生が少し高い（図6-1）．中3，高3で件数が減少しているのは，秋以降部活動をやめる部員が多くなるからであろう．

また，月別に見ると新入生が入部する5月がピークで，夏までは発生件数は高く，秋以降減少する．部位別では足関節，手・手指，頭部が高く，以下膝部，足・足指部と続く（図6-2）．

外傷の種類別では骨折，捻挫，挫傷・打撲症と続くが，とくに中学生の骨端線未閉鎖群では捻挫の代わりにこの部位の骨折が多く，注意を要する（図6-3）．競技種目別では登録人数が多いバスケットボール，サッカー，野球，バレーボールが上位を占めるが，発生頻度から見ると危険性が高いといわれているラクビーや柔道が頻度的には高い（図6-4）．

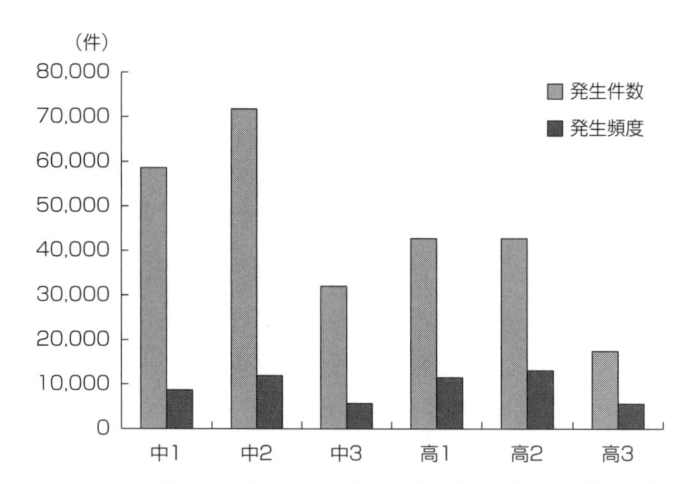

図6-1　スポーツ外傷の発生件数・頻度（件/10万人）（学年別）

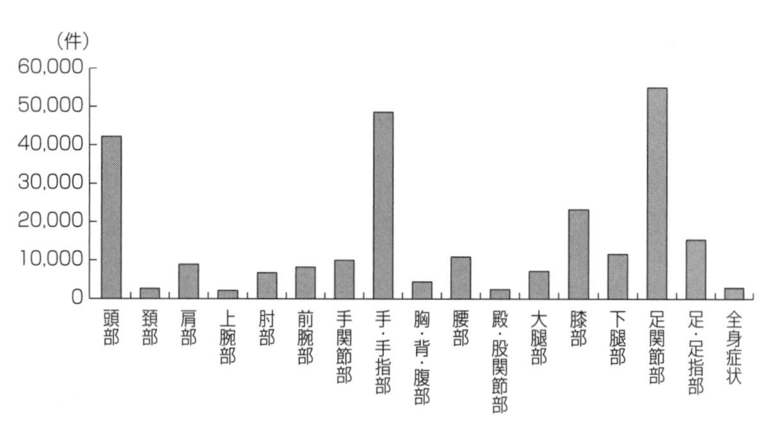

図6-2　スポーツ外傷の発生件数（部位別）

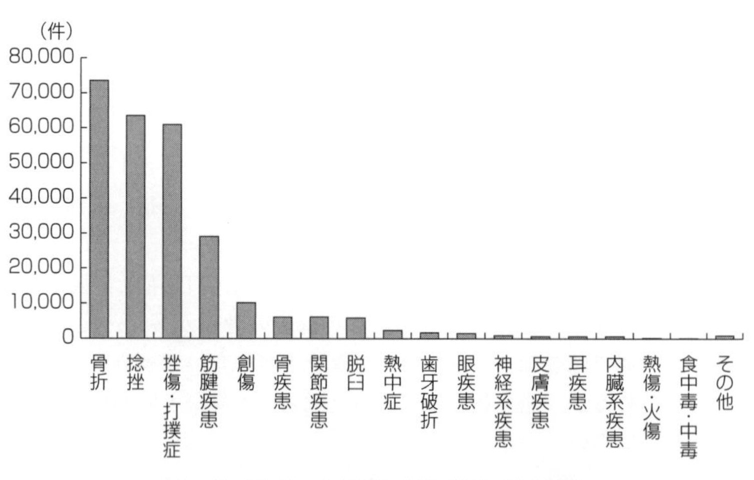

図6-3　スポーツ外傷の発生件数（疾患別）

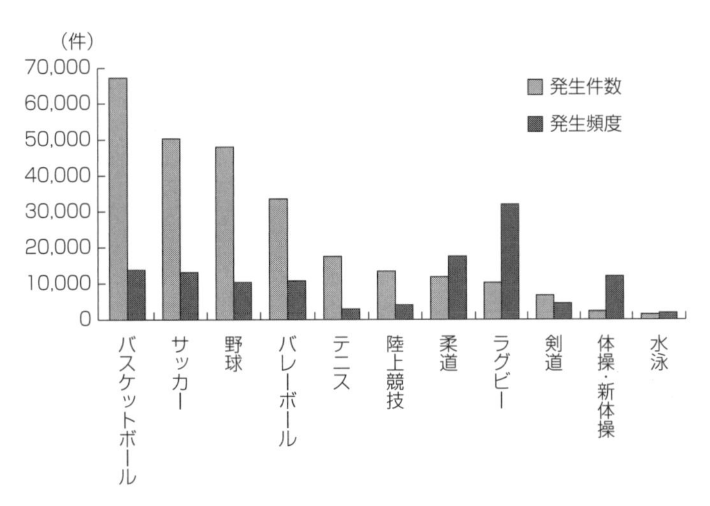

図6-4　スポーツ外傷の発生件数・頻度（種目別）

(2) 競技種目別特徴

競技種目によって外傷の種類や発生部位にも特徴がある．サッカーやバスケットボール，バレーボールでは足関節捻挫が第1位を占めるが，野球では頭部打撲や手・手指の骨折が多い．しかしサッカーのように一見手を使わないスポーツでも手・手指や手関節部の骨折がこの年代で多いのは注意を要する（図6-5a～c）．ラクビーでは頭部の骨折や肩の脱臼・骨折が多く，頭頚部の重傷外傷も多い（図6-5d）．

(3) 外傷別特徴

外傷でとくに頻度が高いのは足関節捻挫であり，年間39,812件と多く，発生頻度も1,443件（10万人/年）と高い．しかしその重症度からいうと，再建手術を要し，しかもスポーツ復帰まで半年以上かかる前十字靱帯損傷はとくに注意を要する外傷であり，女子バスケットボールに多発する外傷として今後積極的に予防策を講じる必要がある（図6-6）．

2. ジュニア期でのエリートサッカー選手の外傷・障害

(1) ジュニア期の外傷・障害の件数と発生頻度

育成年代のエリートサッカー選手男子350名，女子134名（平均年齢15.6歳）の484名を対象とした．対象選手は，Jリーグ·なでしこリーグの下部組織に所属し，全チーム同レベルのリーグに参加しており，練習の頻度も週6日と同じとなっている．今回は2010年4月から2011年3月までの1年間を対象とし，1日以上の練習または試合の不参加の件数とした．傷害発生率は，選手1人が1,000時間プレーすることに対する（暴露時間：1,000PH）発生件数として算出した．

男子の傷害は1シーズンで377件発生し，1,000時間当たりの傷害発生率は2.28であり，女子の傷害は1シーズンで70件発生し，1,000時間当たりの傷害発生率は1.87であった．

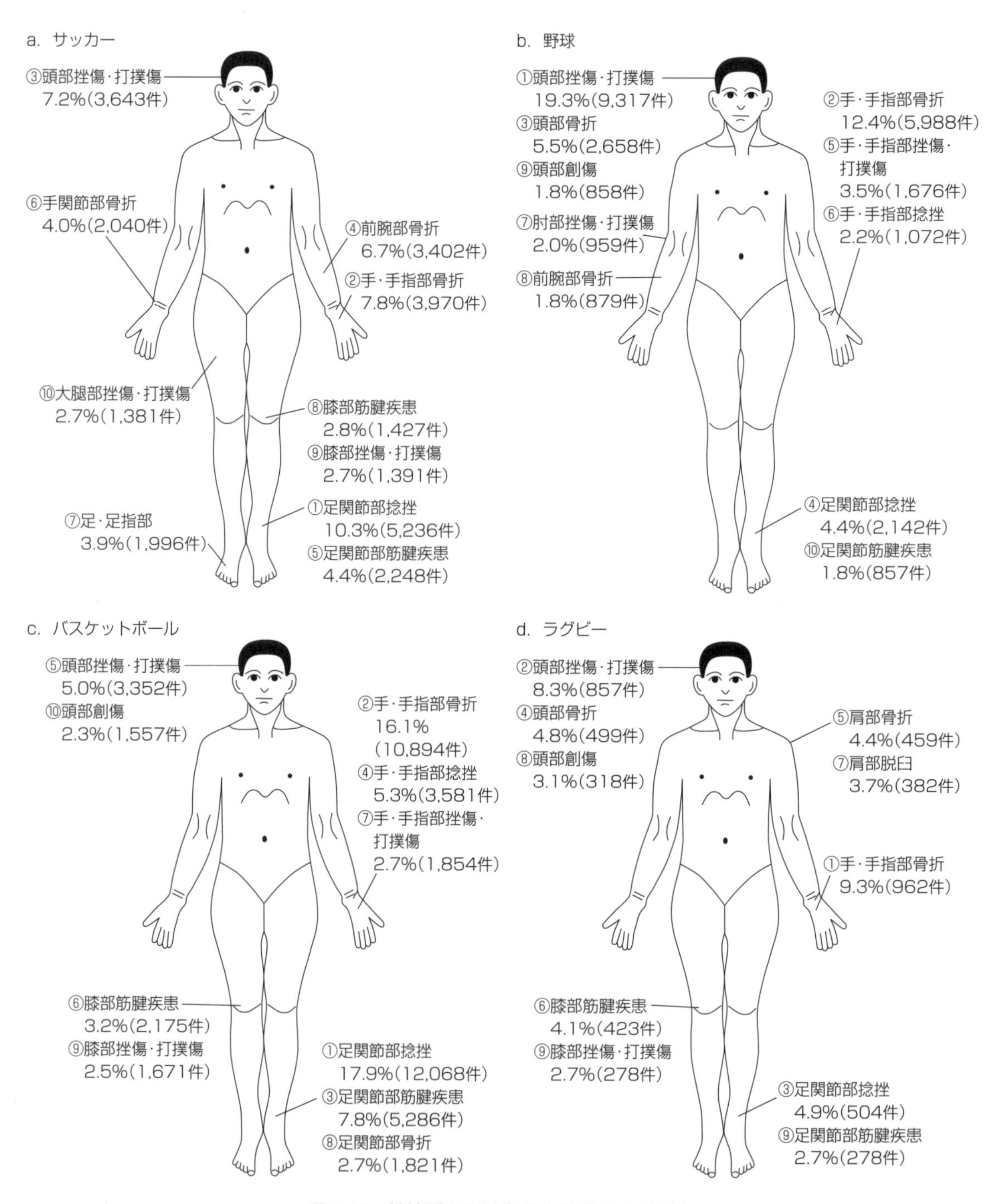

図6-5　競技種目別外傷発生件数および割合

試合で発生した傷害は，男子，女子それぞれ136件（36%），55件（79%），練習中に発生した傷害は男子，女子それぞれ241件（64%），15件（21%）であった．

傷害発生率は男子では，練習で1.59/1,000PH，試合で9.64/1,000PHであり，女子で

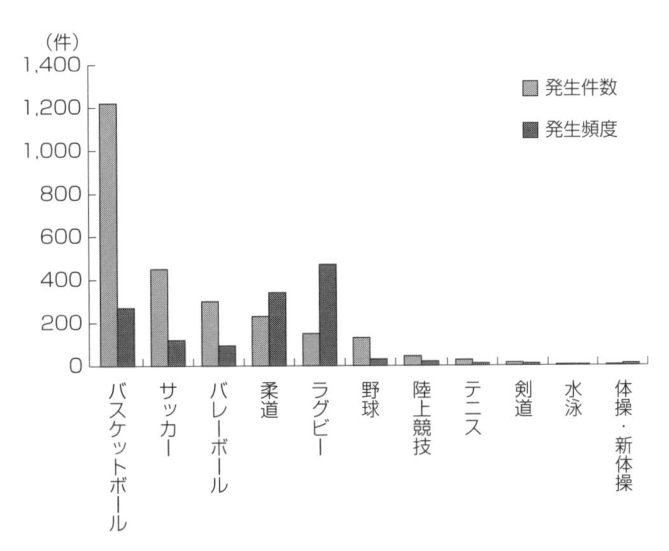

図6-6　膝前十字靱帯損傷の発生件数・頻度（種目別）

表6-1　傷害の発生件数と発生率

	練習	試合	合計
男子	241 (1.59)	136 (9.64)	377 (2.28)
女子	15 (0.45)	55 (14.34)	70 (1.87)

単位：/1,000PH

表6-2　代表的な外傷・障害

	1位	2位	3位
男子	足関節捻挫	オスグッド	腰痛症・大腿部打撲
女子	足関節捻挫	膝内側側副靭帯損傷	ハムストリングス肉離れ

は練習で0.45/1,000PH，試合で14.34/1,000PHであった（表6-1）．

外傷・障害別では表6-2のように男女共に足関節捻挫が1位となっている．男子では2位がオスグッド病であり3位が腰痛症や大腿部打僕であったのに対し，女子の場合は膝内側副靱帯損傷やハムストリングスの肉離れが多かった．このようにサッカー競技ではいずれも下肢に発生する外傷・障害が上位を占めていた．

傷害発生部位では，男女共に足関節が一番多くそれぞれ96件（25%），27件（39%），次いで男子では大腿部，膝関節がそれぞれ56件（15%），女子では膝関節14件（20%），大腿部11件（16%）となった．男女共に下肢に多く発生し，全傷害の70%を占めていた（図6-7）．傷害の発生部位は男女共にほぼ同様の傾向を示した．

傷害の種類は，男女共に捻挫（靭帯損傷不安定なし）が104件（28%），16件（23%）と一番多く，次いで男子では骨折（外傷性）が39件（11%），打撲・血腫・挫傷が37件（10%），女子では靭帯損傷不安定性ありが15件（21%），腱炎・腱周囲炎，その

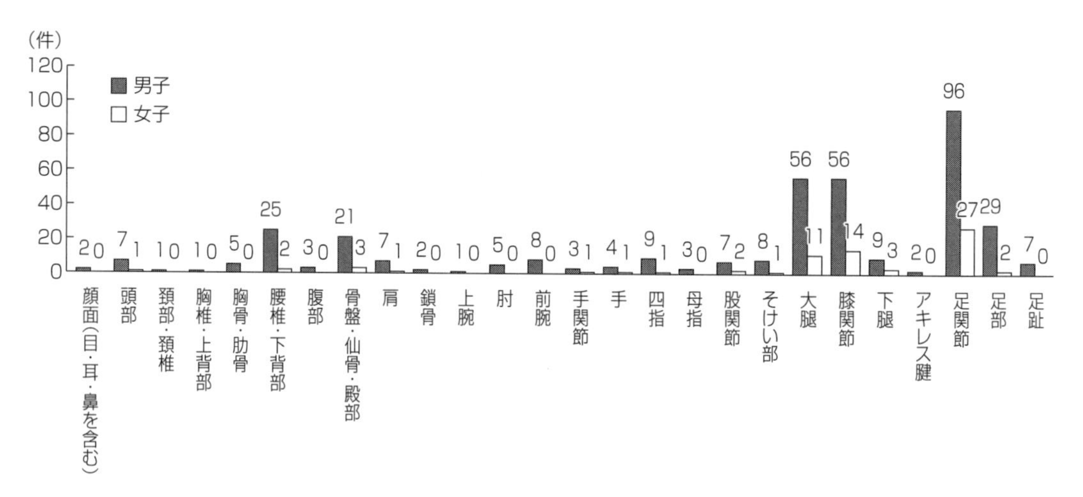

図6-7　サッカーエリートジュニア選手男女別の障害部位別の発生件数

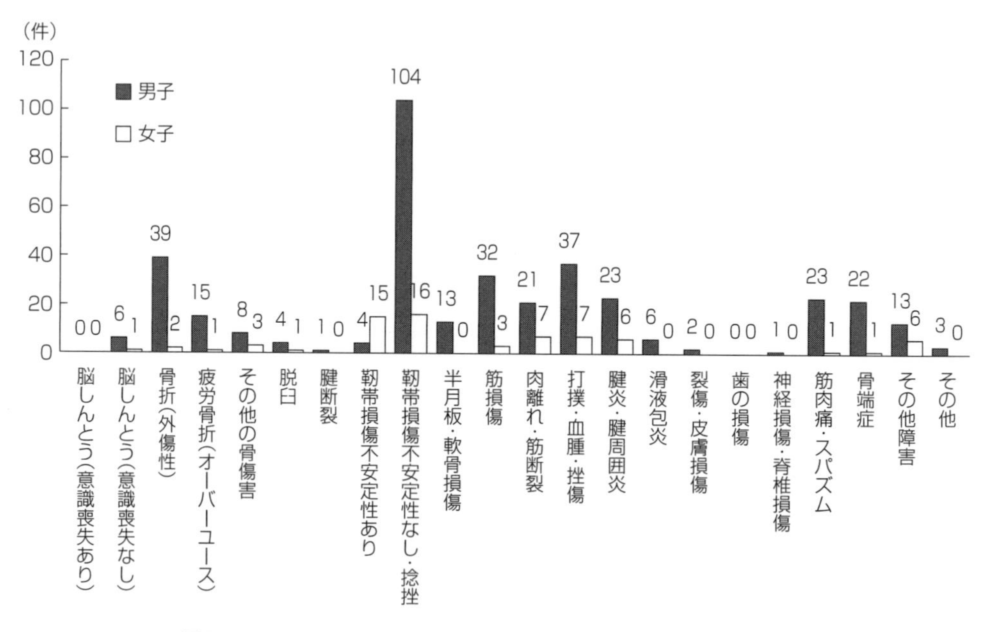

図6-8　サッカーエリートジュニア選手男女別の障害発生種類

他の障害がそれぞれ6件（9%）となった（図6-8）.

発生メカニズムとして全傷害を接触型と非接触型に分けると，接触型傷害は193件（43%）であり，非接触型傷害は124件（28%）であった（表6-3）.

接触型損傷では男子171件（45%）で女子22件（31%）に対し，リスク比が0.57（95%信頼区間0.365-0.887，$p < 0.05$）で有意に高い傾向を示した.

非接触型損傷では女子34件（49%）で男子90件（24%）に対しリスク比が0.60（95%信頼区間0.404-0.888，$p < 0.05$）で有意に高い傾向を示した.

表6-3　障害発生の原因

	男子	女子	合計
接触損傷	171 (1.03)*	22 (0.58)	193 (0.95)
非接触損傷	90 (0.54)	34 (0.9)**	124 (0.61)
オーバーユース	108 (0.65)	14 (0.37)	122 (0.6)
再発	8 (0.04)	0 (0)	8 (0.03)

単位：/1,000PH
リスク比　* 0.57（95%信頼区間0.365－0.887）
　　　　　**0.60（95%信頼区間0.404－0.888）

(2) 外傷予防プログラムの開発とその導入

2009年に国際サッカー連盟より外傷予防プログラム（FIFA11+）が全世界的に発表された．本プログラムはジュニアチームや女子チームに対して，とくに足関節捻挫や膝靱帯損傷の予防に有用といわれており，日本サッカー協会でも積極的に本プログラムの導入をはかっている．本プログラムは，15のエクササイズとフェアプレーの精神から成り，ランニングエクササイズ8分・筋力トレーニング・プライオメトリクストレーニング・バランストレーニング10分，そして最後に再度ランニング2分からなるプログラムである．通常週に2回，練習の開始に先だって行うことが推奨されている．章末にThe 11+のポスターを示す．

3. オスグッド病の病態と治療・予防

子どもの運動による代表的障害としてオスグッド病がある．オスグッド病は10～14歳でスポーツを行っている男子に多く，女子ではこれより1～2年発症が早い．症状は脛骨粗面部（膝蓋骨下端より5～6cm遠位部）の圧痛，運動痛，腫脹であり，図6-9の写真から見てとれるようにその部位が隆起する．成長期に生じるオスグッド病は，身長の急速な伸びにより大腿四頭筋に過度な緊張が加わり，これが膝蓋腱を牽引することにより，その付着部の脛骨粗面が隆起すると考えられている．オスグッド病の初期および進行期には2カ月程度の休息が必要な場合もある．子どもの年間身長増加量をはかり，増加量が著しい時期はとくに注意を要する．図6-9の写真はMRIでの進行期のオスグッド病であり．アポフィーゼ部分の骨片の剥離が見られる（矢印）．

4. 野球肘

小学，中学時代に多いスポーツ障害に少年野球での野球肘がある．1993年夏から2009年夏までの甲子園に出場した投手4,094名に対し，肩肘の故障の既往について調査したところ，肩では高校生になってからの故障が19%を占めたが，肘では小学校で10%，中学校で14%，高校で16%と，肩に比べ，若年時代からの障害が目立った（図6-10）．

また，甲子園でのメディカルチェックで肘の障害を訴えた投手は，1990年代は20%

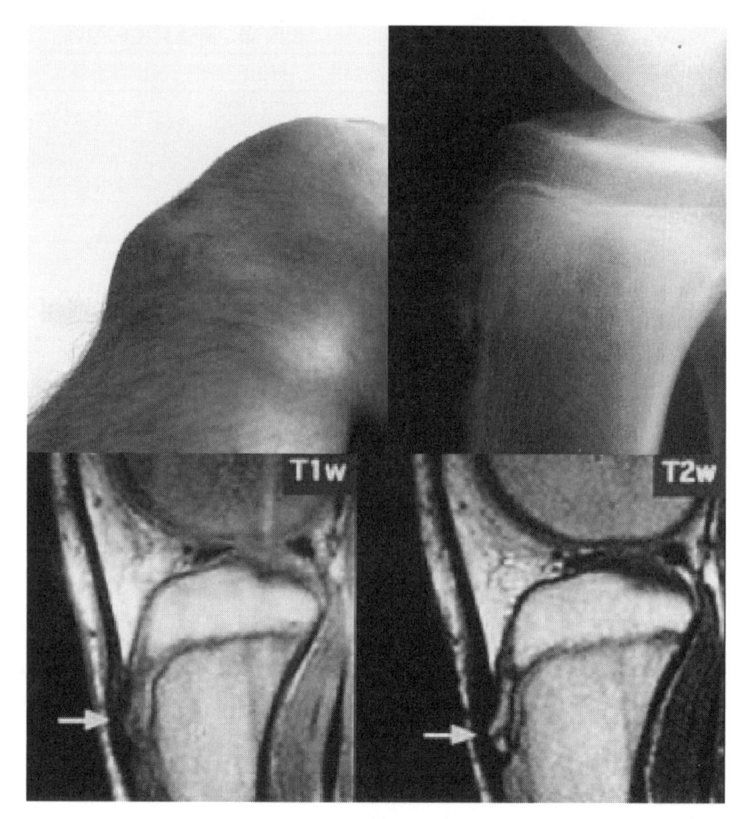

図6-9　オスグッド病

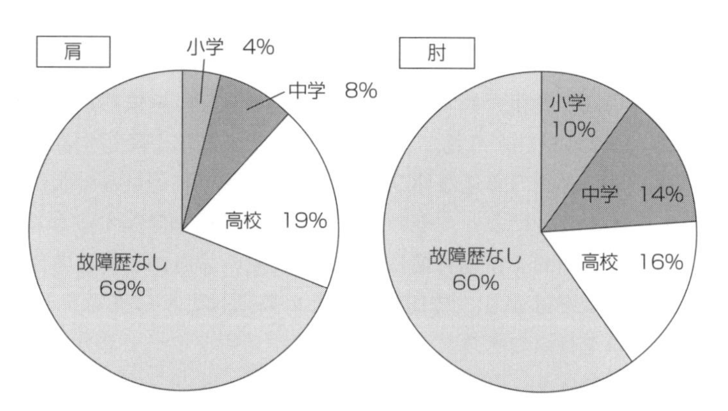

図6-10　肩・肘の故障の既往（n=4,094）

程度いたが，最近では10%台と減少してきている．投手の肘痛は投球フォームもさることながら投球数が大きく影響している．ノースローデイを設けることや，投手を2名以上作ること，また投球回数を週300球以下にすることなどが障害を予防する意味では重要である（図6-11）．

ジュニアの野球肘には，内側型と外側型がある．内側型は投球時に内側側副靱帯に

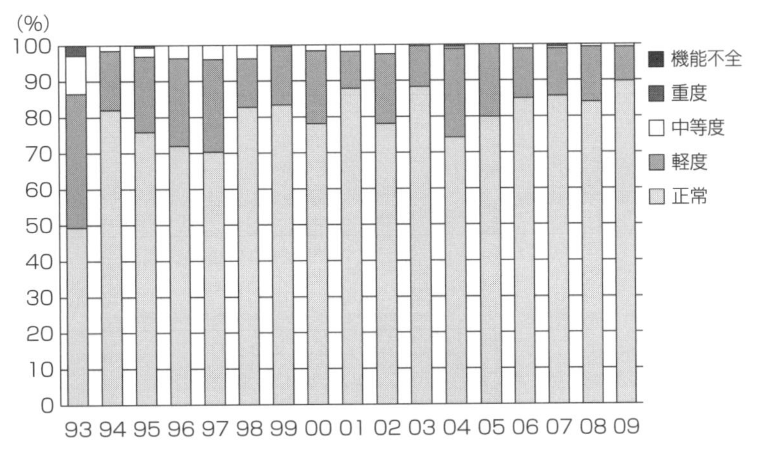

図6-11　肘の症状（選手権大会）

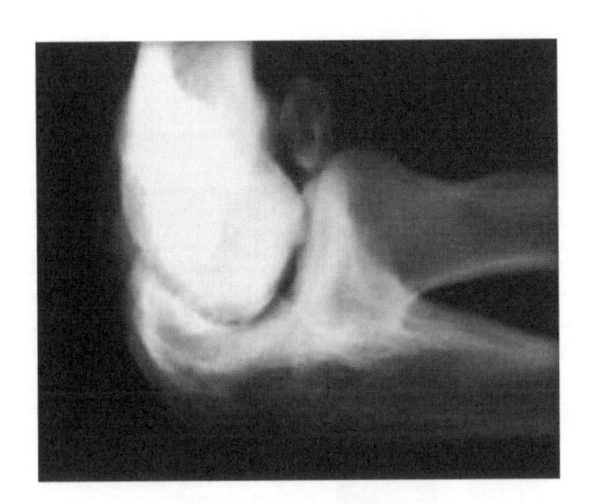

図6-12　関節ネズミ

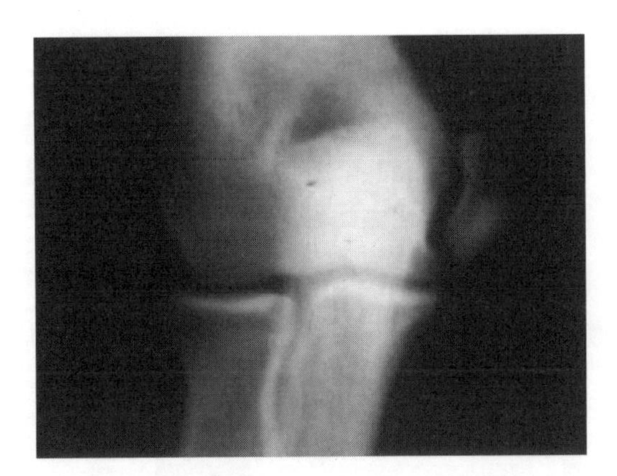

図6-13　内側上果の剥離骨折（陳旧性）

大きな牽引力がかかり，その付着部の内側上果の剥離骨折や骨端線の乖離を生ずるタイプである．逆に外側型は，上腕骨の外果に投球時に大きな圧縮力がかかり，外果部が壊死に陥り，最終的にこの壊死部分が関節内遊離体（俗称関節ネズミ）になるケースである（図6-12，図6-13）．

[福林　徹]

The 11+

パート1　ランニングエクササイズ・8分

1 ランニング
ストレート・アヘッド
最後のコーンまでまっすぐにジョギング。
上体をまっすぐに保つ。
股関節、膝、足が一直線上になるように。膝が内側に入らないようにすること。帰りは少しスピードを上げる。2セット。

2 ランニング
ヒップ・アウト
最初のコーンにジョギングし、ストップして、膝を前に引き上げる。膝を外側に回して、足をつく。次のコーンでは、反対の脚で行う。コースの最後まで繰り返す。2セット。

3 ランニング
ヒップ・イン
最初のコーンにジョギングし、ストップして、膝を横に引き上げる。膝を回して前に持ってきて、足をつく。次のコーンでは、反対の脚で行う。コースの最後まで繰り返す。2セット。

4 ランニング
サークリング・パートナー
最初のコーンまでジョギング。サイドステップでパートナーに向かっていき、互いに1周回り（身体の方向は前に向いたまま）、元のコーンに戻る。コースの最後のコーンまで繰り返す。2セット。

5 ランニング
ショルダー・コンタクト
最初のコーンまでジョギング。サイドステップでパートナーに向かっていく。中央で、互いに横にジャンプして、ショルダー同士でコンタクトする。股関節と膝を曲げ、両足で着地する。元のコーンに戻る。コースの最後のコーンまで繰り返す。2セット。

6 ランニング
前後走
スピードを上げて2番目のコーンまで走り、1番目のコーンへバックランニングで戻る。股関節と膝は軽く曲げた状態で。2つ先のコーンまで走り、1つ分バックランニングで、コースの最後のコーンまで繰り返す。2セット。

パート2　筋力・プライオメトリクス・バランス・10分

初級

7 ベンチ
スタティック
開始姿勢：うつぶせになり、前腕で上体を支える。肘が肩の真下に来るようにする。
エクササイズ：上体、骨盤、脚を持ち上げ、体が頭から足まで一直線になるようにする。腹筋と臀筋に力を入れ、その姿勢を20-30秒間保持する。3セット。
重要：体をぐらつかせたり、背を丸めたりしない。臀部を上げすぎないこと。

8 サイドベンチ
スタティック
開始姿勢：横向きに寝て、下側の脚の膝を90度曲げておく。下の脚と前腕で体を支える。下の肘が肩の真下に来るようにする。
エクササイズ：骨盤と上の脚を挙げ、肩のラインと一直線になるようにする。その姿勢を20-30秒間保持する。反対側も行う。3セット。
重要：骨盤を安定させ、下に傾かないようにする。両肩、骨盤、脚が前後に傾かないようにする。

9 ハムストリングス
初級
開始姿勢：膝立ち。両膝は肩幅。パートナーが両手で両足を地面にしっかりと固定する。
エクササイズ：頭から膝までをまっすぐに保ったまま、ゆっくりと前傾していく。それ以上姿勢を保てなくなったら、両手をついてやわらかく着地し、腕立ての姿勢をとる。3-5回。
重要：はじめはゆっくりと間をあけて行う。慣れてきたらスピードアップ。

10 シングルレッグスタンス（片足立ち）
ボールを持って
開始姿勢：片足立ち。膝と股関節を軽く曲げる。両手にボールを持つ。
エクササイズ：バランスを保ち、体重を立ち足の拇指球上でキープする。30 秒間保持。反対の足も行う。踵を挙げてつま先立ちで行う、あるいはボールを腰の周りあるいは挙げた膝の下で回しながら行う等で、難度を挙げることができる。両足2セット。
重要：膝を内側に入れない。骨盤を水平に保ち、横に傾けない。

11 スクワット
＋トー・レイズ（つまさき立ち）
開始姿勢：両足を肩幅に開いて立つ。両手は腰。
エクササイズ：ゆっくりと股関節、膝、足関節を曲げ、膝が90度になるようにする。上体を前傾させる。上体、股関節、膝をまっすぐにして、つま先立ちになる。再びゆっくりと曲げ、今度は少し素速く立ち上がる。30秒間続ける。2セット
重要：膝を内側に入れない。背をまっすぐにして、上体を前傾させる。

12 ジャンプ
垂直ジャンプ
開始姿勢：両足を肩幅に開いて立つ。両手は腰。
エクササイズ：ゆっくりと股関節、膝、足関節を曲げ、膝が90度になるようにする。上体を前傾させる。この姿勢を1秒間保持し、できるだけ高くジャンプし、全身をまっすぐに伸ばす。足の拇指球でやわらかく着地する。30秒間続ける。2セット。
重要：両足でジャンプ。着地は両足の拇指球で、膝を曲げた状態で。

中級

7 ベンチ
アルタネイト・レッグ（片脚ずつ挙上）
開始姿勢：うつぶせになり、前腕で上体を支える。肘が肩の真下に来るようにする。
エクササイズ：上体、骨盤、脚を持ち上げ、体が頭から足まで一直線になるようにする。腹筋と臀筋に力を入れる。脚を片方ずつ挙げ、2秒間保持。40-60秒間続ける。3セット。
重要：体をぐらつかせたり、背を丸めたりしない。臀部を上げすぎないこと。骨盤を安定させ、横に傾かせないようにする。

8 サイドベンチ
レイズ＆ロウワーヒップ
開始姿勢：横向きに寝て、両脚を伸ばし、前腕で体を支える。下の肘が肩の真下に来るようにする。
エクササイズ：骨盤と脚を挙げ、上の肩のラインと上の足までが一直線になるようにする。腰を地面に下ろし、再び挙げる。20-30秒間続ける。反対側も行う。3セット。
重要：両肩、骨盤が前後に傾かないようにする。頭を肩につけない。

9 ハムストリングス
中級
開始姿勢：：膝立ち。両膝は肩幅。パートナーが両手で両足を地面にしっかりと固定する。
エクササイズ：頭から膝までをまっすぐに保ったまま、ゆっくりと前傾していく。それ以上姿勢を保てなくなったら、両手をついてやわらかく着地し、腕立ての姿勢をとる。7-10回。
重要：はじめはゆっくりと間をあけて行う。慣れてきたらスピードアップ。

10 シングルレッグスタンス（片足立ち）
パートナーとキャッチボール
開始姿勢：片足立ち。パートナーと2-3mの距離で向い合う。
エクササイズ：バランスを保ちながら、キャッチボールをする。腹筋を締め、体重を立ち足の拇指球上でキープする。30秒間続ける。反対の足も行う。踵を挙げてつま先立ちで行うと難度を挙げることができる。両足2セット。
重要：膝を内側に入れない。骨盤を水平に保ち、横に傾けない。

11 スクワット
ウォーキング・ランジ
開始姿勢：両足を肩幅に開いて立つ。両手は腰。
エクササイズ：ゆっくりと一定のペースで前方へランジ。股関節と膝を曲げ、着地する脚の膝が90度になるようにする。曲げた膝がつま先より前に行かないように。片脚10回ずつ。2セット。
重要：膝を内側に入れない。上体をまっすぐに、骨盤を水平に保つ。

12 ジャンプ
ラテラルジャンプ
開始姿勢：片足で立つ。股関節、膝、足関節を軽く曲げ、上体は前傾させる。
エクササイズ：立ち足で約1m横にジャンプし、反対の足で着地。着地は足の拇指球で、股関節、膝、足関節を曲げてやわらかく。この姿勢を約2秒保持し、再びジャンプし反対の足で着地する。30秒間続ける。2セット。
重要：膝を内側に入れない。上体を安定させ前に向け、骨盤は水平。

上級

7 ベンチ
ワンレッグリフト＆ホールド（片脚挙上保持）
開始姿勢：うつぶせになり、前腕で上体を支える。肘が肩の真下に来るようにする。
エクササイズ：上体、骨盤、脚を持ち上げ、体が頭から足まで一直線になるようにする。腹筋と臀筋に力を入れる。片脚を10-15cm地面から挙げ、その位置を20-30秒間保持。反対の脚も行う。3セット。
重要：体をぐらつかせたり、背を丸めたりしない。臀部を上げすぎないこと。骨盤を安定させ、横に傾かせないようにする。

8 サイドベンチ
レッグリフト
開始姿勢：横向きに寝て、両脚を伸ばし、前腕と下の脚で体を支える。下の肘が肩の真下に来るようにする。
エクササイズ：骨盤と脚を挙げ、上の肩のラインと上の足までが一直線になるようにする。上の脚を挙げ、ゆっくりと元に戻す。20-30秒間続ける。反対側も行う。3セット。
重要：骨盤を安定させ、後ろに傾かないようにする。両肩や骨盤が前後に傾かないようにする。

9 ハムストリングス
上級
開始姿勢：：膝立ち。両膝は肩幅。パートナーが両手で両足を地面にしっかりと固定する。
エクササイズ：頭から膝までをまっすぐに保ったまま、ゆっくりと前傾していく。それ以上姿勢を保てなくなったら、両手をついてやわらかく着地し、腕立ての姿勢をとる。12-15回以上。
重要：はじめはゆっくりと間をあけて行う。慣れてきたらスピードアップ。

10 シングルレッグスタンス（片足立ち）
パートナーと押し合い
開始姿勢：片足立ち。パートナーと腕の長さの距離で向い合う。
エクササイズ：バランスを保ちながら、パートナーと交互に押し合い、バランスを崩させるようにする。30 秒間続ける。反対の足も行う。踵を挙げてつま先立ちで行うと難度を挙げることができる。両足2セット。
重要：膝を内側に入れない。骨盤を水平に保ち、横に傾けない。

11 スクワット
ワンレッグ・スクワット
開始姿勢：片足で立つ。パートナーに軽くつかまる。
エクササイズ：ゆっくりと膝を曲げる。できれば90度まで。再び立ち上がる。今度はゆっくりと曲げ、少し素速く立ち上がる。反対の脚も行う。片脚10回ずつ。2セット。
重要：膝を内側に入れない。上体をまっすぐ前に向け、骨盤は水平に保つ。

12 ジャンプ
ボックスジャンプ
開始姿勢：：両足を肩幅に広げて立つ。自分が立っている位置を中心にクロスの形があると考える。
エクササイズ：両足で前後、左右にジャンプ。そしてクロスを超えるように斜めにジャンプ。上体は軽く前傾させておく。できるだけ素速く、爆発的に。30秒間続ける。2セット
重要：両足の拇指球でやわらかく着地。股関節、膝、足関節を曲げて着地。膝を内側に入れないようにする。

パート3　ランニングエクササイズ・2分

13 ランニング
アクロス・ザ・ピッチ
ピッチを横方向に、約40mを全力の75-80%のスピードで走り、残りをジョギング。上体をまっすぐに起こす。股関節、膝、足関節が直線上になるようにする。膝を内側に入れないようにする。ゆっくりとしたジョギングで戻る。2セット。

14 ランニング
バウンディング
軽く助走をし、6-8歩、膝を高く引き上げてバウンディング。残りはジョギング。着地足の膝をできるだけ高く引き上げ、反対側の腕を振る。
上体はまっすぐに保つ。足の拇指球で、膝を曲げて着地し、跳ぶ。膝を内側に入れないようにする。ゆっくりとしたジョギングで戻りリカバーする。2セット。

15 ランニング
プラント＆カット
4-5歩まっすぐにジョギング。次に右足をつき（プラント）、左へ方向を変えて加速する。5-7歩スプリント（全力の80-90%）し、減速し、今度は左足をついて右へ方向を変える。膝を内側に入れないようにする。ピッチの反対サイドに着くまで繰り返し、ジョギングで戻る。2セット。

膝の位置：正

膝の位置：誤

F-MARC
FOOTBALL
FOR HEALTH
FIFA

7章
子どもの運動・スポーツに関する重篤な内科的疾患

子どもの運動やスポーツは，子どものよりよい成長・発達のために行われるものだが，時にはその願いに反してケガや事故，そしてごくまれではあるが命にかかわるような重大な事態も発生する．このことを以って，運動やスポーツは諸刃の剣という人もいるが，著者はその考え方は間違っていると思っている．

1章に書いたように，そもそも運動は人間とっては本質的に必要なもので，日常的に行うものである．同様に発育・発達，生存に必要不可欠な食事でも，栄養が偏っていたり，材料の選択や調理の方法を間違えたり，あるいは腐敗したり菌やウイルスや毒の入っているものを食べたりすれば，腹痛や下痢を起こしたり，時には重篤な症状や死に至ることもある．また，量が適切でなければ肥満や痩身になって，これも健康にとっての問題となる．

運動のマイナス面も，これと同様な現象と考えるべきで，運動の量ややり方，あるいは運動するときの体調などに対する配慮が適切であれば，マイナス面の問題は回避できるものである．また，運動はプラス面にも刃（やいば）のように切れ味鋭く，即効性のあるものではない．日常的な継続が重要であることも食事と同様であるといってよいだろう．ただひとつ異なるのは，食事は食欲という本能に支えられている行動だが，運動にはそうした本能の座はなく，自らの意志で行うものであるということである．

とはいっても，運動やスポーツは日常的な行動よりも積極的に体を動かすことを内容としているから，日常の生活をしているときよりも体への負担は大きくかかっていることは事実であり，時には死に至るような不幸な事態が発生していることも事実である．外科的な問題については6章に述べられているので，ここでは内科的な，それも重篤な事態になりうるものとして，運動中の突然死と熱中症とをとりあげて，それを起こさないようにするための注意事項や，起きた時の対策について紹介していく．

それ以外にも運動やスポーツで起こりやすい内科的な問題は種々あるが，それらについての知識や対策については，専門に扱っている図書やインターネット，あるいは講習会等から習得していただきたい．とくに，いざという時の救急法の知識と救急箱の常備は，子どものスポーツの指導者にとっては必須のものであることに留意していただきたい．

1．突然死

突然死とは，WHOの定義によれば，「発症から24時間以内の予期せぬ内因性（病）死」とされている．ここでは独立行政法人日本スポーツ振興センター（JSC）発行の「学校における突然死予防必携」（改訂版）を中心に解説する[1]．

JSCでは，学校安全部で保育所，幼稚園，小学校から高校，高専までの学校管理下で起きた園児，児童，生徒の災害に対して，災害共済給付（医療費，障害，死亡見舞金）を行っているので，その統計から，学校管理下での突然死の発生状況を見てみよう．

1999年から2008年までの10年間に起きた学校管理下での突然死は567件で，図7-1に示すように年とともに減少傾向にある．そのうち心臓系疾患によるものが404件で71％を占めているが，2007年には60％，2008年には46％と心臓死の割合も減少している（図7-2）．これには小・中・高の各1年生に心電図検査が義務化されたことや，現在では各学校にAEDが配備されていることもその理由に挙げられるであろう．第2位の死因は脳動静脈奇形である．

突然死の567件の全数を学校種別にみると，図7-3のように年齢が高くなるとともに件数が増えていることが示されている．児童・生徒数は小・中・高と減少していくから，この図以上に増加傾向は大きいということがいえる．また男女別に見れば，いずれの年代でも男子が女子よりも多く，全体では3対1程度の割合になっていて，この差は小・中・高の順に大きくなっている．

このなかで本書にとって重要なのは運動中およびその直後の突然死である．表7-1に示すように幼稚園，保育園では運動中・後の突然死はごく少数であるが，小学校では突然死の約半数が，そして中学校・高校ではほぼ2/3が運動中あるいはその直後に起きていることがわかる．

心臓の突然死の多くは内科的な心臓の器質的，機能的異常が原因であるが，外部からの物理的衝撃による心臓振盪もスポーツで起こりうる．なかでも野球のバットの振りやボールが胸部を直撃する，拳や肘が強くあたったりするなどがスポーツ中に起きて，心室細動を起こして死に至ることがあるものである．少数ではあるがバスケットボールやサッカーのボールでも，当たりどころや強さによっては発生している．

この統計には，学校管理下以外の運動やスポーツの実施中の突然死は含まれていないが，子どもたちの運動やスポーツをする場は学校以外にも地域のスポーツクラブなどに広がっていて，しかもかなり強度の高い運動やスポーツが行われている場は多くある．しかもこうした場では，一般的に学校よりも安全に対する管理体制は整っていない場合が多いということができるだろう．そうした場でも突然死は起きうるということと，万一死に至るような事態が起きた場合にどう対処したらいいかということを，指導者やそうした場にかかわりを持っている人たちは，知識を持ち，心構えを持っている必要がある．

第一は子どもたちの健康状態を把握していることである．定期的に常時活動しているような地域クラブ等では，子どもや父兄，あるいは学校から，学校での定期的な健

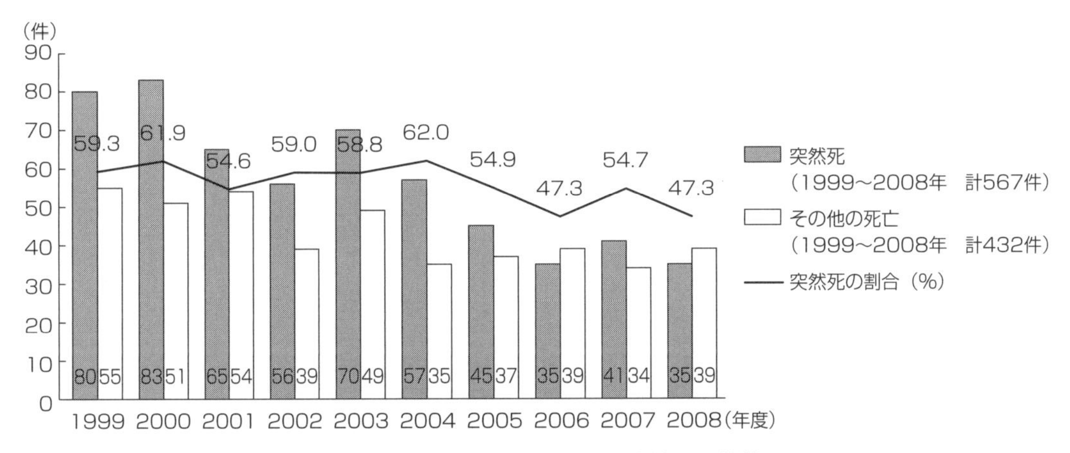

図7-1　学校の管理下における突然死の件数

(日本スポーツ振興センター：学校における突然死予防必携．改訂版，2011)

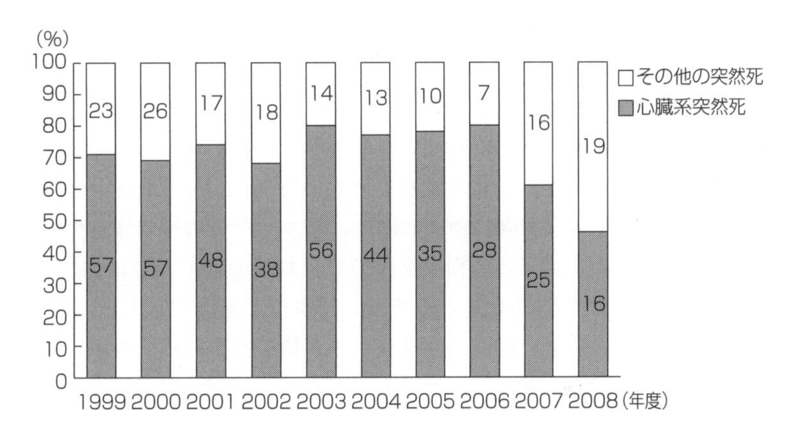

図7-2　学校管理下での突然死中の心臓突然死の割合の推移

(日本スポーツ振興センター：学校における突然死予防必携．改訂版，2011)

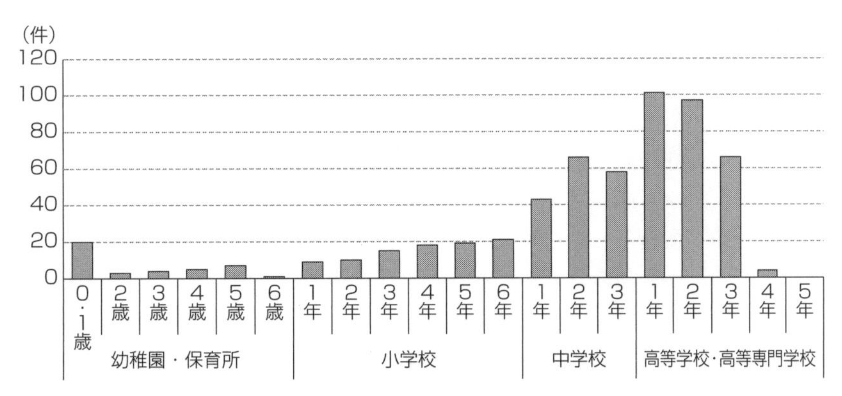

図7-3　学校管理下での突然死の学年（年齢）別発生状況（1999~2008年度）

(日本スポーツ振興センター：学校における突然死予防必携．改訂版，2011)

表7-1　学校管理下での突然死中の運動中・後の突然死の割合（1999～2008年度）

	運動中・後 件数（%）	運動外 件数（%）	合計 件数（%）
小　学　校	41 (44.57)	51 (55.43)	92 (100.00)
中　学　校	113 (67.66)	54 (32.34)	167 (100.00)
高 等 学 校	173 (66.28)	88 (33.72)	261 (100.00)
高等専門学校	3 (42.86)	4 (57.14)	7 (100.00)
幼　稚　園	0 (0.00)	6 (100.00)	6 (100.00)
保　育　園	2 (5.88)	32 (94.12)	34 (100.00)
合　　　計	332 (58.55)	235 (41.45)	567 (100)

（日本スポーツ振興センター：学校における突然死予防必携．改訂版，2011）

診で運動をする上での問題はなかったかどうかを聞いておくことが必要であるし，さらに活動する日には最初に子どもたちの健康状態に気を配ることが重要である．顔色，元気さ，挙動などに注意し，運動中もよろけたり，うずくまったりというような何かいつもとは違うことが起きていないかに注意を払って，早期に異常に気が付くように気を配っておく．

子どもが倒れたりして，しかも心停止や呼吸をしていない，あるいは脈や呼吸も微弱であるというような状態となった時には，ためらわずにすぐ胸骨圧迫を実行する．地面や床など固い面に上向きに寝かせ，その横に膝をついて腰は立て，胸をはだけて胸骨の中央下部に両手を開いて重ねておき，ひじは延ばして上体の力をかけて，1分間に100回くらいの速さで強く押すことを繰り返す．その時に，気道を確保するために，首の下に何か枕のようなもの（衣類などを丸めてもよい）をあてがい，顎が上がるようにする．胸骨が5cmほど下がるくらい強く押すことが肝要である．

マウストゥマウスの人工呼吸もできればした方がよいが，胸骨圧迫を優先させる．併用する場合は20～30回に1回程度の割合で空気を送る．同時に誰かに指図してAEDを持ってくることと，救急車を手配することを指示する．このとき誰かしてというのではなく，信頼できる人を名指して「○○さん，△△をして」ということで，早く動くことができる．胸骨圧迫はかなりの労力を必要とするので，数分ごとに交代して実施した方がよい．

AEDがどこにあるかは，活動する場所ごとに調べておく必要がある．最近は公的な施設や学校などかなり多くの場所に常備されている．ただ休日や夜間に利用が可能かも調べておく必要がある．AEDが来たら機器に書かれている指示に従って（音声で指示してくれる）行動すればよい．機器が心電図を読んで，適用すべき状況かどうかも判断してくれる．いずれにせよ，一刻も早い対応が求められるので，ためらってはいけない．AEDは資格がなくても誰もが使用してよい機器である．

日常的にスポーツにかかわっている人は，胸骨圧迫やAEDの講習などに一度は参加しておくことが奨められる．

頭を強打して意識を失っているような場合は，脳内出血を起こしている可能性があるので，頭を少し高くして寝かせ，救急車を呼ぶ．頭を揺さぶったりしてはいけない．

2. 熱中症

運動やスポーツは1年を通して行われる．子どももその例外ではない．その中でとくに注意を必要とするのは，暑熱環境の中で運動やスポーツをする場合に起こりやすい熱中症である．そして熱中症は適切な対策をとっていれば防げるものであり，また早期の段階で発症に気が付いて適切に対処すれば，重篤な状態にまで至ることはないものである．無理や無知から起こる運動やスポーツ中の重篤な熱中症は，絶対に起こしてはいけないものである．

熱中症は暑熱環境で起こる障害の総称で，次の4つのものがある．

・熱失神：暑さによって皮膚血管が拡張して血圧が低下し，脳の血流が減少して起こるもので，顔が蒼白になり脈が早く弱くなり，めまいや失神を起こす．

・熱疲労：体内の水分が奪われて脱水状態となり，脱力感，倦怠感，頭痛，めまい，吐き気などの症状が見られる．

・熱けいれん：汗を大量にかいて水だけを補給したことで，体内の塩分が低下したために，手足，腹部などの筋肉が痛みを伴ってけいれんする．

・熱射病：体温の上昇によって中枢神経の機能に異常が起こり，声をかけても応答が鈍い，言動がおかしい，意識がおかしい，意識がないといった意識障害がおこり，死亡に至る率も高い．

この中でスポーツによって起こるものはおもに熱疲労と熱射病である．

熱中症は真夏にだけ起こるものではない．むしろまだ体が熱さに慣れていない時に急に暑くなったりした時には起こりやすい．また温度だけでなく湿度の高い時も要注意である．発汗しても汗の蒸発が妨げられて，蒸発による体温低下効果が起きにくくなるからである．したがって梅雨時に起こることは多いし，風の通りの少ない体育館内も，直接の日差しはなくてもかえって危険度が高いこともある．

暑熱環境下でも運動やスポーツは行われるが，とくに子どものスポーツの指導者は，熱中症の怖さを十分に認識して指導に当たる必要がある．活動前の子どもたちの体調チェック，水分摂取に始まって，活動中も子どもたちの動きや顔つきなどを注意して観察し，いつもより長めの休息を頻繁にとって，木陰などの比較的に涼しいところで水分補給と体調のチェックを行い，また活動に入るようにする．また一斉指導になりがちであるが，一人ひとりに目を配って，個別に長い休息を与えるなどの配慮をする必要がある．飲み水は真水だけではなく，同時に塩分の補給も重要である．1Lの水に1～2gの食塩を溶かしたものや，スポーツドリンクも奨められるものである．また飲みやすい冷たさに冷やしたものがよい．活動内容や時間にも，質量ともに加減することも必要である．

試合の場合も，大会ならば大会主催者が，練習試合なら相手と話し合って，試合時間や休息の時間，あるいは給水のための中断などを特別に設定するような配慮をとるようにする．

万一，熱中症が疑われるような事態が発生した場合は，その子どもをすぐに涼しい場所に寝かせ，水分を補給する．足を高くして手足を末梢から中心に向けてマッサー

WBGT℃	湿球温度℃	乾球温度℃		
			運動は 原則中止	WBGT31℃以上では，特別の場合以外は運動を中止する．とくに子どもの場合には中止すべき．
31	27	35		
▲▼	▲▼	▲▼	厳重警戒 （激しい運動は中止）	WBGT28℃以上では，熱中症の危険性が高いので，激しい運動や持久走など体温が上昇しやすい運動は避ける．運動する場合には，頻繁に休息をとり水分・塩分の補給を行う．体力の低い人，暑さになれていない人は運動中止．
28	24	31		
▲▼	▲▼	▲▼	警　戒 （積極的に休息）	WBGT25℃以上では，熱中症の危険が増すので，積極的に休息をとり適宜，水分・塩分を補給する．激しい運動では，30分おきくらいに休息をとる．
25	21	28		
▲▼	▲▼	▲▼	注　意 （積極的に水分補給）	WBGT21℃以上では，熱中症による死亡事故が発生する可能性がある．熱中症の兆候に注意するとともに，運動の合間に積極的に水分・塩分を補給する．
21	18	24		
▲▼	▲▼	▲▼	ほぼ安全 （適宜水分補給）	WBGT21℃未満では，通常は熱中症の危険は小さいが，適宜水分・塩分の補給は必要である．市民マラソンなどではこの条件でも熱中症が発生するので注意．

図7-4　熱中症予防のための運動指針

環境条件の評価にはWBGTが望ましい．
乾球温度を用いる場合には，湿度に注意する．湿度が高ければ，1ランク厳しい環境条件の運動指針を適用する．
（日本体育協会：スポーツ活動中の熱中症予防ガイドブック．2013）

ジするのも効果がある．軽症ならばそれだけで回復する．しかしそのあとはその日の活動は休ませる．やや重そうな場合は水分補給とともに冷やすために体に水をかけたり，ぬれタオルを当てて団扇などであおいで風を当てる．また腋の下や首，大腿の付け根など，太い動脈が表面に近いところに走っている場所に，氷をタオルなどでくるんであてて冷やす．また足を高くしてマッサージして，中枢への血流をよくする．とくに意識がおかしいような場合は，ためらわずにすぐに救急車を手配して，車中で上記の手当を続ける．

日本体育協会では,「スポーツ活動中の熱中症予防5か条」を次のように掲げている．

①暑いとき，無理な練習は事故のもと
②急な暑さに要注意
③失われる水と塩分を取り戻そう
④薄着スタイルでさわやかに
⑤体調不良は事故のもと

また，熱中病予防のための運動指針を図7-4のように示している．この中にあるWGBTは湿球黒球温度と呼ばれるもので，暑熱環境の測定にはもっともよい指標として世界中で使われているものだ．乾球は普通の温度計，湿球は温度計の球部を布で湿らせれば測れるが，黒球温度は黒色の球の中の温度を測る装置が必要となるので，どこでも利用できるものではない．一般的には乾球で測る普通の温度で，この表から危険度を判断して運動の中止や制限を考えればよいが，同時に蒸し暑さの感覚も大事にしてほしい．また気象台から発表される温度は百葉箱の中で測定されるものだから，かんかん照りのグラウンドの温度はもっと高いものとなることを考慮してほしい．子どものからだは大人より低く小さいから，グラウンドの照り返しはより強いものとなることも知っていてほしいことだ．

[浅見　俊雄]

[参考文献]

1）日本スポーツ振興センター：学校における突然死予防必携．改訂版，2011.
2）日本スポーツ振興センター：学校の管理下における突然死予防必携（改訂ダイジェスト版）．学校安全ナビ，9号，2011.
3）環境省：熱中症環境保健マニュアル　http://www.env.go.jp/chemi/heat_stroke/manual.html（2014年3月27日現在）
4）日本体育協会：スポーツ活動中の熱中症予防ガイドブック．2013.

8章

健やかな子どもを育むために

1.「子どもの育ち」のリテラシー

(1) 子どものライフスタイルの崩壊

写真家の萩野矢慶記の代表的な写真集に『街から消えた子どもの遊び』[1] がある．そこには子どもたちが遊びに熱中する姿と，素朴な「子どもらしさ」が写し出されている．萩野矢は，カメラのレンズを通して子どもの遊びを追い続けてきた．そして，日本の街角，路地裏，公園から子どもの遊びと子どもの笑顔が消えたことを懸念している．また，その原因が私たち日本の大人にあることを指摘している．

ルポライターの瀧井宏臣は，雑誌「世界」（岩波書店）に連載した子どものライフスタイルの崩壊を，『こどもたちのライフハザード』[2] という本にまとめている．遊び，食や睡眠といった子どもの生活の観点からの詳細なルポルタージュと指摘は，まさに今日の子どもの「ライフハザード」（生活崩壊）の様子を如実に表している．瀧井は著作の中で，子どもの遊びがなくなったことがライフスタイルに大きな変化をもたらす原因となったと述べている．

萩野矢と瀧井は，それぞれ写真家，ルポライターとして第一線で活躍されている方々である．ここで重要なことは，保育・教育界以外のお二人が，いまの子どもたちのライフスタイルの崩壊を見抜き，その問題の要因や背景を指摘しているということである．そしてその指摘は，お二人がたまたま感じたことではなく，いまの日本で育っている子どもたち全体にいえることであると思う．

顔と服を真っ黒にしながら，真夏の日ざしの中で遊びに熱中する子どもたち，冬の北風にもめげず白い息を吐きながら動き回る子どもたち．夢中になって遊びにのめり込む子どもたちを見て，私たちは「子どもらしさ」を感じ取ることができる．遊びにのめり込み，動き回るなかで，子どもはさまざまな運動を経験し，さまざまなかかわりを体験していく．いま日本の子どもに，そんな「子どもらしさ」を感じることが少なくなってきた．

(2)「子どもの問題」ではなく「大人の問題」

このように日本の子どもたちのライフスタイルが崩壊し，「子どもらしさ」が失われた原因は「子ども」にあるのではなく，私たち「大人」にあると考えられる．私た

夢中になって遊ぶ子どもたち（萩野矢，1994）

ちはずっと便利な社会をめざしてきた．日本の効率化，自動化，情報化は，世界の最先端となり，非常に便利な生活を手に入れた．しかしそのなかで，私たちが生きていくうえで，また私たち日本の将来を担う子どもたちが育っていくうえで，大切な基本的なライフスタイルを失ってきたのではないだろうか．

私たちは子どものころ，戸外で体をいっぱい使って仲間といっぱいかかわって遊び，おいしくごはんを食べ，ぐっすり睡眠をとっていた．そして気持ちよく目覚めて，元気に園や学校に行って，仲間と勉強し活動していた．しかし，いま，降園後や放課後に仲間とかかわって遊んでいる子どもを見ることはほとんどない．子どもたちの生活から「遊び時間」「遊び空間（遊び場所）」「遊び仲間」という遊びを成立させる「3つの間」が消失し，体を使って遊ぶことがなくなってきているのである．

いまの小学生の放課後の遊び時間は約50分と，30年前の小学生の半分以下にとどまり，山川，田畑，境内，路地裏といった屋外で遊んでいる子どもはたった1割で，多くの子どもの遊び場所は室内に固定されている．さらに，遊び仲間は3人から4人の限定された同学年の友達であり，塾や習いごとのない日は家の中に閉じこもって，ほとんど体を動かすことなく，テレビゲームやビデオに夢中になっている子どもがほとんどである．食に関しても，朝食をとらずに登園・登校し，家ではいつも決まった食事を1人で食べている子どもも存在している．また，インスタント食品や冷凍食品，レトルト食品が食卓を飾り，深夜にファストフードストアとファミリーレストランに

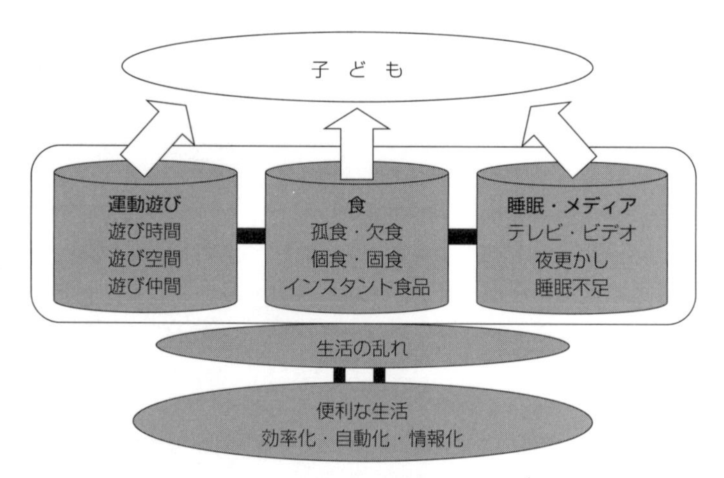

図8-1　現代の子どもを取り囲む便利な生活と生活の乱れ

たむろする子どもや親子もいる．また，家族との対話が少なくなり，バーチャルなインターネットや電子メール，ゲームでコミュニケーションを図ることが多くなった．結果として，生活リズムが夜型になり，「遅寝・遅起き」を繰り返し，いつも寝不足状態であるといった子どもも少なくない．

このような子どもの生活の悪変は，便利さのみを追求した私たち大人がつくりあげてしまった，現代社会のライフスタイルそのものにあるといえる（図8-1）．私たち大人がいま，元気に仕事ができ，気持ちよく生活することができている根底には，子ども時代の健康的なライフスタイルが存在している．言い換えると，育ちのなかで，楽しく体を動かすことがなく，食や睡眠にも問題を抱えながら育っている今日の子どもたちは，私たちのように健やかに育つことができず，元気な大人に成長することがままならない可能性がある．そのことに大きな懸念を抱かざるをえない．

（3）いま，子どもの体が危ない

日本の子どもたちのライフスタイルが崩壊し，「子どもらしさ」が奪われた結果，子どもの体にさまざまな問題が生じてきた．具体的ないまの子どもたちの体の危機的な問題をあげてみよう．

1）体力や運動能力が低下している

文部科学省の「体力・運動能力調査」[3] の結果によると，子どもたちの走・跳・投といった基礎的な運動能力や筋力が，1985年前後をピークに著しく低下の傾向にあり，柔軟性，敏捷性などの体をコントロールする能力も低下している．子どもの体力の低下は最近になって下げ止まりの状況だが，いまだ顕著な向上はみられていない．体力低下の典型的な例として，「背筋力」を挙げることができる．背筋力とは，姿勢を保持したり，物を持ち上げたりするときに使う腰の周辺にある筋肉によって発揮される筋力のことである．子どもの背筋力は，同調査開始以来，ずっと低下の一途をたどり，ついに1998年からは，背筋力測定によって腰を痛めてしまうおそれがあるという理由もあり，測定項目からはずされている．子どもの背筋力は，測定さえできないほど

公園や道路など，どこでも子どもの遊ぶ姿が見られた
（萩野矢，1994）

低下してしまったのである．

個人内の体力や運動能力のピークは，10代後半である．そこから加齢につれて，緩やかに低下していく．つまり，いまの子どもたちは，私たち大人と同じ程度の体力まで達することが不可能な状況に陥っているのである．

2）顔面や手首のケガが多い

子どもたちが，「小走りしていたら，足の骨にひびが入った」「体育で軽く飛び跳ねたら，足首を骨折した」など，ほんのちょっとしたことで骨折してしまったということをよく耳にする．また,「転んでも手をつけずに頭や鼻にケガをしてしまう子ども」,「ボールが顔面に当たって目を閉じることができない子ども」も存在している．

日本スポーツ振興センターの調査[4]によると，1978～2008年までの30年間で，顔のケガは約1.7倍，頭のケガは約1.2倍，骨折の件数は約1.7倍に増加している．

遊びやスポーツの中でケガをすることは，昔もあった．子どものころ，ひじやひざのすり傷，切り傷，足首の捻挫など，日常茶飯事だったと思う．しかし，いまの子どもたちのケガの様子は，これとは異なるものである（図8-2）．整形外科医によると，顔面のすり傷や切り傷，また手首の骨折が多くなってきているそうである．その理由として，転び方を学ぶ機会がないことが挙げられる．遊びや活動の経験の少ない子どもたちは，転び方を知らずに大きくなっているようである．そのために危険な状況になっても，うまく対処することができず，ちょっとしたことで転んでしまったり，うまく身をかばえないために，頭や顔のケガや手首の骨折をしてしまったりする子が多くなってきているのである．自分の体を自分でコントロールすることができない，動きの不器用な子どもが増えている．

3）動くことが嫌い

いまの小学生の1日の歩数は，8,000～13,500歩である．昭和40年代・50年代の小学生の歩数は20,000～27,000歩であった．つまりこの30～40年の間に，日本の小学

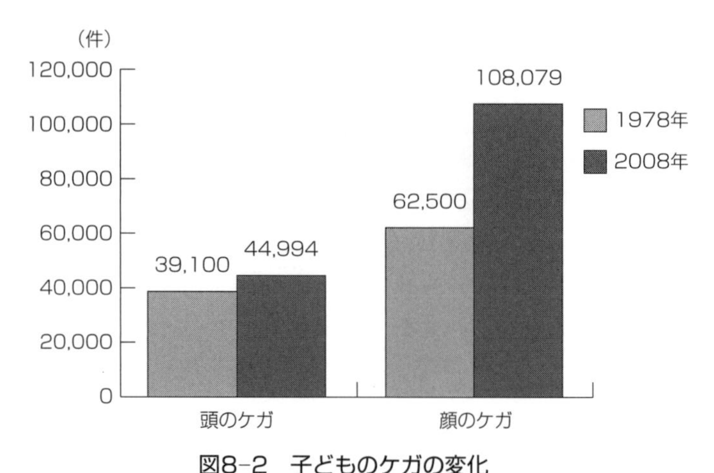

図8-2　子どものケガの変化

（日本スポーツ振興センター：平成20年度学校安全・災害共済給付ガイド．2009.）

生の歩数は半減したことになる．1日に4,000歩まで達しない子どももいる．1日に4,000歩以下ということは，登校と下校，それに学校の中での最低限の移動のみしか歩いていないことになる．このような子どもたちは，放課後はもちろん，休み時間もほとんど体を動かすことがない．なかには，下校時に校門まで保護者が車で迎えに来るという実態も存在する．

実際に運動量を測定してみると，1日の総運動量（実際に体を使って消費したエネルギー）が，160kcalという子もいる．160kcalというと，おにぎり1個分のエネルギー量でしかない．

4)「子どもの育ち」の知識とは

子どもは，学校・家庭・地域という3つの場で生きている．子どもが健やかに成長していくために，どれも欠くことのできない大切な育ちの場である．よって，学校にいる子どもが，家で過ごしている子ども，塾や習い事に通っている子ども，地域でスポーツ活動を実施している子どもでもあることを常に考えてほしい．

子どもたちが「子どもらしさ」を取り戻し，体も心も元気になっていくためには，第一に，子どもの育ちや生活の問題点を関連づけて，生活全体をトータルにとらえていくことが大切である．学校だけで，家庭だけで，解決しようとしてもダメなのである．第二に，いまの子どもたちの問題は，大人の問題でもあることに気づき，理解することが大切である．子どもだけを変えようとしても無理がある．私たち大人も，子どもと一緒になって取り組んでいくことが必要である．第三は，とにかくできるところからやってみることである．どんな実践，どんな働きかけでもかまわない．まず何かを始めなければ，ライフスタイルは変わらない．

私たち日本人はこれまで，便利で快適な生活を望み，懸命につくりあげてきた．しかし，このようにしてつくられた現代の社会生活は，人間らしく生きることに対して，多くの問題点を生み出してしまったのである．そして，大人の生活に子どもを引き込んで，子どもの生活そのものを変えてきた．その結果，子どもの体と心にさまざまな危機的な状況を生み出してしまったのである．遊び込んでいた私たち，おいしくごはんを食べ，ぐっすり眠っていた私たちが，子ども時代に経験したこと，学んだこと，感じ取ったことを，いまの子どもたちも，経験し，学び，感じ取ってほしいと思う．そして大人が「子どもの育ち」の知識をしっかりと理解していることが必要であると考える．

2．体力・運動能力の低下とその背景

（1）体力・運動能力の低下とは

近年，日本の子どもたちの体力・運動能力の低下が指摘され，社会問題となっている．文部科学省が1964年から継続的に実施している「体力・運動能力調査」[3]によると，1985年前後から走能力，跳能力，投能力などの基礎的運動能力を中心に長期的に低下の傾向が見られており，現在においても低い水準にとどまっていることが示されている．では，この体力・運動能力の低下を明確に表している「体力・運動能力調査」とはどのような調査なのだろうか．

6～11歳の小学生を対象とした同調査は，握力，上体起こし，長座体前屈，反復横跳び，20mシャトルラン（または持久走）の基礎体力を評価する5つの測定項目と，基礎的な運動能力を捉える50m走，立ち幅跳び，ソフトボール投げの3つの測定項目の計8種目から成り立っている．そして，それぞれの測定項目を10点満点で評価するとともに，その合計点から年齢別にA～E段階までの5段階で総合評価ができる．このような縦断的調査結果の分析から，わが国の子どもたちが1980年代半ばから，著しい体力・運動能力の低下を示していることが明確になっている．

図8-3は，7歳児の50m走，立ち幅跳び，ソフトボール投げの年次変化をグラフにしたものである．男女ともに年々運動能力が低下していることがわかる．一方，体格は身長・体重ともに，この30年で向上している．通常，体格がよくなれば，体力・運動能力も合わせて向上するものと考えられるが，わが国の子どもたちの体力・運動能力は，体格の向上に伴っていないのである．そして，この体力・運動能力低下の背景として，活発に運動する子どもと運動不足の子どもという，子どもの運動実施状況の二極化といった問題を指摘することができる．

さらに体力･運動能力の低下は，低年齢化の傾向にあることも明らかになってきた．十文字学園女子大学の杉原隆特任教授らのグループは，1966年からの縦断的な幼児の運動能力調査の結果より，1985年ごろから就学以降に見られた運動能力の低下が4～6歳児にも同様に認められることを明らかにしている[5,6]．つまり，この体力・運動能力の低下の問題は，幼児期より継続的にとらえていくことが重要であり，幼児期からの身体活動の重要性を指摘することができるのである．

（2）日本の子どもは世界でもっとも運動していない

このような幼少年期の体力･運動能力の低下の要因としては,「運動量の減少」と「基本的な動作の未習得」の2つを挙げることができる．運動量に関しては，いまの子どもの歩数は30年ほど前と比較して半減していることを前述したが，ほかの国の子どもとの比較を紹介する．

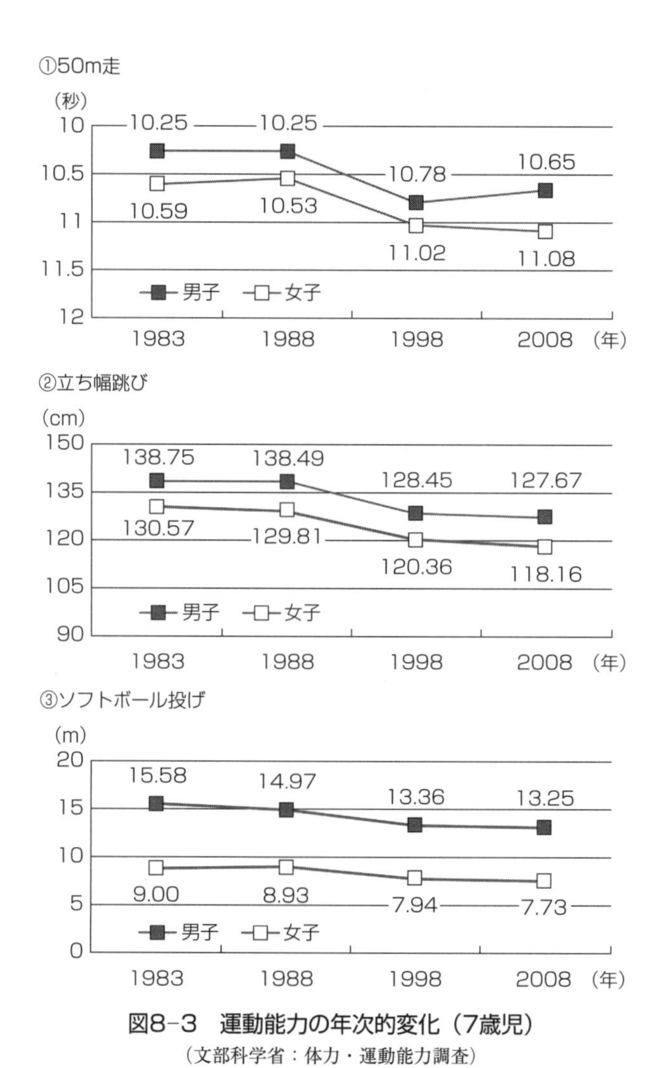

図8-3　運動能力の年次的変化（7歳児）
（文部科学省：体力・運動能力調査）

図8-4は，WHOがまとめた各国の11歳児の運動量を比較したものである[7]．2000～2002年にかけて，ヨーロッパ，北アメリカ，日本の28カ国で行われた調査結果が示されている．これは各国の11歳児について，平日の放課後に「活動的な身体活動」を週2回以上実施している割合を調べたものである．日本の資料は，SSF笹川スポーツ財団によって行われた調査結果が採用されている．ここでいう「活動的な身体活動」とは，「少し息が切れ，うっすらと汗をかく程度のややきつめの身体活動」のことを指している．この調査の結果，わが国の子どもの運動量が，ほかの先進諸国に比べて圧倒的に少ない状況であることが明らかになった．日本の11歳児は，男子で37%，女子で27%しか活動的な身体活動を実施しておらず，なんと28カ国中最下位という状況であった．つまり日本の子どもは，世界の先進諸国の中でもっとも運動していないといえるのである．

水たまりのブランコ遊びから体の使い方を自然に学んでいた
（萩野矢，1994）

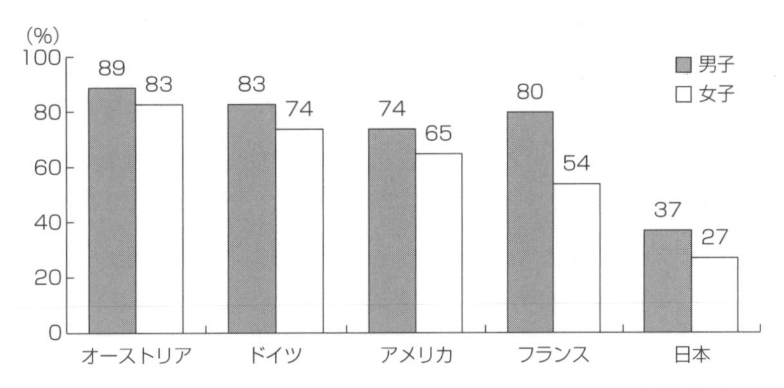

図8-4　活動的な身体活動を週2回以上実施している者の国際比較（11歳児）
（SSF笹川スポーツ財団：青少年のスポーツライフデータ2002）

(3) 基本的な動きが身についていない

次に，基本的な動作の未習得について考えてみる．

子どもの運動発達をとらえる評価方法には，先に挙げた「体力・運動能力調査」のように，運動をした結果としてのパフォーマンスによって，量的に評価する方法がもっとも一般的である．50mを何秒で走ったのか，ソフトボールを何m投げたのかといったものである．このようなパフォーマンスによる評価方法は，これまで多くのデータの蓄積があり非常に有効な評価方法であることは間違いない．しかしあくまでも，運動による結果あるいは成果に着目する方法であり，結果および成果を生み出した運動のしかたそのものをとらえる指標とはなりえない．

そこで近年，基本的な動作の動作様式（運動のしかたそのもの）を観察し，その習

図8-5　幼少年期における投球動作の発達段階

（中村和彦ほか：観察的評価法による幼児の基本的動作様式の発達．発育発達研究，51: 1-18, 2011）

熟度を評価することによって，“子どもの運動発達”を，動作様式の質的な変容としてとらえようとする方法が研究されてきた．50m走における疾走動作を「腕の振り方」や「腿の上げ方」などの動作様式で，またソフトボール投げの投球動作を「上体のひねり」や「足のステップ」などの動作様式でとらえる評価方法である．

図8-5は，幼少年期の投球動作の発達を5段階の動作フォームで示したものである[8]．投げる方向に向いたまま上体のひねりが見られない未熟なパターン1から，足のステップ，大きな上体のひねり，フォロースルーなどの動きの変容によって，成熟型のパターン5まで，子どもの投げの動作が発達していくことを示している．

著者らの研究グループでは，学校での体育，子どもの日常生活や運動遊びにおいて出現する基本的な動作の中から，「疾走動作」「跳躍動作」「投球動作」「捕球動作」「まりつき動作」「前転動作」「平均台移動動作」の7種類の基本的な動作を設定し，それらの動作を図8-5のように5段階で観察して評価する方法を開発した．また，動作ごとに，発達段階をそれぞれ1～5点に得点化し，合計点（35点満点）を「動作発達得点」として，幼児期の基本的な動作の発達を全体的にとらえる指標とした．そして，いまの幼児の基本的な動作の習得の状況をより明確に把握するために，同じ評価基準を用いて，今日の幼児と，幼少児の体力・運動能力が高いレベルにとどまっていたと考え

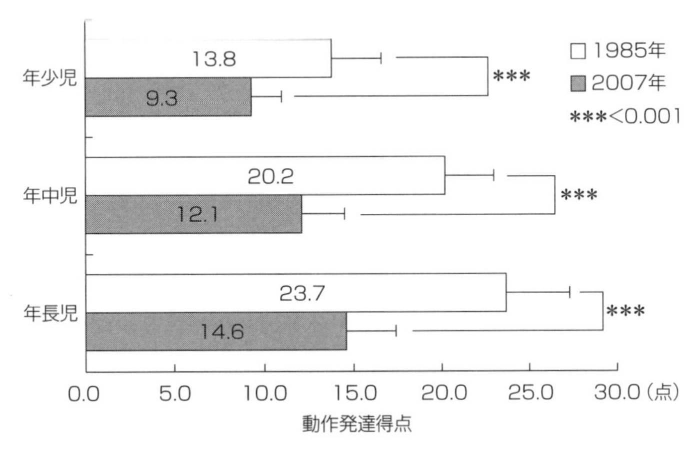

図8-6　1985年と2007年との幼児の基本的動作の習得状況の比較

（中村和彦ほか：観察的評価法による幼児の基本的動作様式の発達．発育発達研究，51: 1-18, 2011）

られる1985年の幼児の動作発達の状況との比較を試みた．その結果を示したものが図8-6である[8]．

「動作発達得点」は，すべての年齢において，1985年の幼児が今日の幼児の得点を上回っていることがわかる．さらに1985年の年少児（3歳児）と2007年の年長児（5歳児）の動作発達得点との間には有意な差は認められなかった．このことは，今日の年長児の基本的な動作の習得状況が，1985年の年少児と同様な状況であることを示している．また，現在行っている小学生の基本的な動作の習得状況の検証によると，小学校3年生（8歳），4年生（9歳）の基本的な動作の発達段階は，1990年の年長児の段階にとどまっていることも明らかになっている．

(4) なぜ動きを身につけることが重要なのか

幼稚園・保育園から小学校にかけての幼少年期は，運動発達が著しい時期であり，人間の生涯にわたる運動全般の基本となる動きが急激に，また多彩に習得されるといわれている．わが国の運動発達研究に大きな影響を与えているGallahue（ギャラヒュー）は，幼少年期の運動発達の段階を，とくに2～7歳の「基礎的な運動の段階」と，7歳以上の「専門的な運動の段階」に区分して，幼少年期における基本的な動作の習得の重要性を提唱している[9]．前述した研究の成果から，運動の結果としてのパフォーマンスを生み出す動作様式（運動のしかたそのもの）の発達が未熟な段階にとどまっていることが明らかになり，このことが今日のわが国の子どもたちの体力・運動能力の低下の要因のひとつであることがわかってきた．

幼少年期の基本的な動作の発達は，さまざまな動作を量的に獲得していく「多様化」と，それぞれの動作が質的に習熟していく「洗練化」という2つの方向性をもっている．このような基本的な動作の「多様化」と「洗練化」は，子ども時代の身体活動を伴った遊びや生活行動に依存している．私は，いまの子どもたちが動きを十分に習得でき

友達と一緒に壁をよじ登る．もうちょっと
（萩野矢，1994）

ていない背景には，今日の日本の子どもたちの運動やスポーツの経験のしかたに問題があると考えている．

すなわち多くの子どもたちは，園や学校から帰った後，外で自由に遊ぶことはなく，また道路や空き地で遊びとして行われていた「子どもスポーツ」は，組織化されたスポーツに変化している．いま活動的といわれる子どもたちの多くは，サッカー，野球，バスケットボールなどのスポーツ少年団や運動部，スイミングや体操などのスポーツクラブにおいて「スポーツ」を経験している．そのなかで多くの子どもはひとつのスポーツしか実施していない．結果として，運動量は保障されていても，そのスポーツに含まれる限られた動作の習得しかできないことになってしまっているのである．このような子どもの遊びの減少・単一スポーツ化の波は，少年期や青年期のみではなく，より低年齢化の様相を見せている．

幼児期に早教育の一環として，乳幼児を対象としたスポーツ教室に通う子どもも存在している．このようなスポーツ教室の中には，水泳やサッカーといった特定のスポーツの技術の習得のみを目指す教室も少なくない．また，このことが子どもの降園後の遊びを奪ってしまっているともいえる．さらに幼稚園・保育園においても，外部指導者を導入し，体操，サッカー，スイミングといった特定のスポーツ指導・運動指導を行っている園も存在する．子どもたちが，さまざまな動作を経験でき，基本的な動作が洗練化するような運動遊びの充実とともに，子どものスポーツのあり方を見直さなければならない時期にきている．

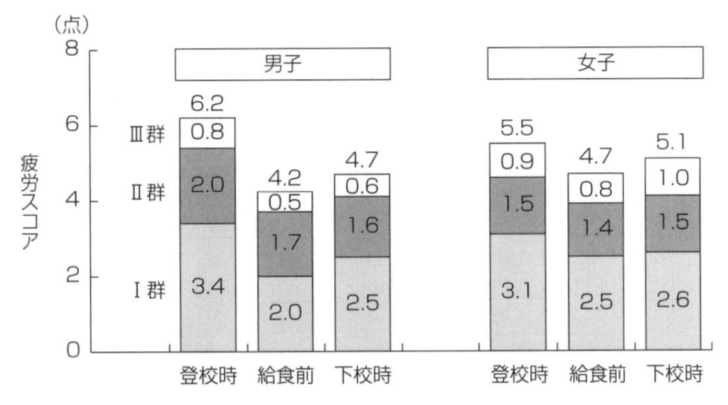

図8-7 小学校での疲労スコアの変化

I群：ねむけとだるさ，II群：注意・集中の困難，III群：身体局所の違和感，についてそれぞれ7つの項目の有無で測定し，疲労スコアを算出している．

(坂下昇次，中村和彦：児童の生活習慣の改善を目指した保健指導の開発と実践．山梨大学教育人間科学部紀要，1999)

3. 子どもを襲う疲労・肥満・アレルギー

(1)「疲れた」が子どもの口癖

多くの読者は，体のどこかに，またこころに疲れを感じているのではないだろうか．現代社会は，非常にストレスがたまるといわれている．このことは子どもたちも例外ではない．

では，いまの子どもたちはどのように疲れを感じているのだろうか．早稲田大学人間科学部で子どもの体や生活の研究をされている前橋明教授は，産業衛生学会産業疲労研究会の「自覚症状しらべ」を基に，子どもの「疲れの自覚症状」を数値化できる調査方法を開発した[10]．子どもの疲労自覚症状を「I群　ねむけとだるさ」「II群　注意・集中の困難」「III群　身体局所の違和感」についてそれぞれ7つの項目の有無で測定し，疲労スコアを算出するという方法である．この調査方法を用いて，小学生の疲労を調べてみると，「からだがだるい」「頭がボーっとする」「ねむい」といった「I群　ねむけとだるさ」がもっとも高い数値を示した．

図8-7は，疲れの度合いと症状が，登校時，給食前，下校時という，1日の時間帯でどのように変化するのかを調べた結果である[11]．これによると疲労スコアは，男子は登校時が6.2点，給食前が4.2点，下校時が4.7点，女子は登校時が5.5点，給食前が4.7点，下校時が5.1点と，男女ともにとくに登校時において高い数値を示しており，給食前には数値が下がっていることがわかる．つまり子どもたちは，朝，学校に来るときにもっとも疲れを感じていて，それが学校での授業や活動の中でしだいにとれていき，給食前がいちばん元気になる，ということである．また，子どもの疲れを月曜日から金曜日まで毎日調べると，月曜日がもっとも疲れていて，曜日を経るに従い疲れが減少し，週末の金曜日がいちばん疲れがとれた状態になる．「ブルーマンデー」や「はな金」は，大人だけではなく子どもにも当てはまるのである．

さらに，カロリーカウンターで測定した学校での運動量と子どもの疲れの関係をみ

友達と体を動かすと元気になる（萩野矢，1994）

た．その結果，体育の授業があったり，休み時間や昼休みに友達と体を動かして遊んだりして，学校での運動量を多く確保している子どもは，少ない子どもに比べて，疲労スコアが低いことがわかった．体を動かすことによって疲労感をある程度解消できる，ということである．ある小学校では，1時間目に体育の授業を取り入れたら，子どもたちがより元気に1日を過ごすことができた，という報告もある．朝から疲れている，金曜日がいちばん元気だ，体を動かさずに疲れがとれていない等の子どもの疲労感は，子どもの生活の中でのストレスに起因するものだと考えられる．

いま学校の保健室には，このように疲れをためた子どもたちがたくさん来室してくる．朝から保健室に来る子ども，保健室で少し眠ると元気になっていく子ども，肩こりや腰痛を訴える子どももいる．このような子どもたちのなかには，1日の大半を保健室で過ごさなければ落ち着かないといった「保健室登校」の子ども，さらに深刻化して学校に行くことができなくなる「不登校」の子どもが存在しているのである．子どもが疲れを訴えるなんて甘いといって突き放すのではなく，ストレスやこころの問題と深くかかわっている子どもの「疲れ」の訴えの意味や原因を，しっかり受け止めてほしいと思う．

(2) 子どもの健康問題の第1位が生活習慣病

いまの子どもたちは昔と比べると，ずいぶん丸くなった（肉づきがよくなった）と思わないか．私たちの周囲には栄養価の高い食品があふれ，太る傾向にあるのは大人だけではない．文部科学省の「学校保健統計調査報告書」[12]によると，2002年において11歳（小学校6年生）では男子の11.7%，女子の10.1%が肥満傾向児（性別・年齢別の身長別平均体重の120%以上の子ども）であることがわかる（図8-8）．つまり11歳児の10人に1人は太っているということになる．図8-8をみると，1977年では男子の6.7%，女子の6.2%が肥満傾向児であり，25年間で約2倍に増加しているのである．

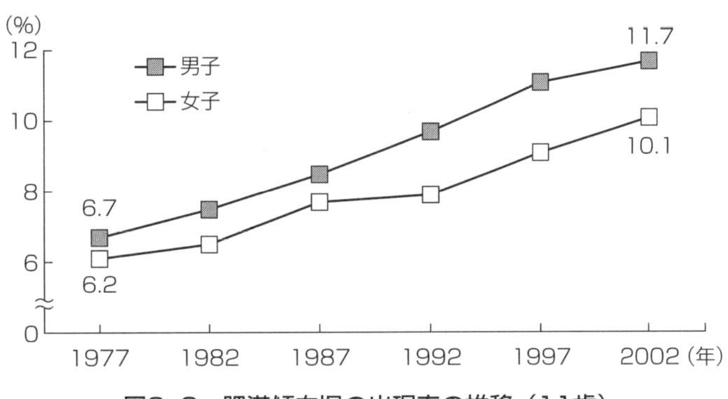

図8-8　肥満傾向児の出現率の推移（11歳）
（文部科学省：学校保健統計調査）

ほかの年齢の子どもたちも同じような傾向を示している．

肥満になると，高血圧や脂質異常などの生活習慣病予備群の症状を起こしやすくなり，ひどくなると糖尿病や動脈硬化を発病することもある．生活習慣病という言葉は，1996年12月から成人病に変わる名称として厚生労働省が使い始めたものである．このことは，大人だけではなく子どものころから，健康的な生活習慣を心がけ，病気を予防すべきであるという意味が含まれている．生活習慣病は，偏った食生活，運動不足，睡眠不足，慢性疲労，ストレスなどの好ましくない生活習慣と深くかかわって起こる症状や病気のことである．また一度かかるとなかなか治りにくいやっかいなものばかりである．

山梨県内のすべての小学校，中学校，高等学校の約380校の学校医の方々を対象に，最近増加している健康問題と，増加している生活習慣病にかかわる症状について聞き取り調査を行った[13]．この調査から，子どもの体や疾病の変化を継続的に観察，診断している学校医の方々が「最近増加している」と見ている子どもの健康問題の第1位が「生活習慣病」であり，84.9%に上ることがわかった（図8-9）．また生活習慣病にかかわる症状として，「肥満」が81.7%と突出しており，次いで「高脂血症」が23.7%，「高血圧症」が6.5%であった（図8-10）．すでに児童･生徒の間にも肥満をベースとして高脂血症や高血圧症が広がりを見せているのである．

生活習慣病は，30～40歳代で急増する．しかし，食習慣の偏り，運動不足，睡眠不足といった毎日のライフスタイルが原因で，近年は発症年齢が低年齢化し，子どもにも見られるようになってきている．また，子どものころの生活習慣は大人になっても続いていることが多いといわれている．いまはその兆候が見られていなくても，好ましくない生活習慣の継続は，将来において，生活習慣病を発症するリスクをもっているのである．

(3) アレルギー・体温異常は体内からの警告

一般に体力には，体力テストによって数値で測定できるような「行動体力」と，外からの刺激に対して体の機能を一定に保とうとする「防衛体力」とに分けてとらえることができる．「防衛体力」は，病気への免疫力や体温調節，ストレスへの抵抗力と

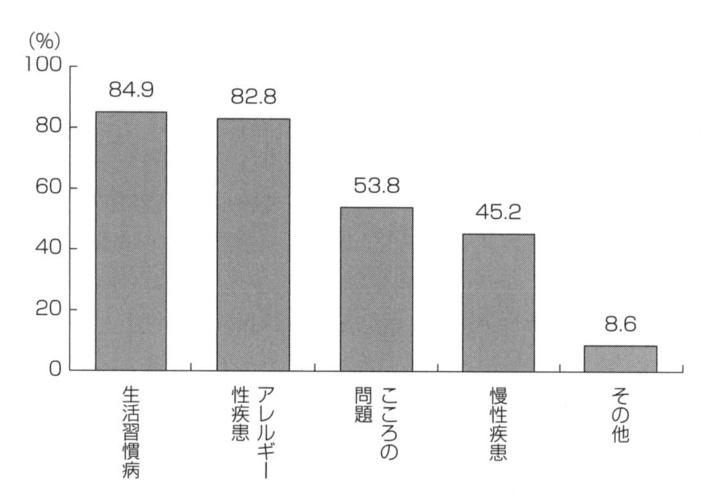

図8-9　学校医からみた最近増加している子どもの健康問題

（浅川和美，中村和彦：今日における児童生徒の健康問題の実態調査研究．2004）

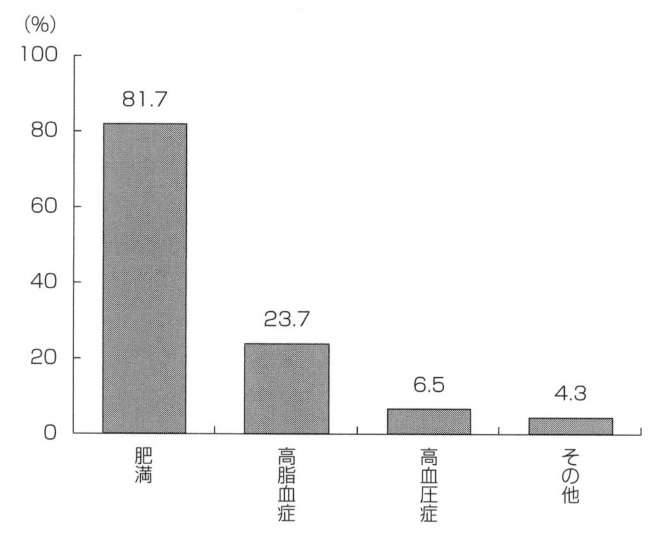

図8-10　最近増加している生活習慣病にかかわる症状

（浅川和美，中村和彦：今日における児童生徒の健康問題の実態調査研究．2004）

して発揮される．実はこのような「防衛体力」においても，子どもたちの体に，すでに深刻な状況が見られている．その代表的な問題として，アレルギー症状を挙げることができる．「花粉症」に代表されるように，私たち大人も以前と比べてアレルギー症状をかかえている人が増えている．小児科医によると，子どものアレルギー症状は近年，想像以上に増加しているようである．

私たちの体には，体の中に侵入した異物を倒そうとする免疫反応という働きがある．この免疫反応の中で，自分の体のほうに害を生み出してしまう異常な反応のことを，

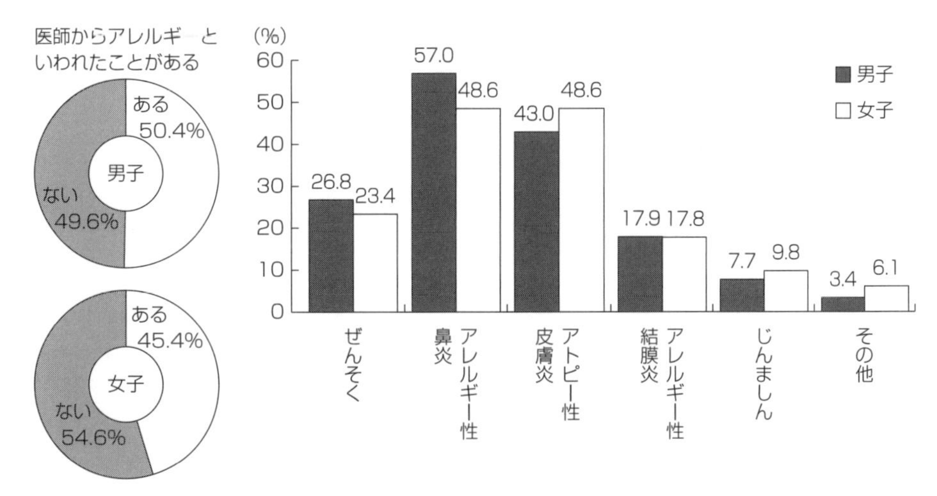

図8-11　アレルギー症状と診断された割合と具体的なアレルギーの症状（小学校5・6年生）

（日本学校保健会：平成12年度児童生徒の健康状態サーベイランス事業報告書）

アレルギーという．アレルギーを引き起こす原因としては，ほこりや花粉などの環境にある異物や，卵やそば粉などの食べ物が挙げられる．いまの子どもたちの体は，こうした異物の侵入に対する反応が，うまくできていないようである．

図8-11は，日本学校保健会によるアレルギー症状に関する調査の結果である[14]．この調査結果によると，小学校5・6年生で，「医師からアレルギーといわれたことがある」児童は，男女ともほぼ2人に1人の割合になっていることがわかる．またその内訳を見ると，「アレルギー性鼻炎」がもっとも多く，男子57.0%，女子48.6%に上り，次いで「アトピー性皮膚炎」が男子43.0%，女子48.6%，「ぜんそく」が男子26.8%，女子23.4%となっている．これらの数値の合計からもわかるように，2つ以上のアレルギー疾患を併発している子どもが多く存在していることも報告されている．文部科学省の調査では，ぜんそくに罹患している小学生は，20年間で約6倍に増加したことがわかっている．

「防衛体力」の低下については，体温異常の問題も見逃すことができない．「体温異常」なんて聞き慣れない言葉だと思うだろう．私たちの体温は，通常36度台に保たれている．運動や食事などの活動をすると体温は高くなり，静かにしていると低くなるといったように，さまざまな活動に合わせて体が体温を調節している．1日の体温の変動は，0.5度前後とみられている．しかし，このような正常な体温の保持や変動ができない体温異常の子どもたちが増加しており，アレルギーとともに体の問題として取り上げられるようになってきている．子どもの体の異変について継続的に研究をされている日本体育大学の野井真吾教授は，子どもの体温異常を問題視して以前から警鐘を鳴らしてきた．野井教授の調査研究によると，朝起きたときに体温が36度に達していない低体温の子どもは，4～5人に1人存在する．低体温の子どもは1日を通して活動水準が低く，不活発な生活をしており，朝は目覚めがよくなく，夜は眠くならない生活を繰り返していることも明らかになっている[15]．

また別の調査では，朝から体温が37度以上ある高体温の子どもの存在や，1日の体温の変動が2度近くあったり，逆に1日を通して体温の変動がほとんどなかったりといった子どもの存在も報告されている[16]．体温調節という，生きていくために重要な機能がうまく働いていない子どもが多くいるということである．このような子どものなかには，発汗作用が正常に働かずに汗がかけず，熱中症になりやすい傾向があるという指摘もなされている．

(4) いまの子どもの体は「自然に育つ」ことができない

いま子どもたちは，免疫力や体温調節など，これまでの子どもが自然に身につけていた体を守る働きが機能しなくなってきている．また,ここで紹介した「疲れやすさ」「肥満や生活習慣病」「アレルギーや体温異常」の問題は，それぞれがバラバラな問題ではなく，密接に関係しているものであるととらえることが必要である．さらに，これまでに挙げた体の問題は，不登校，いじめ，学級崩壊といった，いまの子どもたちが抱えているこころの問題とも関連をもっているといえる．

このような子どもの体とこころの問題の背景には，便利な生活を追求してきた現代の社会のあり方が存在している．私たち大人が，本来の子どもの育ちの環境を変えてしまっているのである．いまやわが国の子どもたちは，私たち大人が育ってきたようには育っていかない，育っていくことができない状況にまで陥ってしまっているといえるだろう．

4. 消えた子どもの遊び

(1) 子どもたちはどこに行ってしまったのか

30数年前の小学生時代，学校から帰り家にランドセルを置くと，毎日一目散に遊び場に向かった．近くの公園の堀でザリガニを釣り，駅裏の材木置き場に秘密の基地を作り，人数が増えるとすぐに学校に戻って校庭での三角ベースの野球が始まった．そして土曜日の午後や日曜日は，平日に輪をかけての正に遊び三昧の日々だった．朝から外に飛び出し，真っ暗になるまで，汗だく，くたくたになって走り回ったものである．遊び込んで体をとことん使うと，お腹がすいておいしくいっぱいごはんを食べた．そしていつの間にか布団に入ってぐっすり朝まで寝ていた．

照りつける真夏の太陽の下，真っ黒になって水遊びに戯れる子どもたち．白い息をハーハーさせながらほっぺを真っ赤にして雪の積もった公園を走り回る子どもたち．四季折々の中で，子どもたちは遊びを通して実にさまざまな表情を私たち大人に見せていた．躍動感あふれる子どもの姿は，大人が抱える日ごろのせわしなさを，心の疲れを，いやしてくれていた．

しかしいまの日本で，子どもたちが喜々として遊ぶ姿を見ることはほとんどない．園や学校から帰ったあと，そして土日と，子どもたちはいったいどこにいってしまったのだろうか．私たち大人と同じように疲れを感じながら，せわしない毎日を送ってしまっているのではないだろうか．

夢中になった滝壺での水遊び（萩野矢，1994）

(2) 子どもの遊びはどう変わったのか

子どもたちがおもしろくのめり込んで遊ぶためには，「遊び時間」「遊び空間」「遊び仲間」という3つの条件が必要である．時間，空間，仲間とすべて「間」を必要としている条件であるため，遊びの「3つの間」と呼んでいる．すなわち遊ぶ時間がたっぷり確保されていること，遊びに適した場所を自由に選べること，そして一緒に遊ぶ仲間が存在することである．この遊びを充実させる「3つの間」が，近年大きな変化を示している．その結果，遊ばない子どもたち，遊べない子どもたち，遊びそのものを知らない子どもたちが増えている．

私たちの研究グループではこの20年，現代の子ども世代，その父母にあたる世代，さらに祖父母にあたる世代，という3つの世代を対象とした「子どもの遊び調査」を実施して，世代別の遊びの移り変わりをとらえてきた．調査から明らかになったことをもとに，「3つの間」の変容をみていく．

1) 外遊び時間の激減

図8-12は，外遊び時間を年代別・性別に調べた結果である[17]．小学校から帰ったあと，平日の放課後に外遊びに要した時間は，現在40歳代の男性で1時間58分，女性で1時間38分，50歳代の男性で2時間9分，女性で1時間45分であった．一方，いまの小学生の外遊び時間は，男子が58分，女子が47分である．現代の小学生はその父親母親の小学生時代のおよそ半分以下の時間しか外で遊んでいないということになる．さらに土曜日や日曜日といった休日であっても，男子で1時間20分，女子で1時間10分と，平日の外遊び時間より，たった20分しか増えていないというのが実態である．

2) 外遊びから室内遊びへ

それでは，遊び空間はどう変わったのだろうか．図8-13は，男子の遊び空間の変化を，年代別に示した．遊び空間は，30歳代から70歳以上の大人では，「空き地」「山

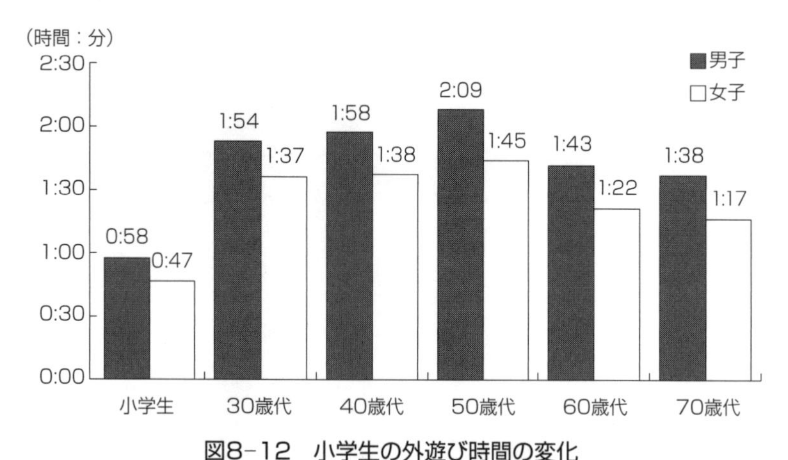

図8-12　小学生の外遊び時間の変化

（中村和彦：子どもの遊びの変遷に関する調査研究．2006）

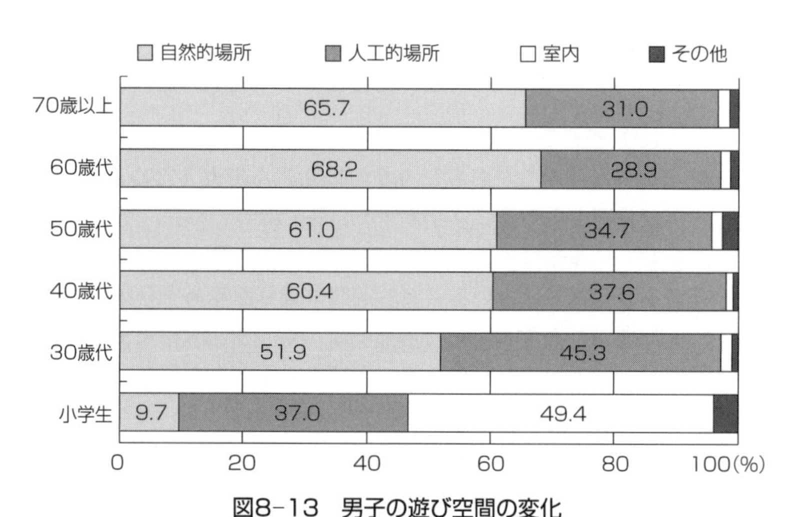

図8-13　男子の遊び空間の変化

（中村和彦：子どもの遊びの変遷に関する調査研究．2006）

川・田畑」「神社・寺」といった自然豊かな場所で遊ぶことが多く，大人全体で見ると，男性の61.4%，女性の42.0%が，自然の中で自由に遊んでいたと回答していた．一方，自然豊かな場所で遊んでいると答えた現在の小学生は，男子の9.7%，女子の10.4%にとどまり，戸外での遊び場所も「校庭」「広場」「庭」といった，人工的な場所に限られているようである．とくに男子の49.4%，女子の42.5%が，室内でしか遊んでいないという実態が明らかになった．子どもの遊び空間は，戸外から室内へと確実に移行している．

3）遊び集団の縮小と変化

一緒に遊ぶ仲間の数は，いまの小学生では，男子が4.1人，女子が3.1人と30歳以上の男性の6.9人，女性の5.5人に比べ大きく減少し，遊び集団は急激に縮小している[17]．さらに現代の子どもたちの多くは，さまざまな塾や習い事，スポーツ教室に通っ

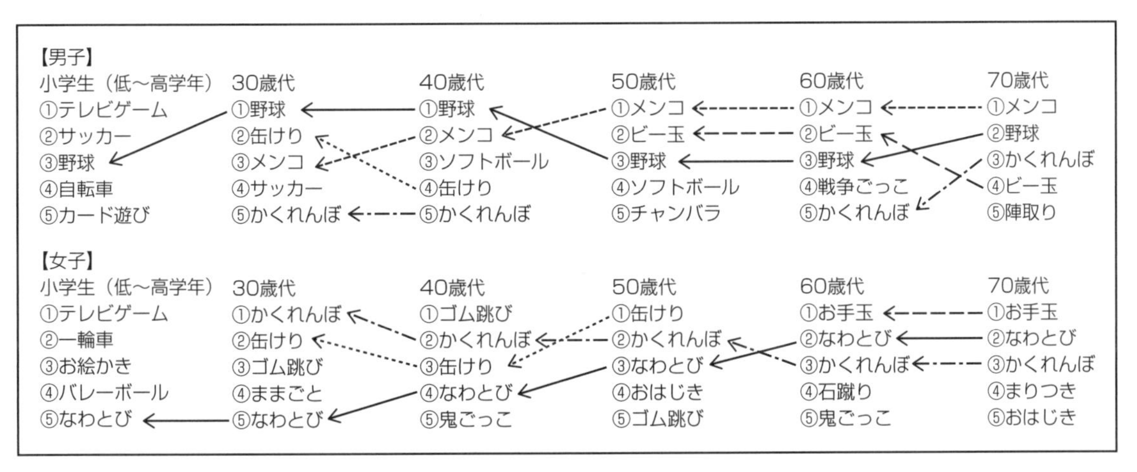

図8-14　小学生の遊びの移り変わり

（中村和彦：子どもの遊びの変遷に関する調査研究．2006）

ているために，放課後や土日に仲間と一緒に遊ぶことが，非常に難しい状況にある．結果として，いつも決まった友達や，同年齢の子どもや兄弟姉妹としか遊ぶことができない子どももたくさんいるようだ．とくに幼児期や小学校低学年において，母親としか遊ばない子どもが増加しているようである．

このように，遊びを成立させる条件である「遊び時間」「遊び空間」「遊び仲間」は，いまの大人が小学生だったころと，いまの小学生とでは大きく変容している．

(3) そして遊びが消えていった

「3つの間」の変化に伴い，遊びそのものも大きく変化している．図8-14は，年代別に見た小学生の遊びのトップ5から，遊びの移り変わりを示したものである．祖父母の世代の60歳代では，男子が「メンコ」「ビー玉」「野球」，女子が「お手玉」「なわとび」「かくれんぼ」，父母の世代の30歳代では，男子が「野球」「缶けり」「メンコ」，女子が「かくれんぼ」「缶けり」「ゴム跳び」となっている．いまの小学生男子の遊びは「テレビゲーム」がもっとも多く，以下「サッカー」「野球」「自転車」「カード遊び」である．一方，女子は「テレビゲーム」「一輪車」「お絵かき」「バレーボール」「なわとび」の順であった．男女とも「テレビゲーム」が1位であることに加え，「自転車」「一輪車」など1人でもできる遊びが多いことが特徴である．

30歳代が子どものころまでやっていた「メンコ」「かくれんぼ」「缶けり」「ゴムとび」は，いまの小学生の遊びからは完全に姿を消している．また，70歳以上からいまの小学生まで行われている男子の「野球」と女子の「なわとび」も，その遊びの中身は，決して同じものではない．昔の子どもの「野球」は，いわゆる「草野球」であり，三角ベースや透明ランナーといった子どもの工夫とかかわりのなかで生まれたさまざまな「子どものスポーツ」のルールが存在していた．一方，いまの小学生にとっての野球の多くは，組織化された少年スポーツとしての「野球」である．また，30歳代以上の女子が行っていた「なわとび」は「長なわとび」も含まれており，多くの子どもたちがかかわる集団遊びとして存在していた．しかし，いまは1人で技を習得する「短なわとび」が中心になっている．

このように，同じ名前の遊びでも中身が違うことを考慮すると，現代の子どもたちには，父母や祖父母の時代からの遊びは，ほとんど伝承されていないといえるだろう．

(4) 遊びの中で学ぶことができない

子どもの遊びが変わったことそのものは，あまり問題ではないと考えられる．しかし，遊びの変遷が，子どもの将来において，そのこころや体にマイナスの影響をもたらしているとしたら，問題としなければならない．例えば，「虫や生き物を捕まえた」「友達と秘密の基地を作った」「自分で遊び道具を作った」「遊んでいて困ったことが起きたのでルールを変えた」「新しい遊びを考え出した」「遊んでいてハラハラ・ドキドキした」「友達とけんかや仲直りをした」「年齢の違う子どもたちと一緒に遊んだ」など，子どもの遊びの中には，遊びでしか経験できない，さまざまな要素が存在している．皆さんは，これらの要素を，遊びの中で十分に経験しながら成長されてきたのである．

しかし，遊ばなくなった現代の子どもは，このような遊びの中に含まれる遊びの要素を十分に経験せずに大人になっていくのである．遊びを通しての自然とのかかわり，遊びをおもしろくする創意と工夫，遊びの中で養われる感情表出や思いやりを経験することができないのである．遊びの衰退が子どもに与える影響として，こころの面での「ストレスの増加」「意欲の欠如」「判断力の低下」「工夫ができないこと」「情緒の欠如」「社会性の欠如」など，また体の面では「体力・運動能力の低下」「動作の未発達」「運動量の減少」「ケガの増加」「生活習慣病の増大」「アレルギーや体温異常の出現」などが，小児保健学，発達心理学，発育発達学などにおける研究で明らかになりつつある．子どもにとっての遊びは，生活の主体であるとともに，正に人間が生涯を通して獲得していく「体や運動の能力」「認知的能力」「情緒や社会性の能力」を学ぶ絶好の場であると考えられる．したがって，子どもの遊びの衰退は，子どもの成長にとって貴重な学習の機会を失っていることになり，結果として，こころや体が不健康な子どもを生み出してきたのである．

このような状況の中で，子どもの心豊かな健やかな成長のために，住民とプレーリーダーが一体となって，子どもの遊びを保証してきた地域がある．その象徴が，写真に示した世田谷区羽根木プレーパークである．私も十数年前からかかわりをもたせていただき，多くのことを学ばせていただいている．平日の放課後や土日に足を運ぶと，「子どもらしさ」をもった子どもたちがさまざまな遊びを展開している．たくましさと優しさをもった子どもたちであふれている．大人が，心の底から子どもの成長を考え，住民主体で築き挙げられた遊びの環境づくりは，大人も元気にしてくれる．

(5) 大人にも「3つの間」を

「子どもの学力が低下している」と叫ばれ，新聞や雑誌，テレビなどで，子育て・教育と学力の問題はとても深く結びつけられて論じられている．しかし私は，子どものこころや体のことが，もっともっとクローズアップされなければならないと，強く

世田谷の羽根木プレーパークでは，いまも子どもの歓声が聞こえている（著者撮影）

感じている．まずしっかりとしたこころと体の育ちの基礎・基本があってこそ，学ぶ力も身についていくのではないだろうか．

子どもは機械ではない．よって「子育てマニュアル」というようなものは存在しない．私たち大人が，子どもを知り，考え，工夫し，かかわるなかで「よりよい子育て」を追求していくことが大切である．そのなかで，子どもの発育発達に見合ったかかわり方を模索し，子どもの感じ方・考え方を尊重していくことが必要である．子どもたちは「自立した一人前の大人」に向かって育っていく．そんな子どもたちと一緒に，私たち大人自身も，生活の中に豊かな「3つの間」（時間・空間・仲間）を確保することが大切である．

5. 子どものスポーツの落とし穴

乳幼児期から少年期にかけて，人間は生涯のうちで，もっとも著しい発達を遂げる．昔から「這えば立て，立てば歩めの親心」といわれるように，親はわが子の成長に常に関心を抱き一喜一憂しながら，その発達を援助していく．子どもの発達を阻害したり，停滞させたりすることを望む親はどこにもいない．しかし，大人が子どもの成長に対する想いを一歩取り違え，早く発達させることのみに価値観を抱いたり，子どものもっている可能性を限定してしまったりすることによって，結果的に子どもの発達を阻害したり，停滞させてしまうことがある．

今日，子どものスポーツにかかわるさまざまな問題が挙げられている．幼少年期から単一のスポーツのみを実施した結果として，スポーツ障害や心理的な損傷を生み出してしまうこともある．ここでは，今日の日本における子どものスポーツの問題について考えていきたいと思う．

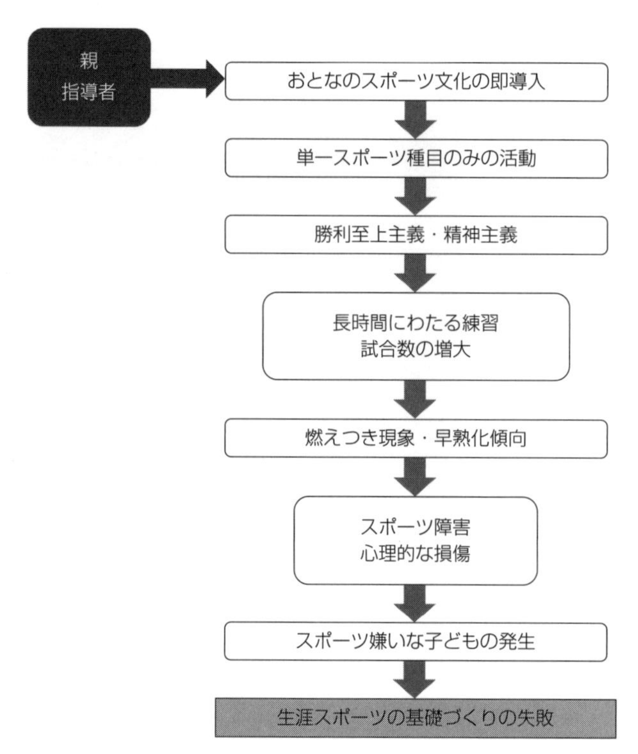

図8-15　幼少年期のスポーツにおける諸問題の構造モデル

(1) 子どものスポーツとは

本来，子どもの健全な育ちを願っていた親や指導者が，その考え方を一歩間違うと子どもの心や体にさまざまな問題が起きてしまう．図8-15は，幼少年期のスポーツの諸問題をモデル化したものである．親や指導者がもっとも陥りやすい過ちとは，大人のスポーツ文化をそのまま子どものスポーツに導入してしまうことである．「野球」「サッカー」「バレーボール」といった現在子どもたちが実施しているスポーツは，本来大人のためにつくられたものである．Sports（スポーツ）の語源をたどっていくと，「気晴らしをする」「遊ぶ」という意味を含むdeportare（デポルターレ）というラテン語にたどり着く．大人の気晴らし，大人の遊びであったスポーツが競技的な色彩を強めてきたのは19世紀，まだ百数十年しかたっていない．いま日本の子どものスポーツ活動のなかに，遊び的要素がどのくらい含まれているだろうか．競技化された大人のスポーツをそのまま導入し，そのルールさえ限定しているというのが現状ではないだろうか．昔の子どものスポーツのルール，例えば前節「4. 消えた子どもの遊び」(p.102)で紹介した「三角ベース」や「透明ランナー」は，どこにいってしまったのだろうか．

さらに今日の子どもは，限定された1種目のスポーツのみを実施し，複数のスポーツ活動を展開することが少ない状況にある．幼少年期は，子どもにあったさまざまな遊びの延長線上で，複数のスポーツを実施していくことが必要なはずである．しかし現在の子どものスポーツのなかには，子どもの発達特性を無視して，試合に勝つことや記録を伸ばすことに固執した勝利至上主義的な考えや，科学的な理論を抜きにした

普段着でサッカー遊びにのめり込む子どもたち（萩野矢，1994）

非合理的な精神主義的な考えが，浸透していると考えられる．

勝利至上主義や精神主義の定着は，当然長時間にわたる練習や試合数の増大をもたらす．またさまざまな競技会･大会が存在する現在，年間に消費する試合数は増大し，必然的に練習時間が増え，子どもの自由な時間を奪ってしまうという状況にもある．発達途上にある子どもたちにとって，長時間にわたる練習や試合数の増大は，「燃えつき現象」や「早熟化傾向」といった体力的なギャップを生じさせる原因ともなっている．結果として長期にわたって一定の部位に過度の刺激が加わった（使いすぎた）ために起こる野球肘や疲労骨折，腰痛などのスポーツ障害が発症することになる．また，指導者のサインプレーによるストレスや，レギュラーと非レギュラーの区別によって，さまざまな心理的な損傷が生じ，発達を阻害するような状況も見られる．心理的な側面の発達が促進されるには，スポーツの場で，子どもどうしが互いにかかわり合い，学び合えるような環境づくりが大切である．

このようなスポーツ障害や心理的な損傷をもったために，結果として青年期，成人期においてスポーツ活動を実施することが困難な状況に陥る例も少なくない．皮肉にも，子ども時代のスポーツが，「スポーツきらい」を発生させ，運動やスポーツを志向しない人間を生み出している可能性もある．生涯スポーツの基礎づくりに失敗してしまうのである．われわれ大人は，人間の一生という長いレンジの中で，乳幼児期に習得しなければならない運動発達とは何か，少年期に獲得しなければならない運動発達とは何か，ということを真剣にとらえていくことが重要なのである．

(2) スポーツ・トランスファーとスポーツ・ドロップアウト

わが国の子どものスポーツにかかわる問題として，「スポーツ・トランスファー」

と「スポーツ・ドロップアウト」について考えていく必要がある．スポーツ・トランスファーとは，あるスポーツを実施していた子どもが，別のスポーツに移行していくことである．小学校5年生のＡ君は，3年生からずっと野球クラブに所属していた．5年生になった4月にクラス替えがあり，サッカーをやっているＢ君と友達になった．Ｂ君の影響を受けて，もともと興味のあったサッカーを始めたいと思い，サッカークラブに入りたいといい出した．さて，あなたがＡ君の親・指導者であったら，どのような対応をするだろうか．

諸外国では現在，幼少年期に多くのスポーツを遊びとして経験することを奨励している．たくさんのスポーツをおもしろく経験することにより，スポーツの特性を理解し，いろいろな動きを習得することは，青年期，成人期に身体活動を持ち越すことにとって非常に有効である．さらに，実施していたスポーツをやめていくことをスポーツ・ドロップアウトという．スポーツをやめてしまうことには問題があるように思えるが，この場合，芸術や音楽などの他の文化に移行する例も少なくない．なぜスポーツをやめたいと思うのか，その子どもの気持ちを理解していくことが大切である．

スポーツ・トランスファーもスポーツ・ドロップアウトも，そのスポーツを嫌いになって移行していくことは少なく，そのときの親や指導者といった大人の対応の仕方しだいで，その後の生涯において，スポーツに対しての考え方や実施状況が左右されると考えられる．子どもとスポーツの関係を長い目で見ていくことが大切である．

(3) 子どもの発育発達段階に応じた運動・スポーツのあり方

図8-16は，子どもの発育発達段階に応じた運動・スポーツのあり方を示したものである[18]．子どもの体の成長，体力・運動能力の発達に見合った運動・スポーツを実施するように心がけていくことが重要である．ここでは，発育発達段階別に，それぞれの段階での運動・スポーツのあり方を説明していく．

1) 乳幼児期（0～2歳ごろ）

生まれてから2歳くらいまでの乳幼児期は，もともと人間の体に備わっていた働きや動きが現れてくる．この時期には「寝返りをうつ」「お座りをする」「独り立ちをする」「歩き出す」というように，初歩的な運動ができるようになる段階である．また立位姿勢がとれ2足歩行ができるようになるなかで，物をつかんだり，ほうったり，投げたりという手での操作も上手になっていく．

2) 幼児期（3～5歳ごろ）

「走る」「跳ぶ」「投げる」といった基本的な運動ができるようになっていく時期である．またバランス感覚も良くなっていく時期である．遊びのなかにいろいろな動きの要素を取り入れることで，動きの多様化や洗練化が図られていく．徐々に自分の体をうまくコントロールできるようになり，動きのレパートリーやバリエーションを増やしていくことに適した段階である．

3) 小学校低・中学年（6～10歳ごろ）

この時期は，心の成長を基にして，自分の意志をもって運動ができるようになっていく．幼児期までにできるようになった動きがだんだんうまくなっていく．すなわち動きの洗練化がいっそう進む段階である．体をコントロールする力がいっそう高まる

図8-16　子どもの発育発達段階に応じた運動・スポーツのあり方
(日本レクリエーション協会：おやこでタッチ！（文部科学省委託「おやこ元気アップ！事業」ブック）．2009)

段階でもある．またこの時期には，ひとつの動きだけではなく動きを組み合わせて複雑な動きに挑戦したり，音楽やリズムに合わせて体を動かすことなど，子どもがおもしろくのめり込む要素を盛り込んだ運動をベースに運動の日常化・生活化を図ることが望ましいといえる．さらに，スポーツとの出会いの時期でもある．

4）小学校高学年（11歳～）

体型も大きくなるとともに，筋力や持久力も徐々に発達していく．スポーツなどの複雑な動きや力強い動きもだんだんとできるようになっていく．知的な発達も加わり，さまざまなことを理解し，運動にも応用できるようになっていく．スポーツを実施していく基盤ができていく段階ととらえることができる．単一のスポーツ種目にこだわるのではなく，いろいろなスポーツ種目を経験することによって，しだいに自分の専門スポーツ種目を見つけ，スポーツに傾斜していくことが大切である．

(4) ライフスタイルに見合ったスポーツの展開を

子どもたちのなかには，将来において競技スポーツを志向する子どもが存在する一方，楽しいスポーツを望む子どもも存在する．よって，子ども一人ひとりの志向を大切にし，長期的な展望の上に立ったスポーツの実施をしていかなければ，よりよいスポーツ経験を子どもたちに与えたことにはならないだろう．子どもの健やかな発育発達を基に，スポーツ好きな子どもが増えていくことが，結果として大人になったときにスポーツの愛好者となりうることを忘れてはいけない．また，子どもは，学校と家庭と地域という3つの居場所を土台として成長していく．子どもが豊かな心と健やかな体をはぐくむためには，どれも欠くことのできない大切な育ちの場といえる．スポー

路地裏でのボウリング遊び．さまざまなスポーツを遊びとして楽しんでいた（萩野矢，1994）

ツをしている子どもが，学校で学んでいる子ども，家で家族とかかわっている子ども，塾や習い事に通っている子どもでもあることを念頭に置いて，かかわっていくことが重要であると思う．子どものスポーツは，あくまでも一人ひとりの子どもの生活と密接に結びついたものでなければならない．毎日の生活の中に，スポーツがうまく溶け込んでいることが大切である．子どもにとってスポーツは特別なもの，絶対的なものではない．スポーツをすることが，自然で居心地のよいものであることが大切なのである．

子どもたちが「子どもらしさ」を取り戻し，心も体も元気に育っていくためには，第一に，子どもの育ちや生活の問題点を関連づけて，生活全体をトータルにとらえていくことが必要である．幼少年期に展開される子どもの運動・スポーツが，消失した子どもの遊びを代償していけるのかを，問われているのではないだろうか．

6．子どもの育ちを保障する運動・スポーツとは

子どもの育ちを保障する，望ましい運動・スポーツを展開していくためには，子どもの発達や運動についての知識を深め，リテラシーを高めていくことが重要である．最近，とくに幼少年期の子どもの運動・スポーツのあり方について，さまざまな研究成果が明らかになっている．ここでは，明らかになった新たな知見を基に，子どもの発達段階に見合った運動・スポーツのあり方をとらえてみようと思う．

(1) 専門的な指導は，幼児の運動能力を伸ばさない

初めに，幼児期の運動・スポーツのあり方についての知見を紹介する．みなさんは，幼稚園には文部科学省「幼稚園教育要領」が，また保育園には厚生労働省「保育指針」があることをご存じだろうか．この「幼稚園教育要領」と「保育指針」には，幼児期

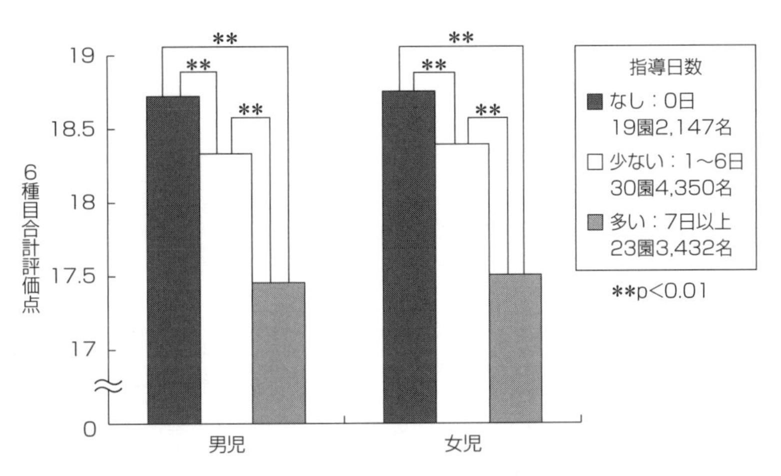

図8-17　幼児の運動能力と保育内の運動指導日数との関係

（杉原　隆，森　司朗，吉田伊津美：幼児の運動能力発達の年次推移と運動能力発達に関与する環境要因の構造的分析．平成14～平成15年度文部科学省科学研究費補助金（基盤研究B）研究成果報告書，2004）

の発達特性から，幼児教育・保育は，「遊び」を活動の中心として，健康，人間関係，環境，言葉，表現の5つの領域の能力を，相互に関連させながら達成していくことが望ましいと明記されている．運動発達は，5領域の中の「健康」領域に入っている．しかし，いま多くの幼稚園・保育園では，保育のなかにスポーツや体育といった特別の時間を設定し，スイミングスクールで泳法を習得させたり，体操やサッカーなどのスポーツ指導者が外部指導者として介入している園が少なくない．そのために，遊びを中心にした自由保育が展開してしない状況も多く見られている．

十文字学園女子大学の杉原隆特任教授と東京学芸大学の吉田伊津美准教授らのグループは，保育内で幼児に専門的な運動指導をすることが，幼児の運動能力を伸ばすわけではないことを明らかにしている[5]．図8-17は，幼児の運動能力と保育内の運動指導日数との関係を示したものである．運動能力測定6種目の評定結果を合計点としている．このグラフから，保育において特別な運動指導をまったくしていない園の子どもがもっとも運動能力が高いことがわかる．さらに運動指導の頻度が月に1～6回（週1回ほど）指導されている園と，スイミングと体操教室を両方行っているような月に7回以上（週2回ほど）指導されている園を比較すると，指導頻度の多い園ほど，運動能力が低くなっていることが明らかである．このデータに驚いた方が多いと思うが，これこそ子どもの発達特性なのである．指導によって，特定のスポーツ技能や運動能力を伸ばそうとすることは，幼少年期の子どもには適応しないということがこの結果からわかる．「幼稚園教育要領」や「保育指針」に提示されている，遊びを中心とした活動によって子どもの全面発達がなされることこそ重要であり，スポーツ・運動指導がこのころの子どもたちに見合っていないことを，理解していただきたいと思う．さらに幼稚園，保育園の降園後にも，スポーツクラブ・スポーツ教室において，単一スポーツのみを実施し，遊びの消失してしまう結果として，「運動量の不足」「動作習得の機会の消失」をきたしていることは，前述したとおりである．

子どもはちょっと危険な遊びが大好き．運動能力も向上していく
（萩野矢，1994）

(2) トップアスリートは，遊び込んで，さまざまなスポーツを経験

いま，陸上競技短距離走の元日本代表で，北京オリンピック4×100mリレーの銅メダリストである朝原宣治さんと一緒に，子どもの運動・スポーツに関する仕事をしている．朝原さんをはじめ，これまでに一緒に仕事をさせていただいた水泳の鈴木大地さん，テニスの杉山愛さん，ハンドボールの中川善雄さん，バスケットボールの岩屋（旧姓・村上）睦子さんといった日本を代表するトップ選手の方々に，それぞれの生育歴，運動・スポーツ歴をたずねると，そこには共通したものが存在することに気づかされた．一般にトップスポーツ選手は，早くから専門のスポーツを始め，そのスポーツのみの練習やトレーニングをし続けていると考えられている．しかし，その実態はまったく違っていた．

朝原さんは，放課後や土・日曜日に，三角ベースや透明ランナーといったルールでの野球遊び，キックベース，ドロケイ，缶蹴りなどで1日3時間以上遊んでいたそうだ．こうした遊びを，公園や広場や，河原などさまざまな自然的な場所で，同年齢だけでなく，異年齢の子どもとも一緒に行っていたということである．また子どものころ好きだったスポーツは，サッカーや野球などであったが，スポーツ少年団やスポーツクラブには加入せず，遊びとしてやっていたそうだ．本格的なスポーツを始めたのは，中学校の時のハンドボール部で，陸上競技は高等学校に入ってから始めたが，最初は走り幅跳びを専門としていたということである．

図8-18に，先に挙げた方々を含め，日本を代表するトップアスリート32名の幼少年期の平日の平均的な遊び時間を調査した結果を示した[19]．「ほとんど遊ばない」「30分くらい」と回答した方は1名ずつのみであった．一方で，毎日「1時間くらい」が37.6%，「2時間くらい」「3時間くらい」遊んでいたと回答した方が，それぞれ28.1%で，全体の半分以上を占めていた．さらに全体の31.2%のトップアスリートが，専門とする種目を決定する前，または専門とする種目と並行して別のスポーツを実施していた

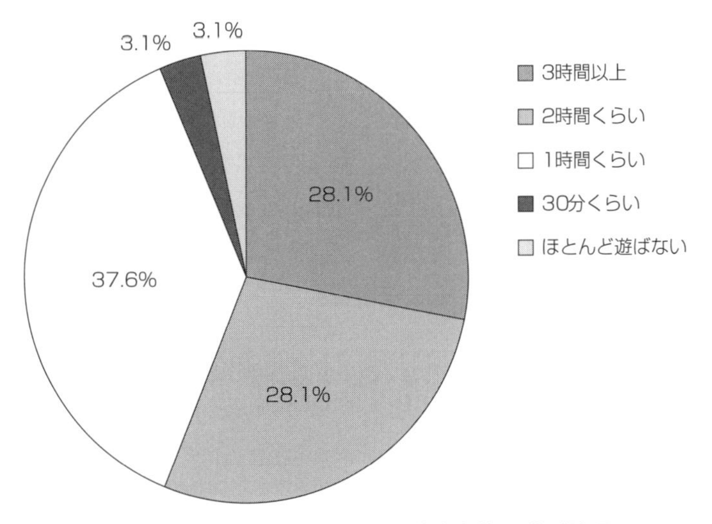

図8-18　トップアスリートの幼少年期の遊び時間
（中村和彦：トップアスリートの幼少年期における運動・スポーツ経験に関する調査研究．2011）

こともわかった．すなわち，幼少年期からひとつのスポーツのみの練習や，トレーニングだけをすることは，競技スポーツとして優秀な成績を生み出すことに結びついていないということである．

(3) 身体活動の「持ち越し」には幼少年期の遊びが大切

幼少年期の遊び経験が，その後の運動･スポーツ経験に結びついていくことは，トップアスリートに限られたことではない．いま日本では20代の運動実施率が低迷している．では運動している若者と運動していない若者とでは，その生育歴にどのような違いが見られるのだろうか．

図8-19は，幼少年期の遊び経験と大学生の運動実施状況との関係を示したものである[20]．「遊び群」とは，幼少年期に1日の遊び時間が3時間以上で，よくしていた遊びの3種目すべてが戸外の遊びであった大学生である．一方，「非遊び群」とは，1日の遊び時間が室内での遊びも含め30分以下であったと回答した大学生である．調査結果からは，現在なんらかの運動・スポーツを実施している大学生の86.7%が「遊び群」に属しており，一方，運動・スポーツを実施していない大学生の62.5%が「非遊び群」であったことがわかる．つまり，20歳代の身体活動状況のなかで，子どものころの身体を使った遊びの経験が，運動・スポーツ実施の持ち越しにつながっていることがわかる．子どもの運動・スポーツの実施においては，幼少年期の実施が，その後の継続につながっていくことが重要である．このような観点を“持ち越し効果”という．

早期から専門的な練習やトレーニングをすることは，身体や運動能力の偏った発達を生むことになる．そのことによって結果的に，記録や競技能力も思うほどには向上せず，かえって，心理的な損傷やスポーツ障害などの危険を招くおそれがある．身体

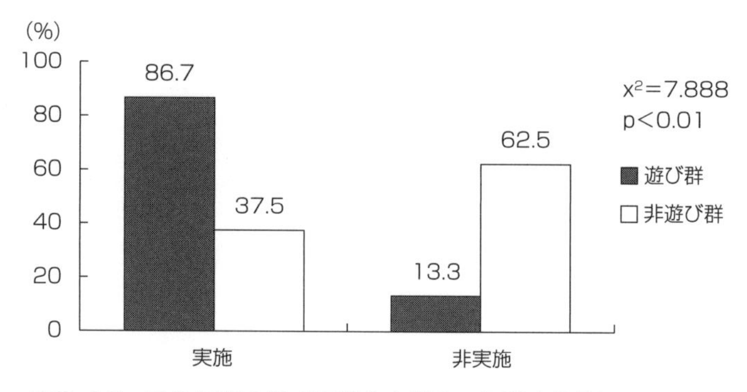

図8-19　幼少年期の遊び経験と大学生の運動実施状況との関係

遊び群：1日の遊び時間が3時間以上でよくしていた遊び3種目すべてが戸外の遊び

非遊び群：1日の遊び時間が30分以下

（中村和彦ほか：幼少年期の遊び・運動経験が大学生の運動実施状況に及ぼす影響．山梨大学教育人間科学部紀要，2011）

能力を伸ばす基本的な考え方は，遊びを通してのオールラウンドな体づくり，体力・運動能力の向上をベースとして，少年期後期から青年期に専門的なスポーツに徐々に移行させていくことが大切なのである．子どものころの運動・スポーツが，その後の身体活動に持ち越されていくことが大切である．

(4)「プレー・リーダー」と「プレー・デリバラー」の重要性

ここでは，発達段階に見合った子どもの運動・スポーツを保障するための諸外国の状況について述べる．ドイツの子どもスポーツは，日本スポーツ少年団のお手本にもなっている，ドイツ・スポーツ・ユーゲントを中心として実施されている．スポーツ・ユーゲントは，地域でのスポーツをもとに青少年の健全な育成をねらいとしており，そこではスポーツの技能や体力・運動能力の向上のみならず，心と体の全面的な発達を保障しようとする取り組みがなされている．そのために，スポーツの技能を教える指導者ではなく，「プレー・リーダー」（遊びの先導者，ガキ大将）による実践が行われている．そのなかで，20年・30年前の日本の子どもたちのように，プレー・リーダーが先導するさまざまな運動遊びの中で，いろいろな身体の使い方や運動の技を身につけていく．さらに，小学校・中学校以上の子どもたちは，毎日，異なったスポーツを自由に選択でき，さまざまなスポーツを経験できるしくみがつくられている．

一方，オーストラリアでは，現在，「AASC」（オーストラリア・アクティブ・アフタースクール・コミュニケイティブ）プログラムが，全国的に進められている．このプログラムでは，運動能力が高く，運動好きな子どもだけではなく，低体力・低運動能力の子どもや，運動ぎらいな子どもへの取り組みとして，幼稚園の降園後や，小学校の放課後に，さまざまな伝承遊びやスポーツ遊びを伝えている．その中心には，「プレー・デリバラー」（遊びの伝達者，遊び仕掛け人）という大人が存在し，子どもがおもしろく，のめり込む遊びを紹介している．

ドイツやオーストラリアでは，このような「プレー・リーダー」「プレー・デリバラー」

の養成がなされており，そこでは，子どもの豊かな心と健やかな体を育むために，子どもが子ども自身で，できれば子どものみで，運動やスポーツを実践できる力をつけることを重要視している．

(5) 求められる子どもの運動・スポーツのあり方

①幼少年期の運動指導が運動能力の発達にマイナスの影響を及ぼしてしまうこと，②トップアスリートが幼少年期に遊び込み，複数のスポーツを経験してきていること，③成人期以降の身体活動の持ち越しには，幼少年期の遊び経験が重要であること，さらには，④諸外国ではスポーツ指導ではなく遊びの紹介や先導に力を入れていること，の4点を基にしながら，これから求められるわが国の子どもの運動・スポーツのあり方を考えてみる．子どもの発育発達を見越し，子どもの育ちを保障する運動・スポーツの取り組みの3つのポイントを挙げてみたい．

ポイント1：子どものスポーツにおける競技志向を軽減する

今日のわが国の子どものスポーツは，「勝つこと」「記録を出すこと」が重視され，結果として子どもの体や心にスポーツ障害や心理的損傷といったさまざまな弊害をもたらしている．子どもたちが，体力や運動能力を高め，将来において運動の日常化を持ち越すためには，競技志向を軽減し，本来の子どものスポーツを復活することが必要である．

ポイント2：複数の運動遊び，スポーツが体験できるしくみをつくる

子どもたちは，無限の可能性をもっている．幼少年期から，専門的な単一のスポーツのみを実施するのではなく，複数の運動遊びやスポーツを体験し，みずからの意志で専門とするスポーツを選択していくことが大切である．発育発達の観点から見て，中学生以降に専門スポーツを決めていくことが望ましいと考えられる．

ポイント3：低体力・低運動能力の子ども，運動ぎらいな子どもが，遊びやスポーツにのめり込む取り組みを推進する

現在，わが国で運動・スポーツ活動を実施している子どもの多くは，体力・運動能力が高く，運動をすることが好きな子どもがほとんどである．今後は，低体力・低運動能力や運動ぎらいな子どもこそ，心地よくおもしろく運動・スポーツができるしくみをつくっていくことが重要である．このような取り組みが，子どもの体力を向上させ，運動実施率を高め，ひいてはわが国のスポーツの活性化につながることを確信している．

7. 子どもの「食」と「睡眠」を考える

「体を動かすこと」ばかりでなく，「食べること」「寝ること」においても，私たちが子どものころといまとでは，大きな違いがある．「運動」「食」「睡眠」は，健康な生活を送るための重要な生活習慣である．しかし，「運動」と同様に，今日の子どもたちの「食」と「睡眠」も乱れている．

元気な子どもの背景には，おいしく食べ，ぐっすり眠る生活が存在する（萩野矢，1994）

(1) ファストフード・ファミリーレストランが日本の食生活を変えた

食生活・食習慣の変化は，子どもの体の問題に大きな影響を及ぼしている．いまから30～40年前までは,「食事は家で作って家族と一緒に家で食べるもの」というイメージが強かったと思う．いまはどうであろうか．ハンバーガー，フライドチキンなどのファストフードが日本に上陸したのは,1970年代初頭である.このころからファミリーレストランも開店し始めている．1980年代に入ると，このような外食店が全国レベルで普及してきた．この「外食化」の広まりとともに，日本人の食習慣は，加速度的に変わってきた．ごはんに魚類や肉類，海草類や豆類，野菜といった栄養バランスのとれていた「日本型食生活」から，肉類，乳製品，油類を多く取り入れた献立が増え，高カロリー・高たんぱく質・高脂肪の「欧米型食生活」といわれるものになってきたのである．

(2) いま家庭の食卓に並ぶもの

家庭での食生活も大きく変わってきた．昨日の夕食はどんなメニューだったか．その中に，インスタント食品，冷凍食品，レトルト食品は，何種類入っていたか．いまでは食品の加工技術が進み，便利な食材・食品が次々と生み出されている．さらに私たちの周りは，デパ地下やスーパーマーケット，お弁当屋，お惣菜店まで，テイクアウトできる調理済みの食べ物であふれている．また最近では，インターネットや電話一本で，どんな食べ物でも届けてもらうことが可能になった．調理に手間や時間をかけなくても，なんでもすぐに食べることのできる便利な時代になっている．このようなインスタント類の食品やテイクアウトなどの食べ物は，確かに忙しい生活の中で家事にかかわる負担を軽減させているが，まったく問題がないわけではない．自分で調理するわけではないので材料も選べず，加工・調理されたときにさまざまな添加物が使われていることもあり，それらの体への影響が懸念される．また，ついつい自分や

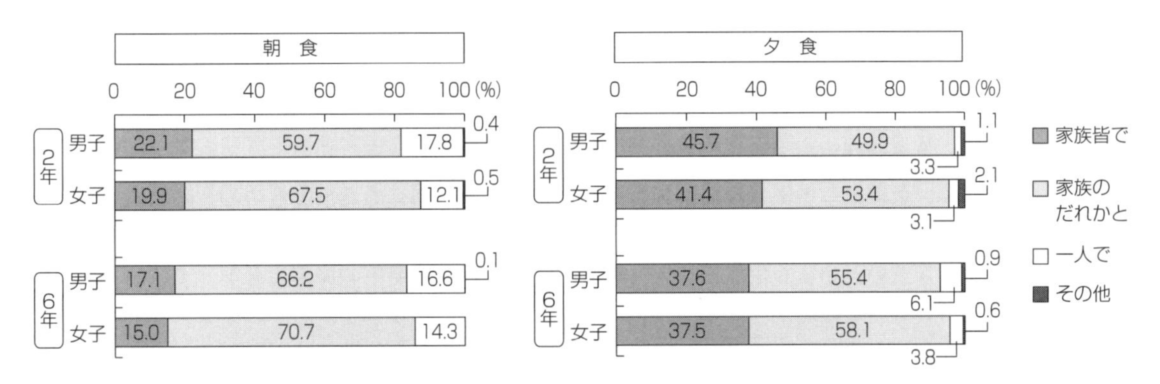

図8-20　食事を誰と一緒に食べたか（小学校2・6年生）
（文部科学省：児童生徒の心の健康と生活習慣に関する調査：報告書．2002）

家族の食べたい物や好きな物を買ってしまうことになりがちである．結果として，いつも同じ物を食べて栄養のバランスを崩したり，家族がそれぞれ違うものを食べたりすることにもなってしまう．

そのほか，間食にスナック菓子をつまみ，水やお茶の代わりに，清涼飲料水や乳酸飲料水等を飲むということも，私たちの毎日の生活の中にすっかり定着している．そして，このような食生活の変化が，子どもの肥満や生活習慣病の原因のひとつになっているのである．

(3) 食事の時間が合わない

図8-20は，小学生に「朝食・夕食をだれと一緒に食べたのか」を聞き，その実態を調べたものである[21]．これが現代の食事の状況なのである．家族それぞれが多様で多忙な生活を送っているため，食事時間や食事のとり方が一人ひとり異なっているのである．朝は家を出る時刻によって個々に朝食を食べるか朝食を抜き，夜はお父さんは残業で帰宅が遅くなり，子どもは塾や習いごとに行く前にスナック菓子やハンバーガーをほおばり，夕食は帰ってきてからという家庭も多いだろう．また夜型の生活では，夜食まで食べてしまうと，1日4食，5食となってしまうこともある．

家庭で調理した食事を，家族で食卓を囲みながら今日の予定を話し合う朝食，1日にあったことを語り合う夕食，楽しいひとときである．しかし，不規則でバラバラな食事は，体の問題だけではなく，家族の対話やつながりをも失わせてしまった．食卓を囲っての家族の団らんがなくなってしまったことは，子どもの心の成長にも大きな影響を与えている．

(4) 子どもの食問題「ニワトリ症候群」

これまで見てきたような，いまの子どもの食の問題を「ニワトリ症候群」と名づけた小児科医がいる．現代の子どもの食事の特徴を，

「孤食」（コ食）：1人で食べる

「欠食」（ケッ食）：食事をしない

「個食」(コ食)：家族が別々にそれぞれ好きなものを食べる
「固食」(コ食)：いつも同じものばかりを食べる
として，上の漢字の「孤・欠・個・固」の「コケッココ」から，「ニワトリ症候群」と名づけたのである.

最近，このようなわが国の食の問題が，成長期にある子どもの心と体にさまざまな影響を与えていることが明らかになってきている．疲れやすい，動きたくない，体温が低いといった症状に加え，肥満や生活習慣病の発生の原因にもなっている．また脳に必要な栄養が届かず，学習の効率が落ちる，イライラする，ストレスに弱くなる傾向があることも挙げられている．子どものころの食習慣や味覚は，その後の食生活に大きな影響を与える.「何を・いつ・どこで・どうやって・だれと食べるか」は，子どもの心と体の育ちにとって非常に大切である．また生きていく上での基本ともいえる．豊かで便利になったために見過ごされてしまっている「食べる」ことの意味や重要性に，ぜひ目を向けて欲しいと思う.

(5) おろそかにされている睡眠

もうひとつ忘れてはならない生活習慣がある.「寝ること」である．日本の睡眠研究の第一人者で，東京ベイ浦安市川医療センターの神山潤センター長は，今日の子どもの睡眠についての問題に取り組んでいる[22]．神山さんのところにはよく「眠くならないようにするにはどうしたらいいのですか」「眠くなったとき，眠気を覚ますにはどうしたらいいのですか」といった質問がくるそうである．そんなとき神山さんは「眠くなることはまったく正常です」「眠くなったら寝ましょう」と答えるそうである．眠くならないのは異常で，眠くなったときに眠らないのは不自然なのである．けれども「いつ眠くなって，寝る」のかは重要である．授業中や仕事時間，車の運転中などに，眠くなったからといって寝てしまっては困る．この「いつ」ということが問題になるくらい「眠る」ということに関する考えや習慣が変わってしまっているのが現代社会である．また「どのくらい眠る」のかということもおろそかにはできないことであるが，現実にはどうであろうか.

(6) 子どもたちも夜型で睡眠不足に

大人の睡眠時間はこの30年間で30分近く短くなっている．これは寝る時間が30分近く遅くなった分が，ほぼそのまま睡眠時間の短縮となっているのである．では子どもたちの睡眠は，どうなっているのであろう．子どもの場合は，大人ほどには睡眠時間も寝る時間もこの20年間変わってはいないようにも見えるが，小学校5・6年生で睡眠時間が9時間を切り，寝るのが夜10時過ぎというのは，大丈夫なのであろうか（図8-21）[23].

案の定，日本学校保健会の2000年度の調査結果では[14]，小学校5・6年生の約40%が睡眠不足と感じ，朝すっきりと目がさめる子は，男子で約3人に1人，女子では5人に1人なのである．では，なぜ早く寝ないのかと，その理由を見ると，「なんとなく」「家族みんなの寝る時間が遅い」ためであり，「テレビ・ビデオをみている・ゲームをやっている」ためなのである．さらに「勉強で遅くなる」「なかなか眠れない」ため

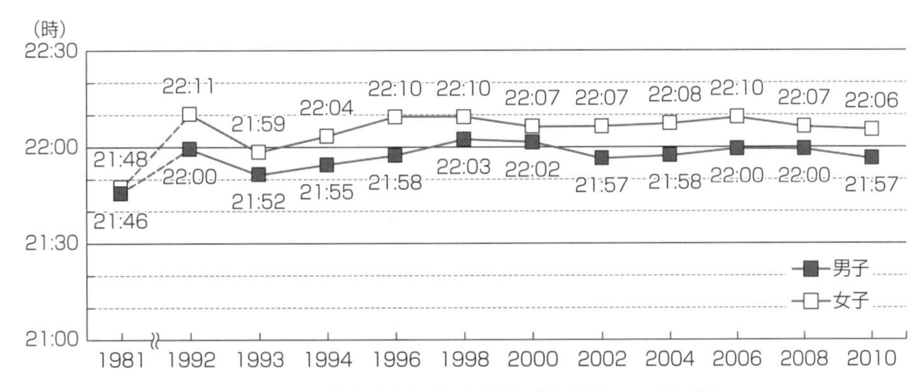

図8-21　就寝時刻の年次変化（小学校5・6年生）

（日本学校保健会：平成22年度児童生徒の健康状態サーベイランス事業報告書）

なのである.

子どもは夜になると眠くなる，布団に入ればコトンと寝てしまうというイメージは，もはや思い出の中にしか存在しない世の中になってしまっているようである.

(7) 子どもにとっての睡眠の大切さ

昔から「寝る子は育つ」という言葉もあるように，成長ホルモンは眠っている間に多く分泌されるので，体も脳も休むことで，活性化し発達していくのである．さらに，がん予防や老化防止など，体の免疫機能も夜のほうがよく働くといわれている．つまり人間は，睡眠をとることで，体を休め，体調を整え，さまざまな機能をレベルアップしていっているのである.

ここで忘れてならないのは，寝ることと起きることはセットだということである．夜，暗くなったら十分に寝て，朝，太陽の光を浴びて起きる．そうすることで私たちは，体に生体リズムをつくりだし，体調を整えているのである．しかし，寝不足や夜型の生活などで，この生体リズムがずれたり崩れたりすることは，慢性的な疲労感や倦怠感，低体温，生活習慣病やアトピーの増加などにも影響しているのである．そういう点で，いまの子どもの睡眠の問題は，体の危機を招いているひとつの大きな要因だといえる.

(8) 驚くべき「メディア漬け」の実態

これまで，子どもたちの睡眠における問題点を見てきたが，もうひとつ大きな問題がある．それは，今日のテレビ・ビデオ・テレビゲーム・パソコンといった各種メディアが，睡眠を妨げることに拍車をかけていることである.

図8-22は，小学校5・6年生のメディア接触時間を示したものである．ゲーム・インターネット・メール・テレビ・ビデオ（DVD）すべてを合わせて，小学校5・6年生の男子は3時間50分，女子は3時間31分となっている．この図の基となった資料は「学校から帰宅後，室内で過ごした各時間の平均値」というものである．その総時間は，男子で4時間24分，女子で4時間13分である．つまり男女とも，室内で過ごした時間

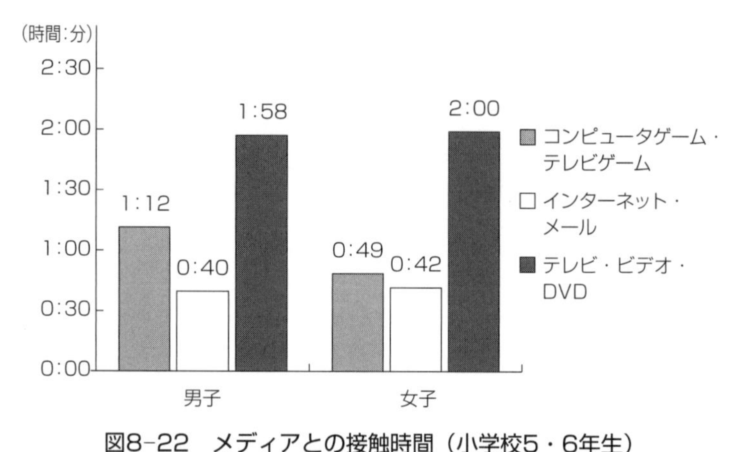

図8-22　メディアとの接触時間（小学校5・6年生）
（日本学校保健会：平成22年度児童生徒の健康状態サーベイランス事業報告書）

（室内遊びの時間）の80%以上をメディアと接触しているということである．まさしく「メディア漬け」といってもいい状況であると思う．

わたしは一概にテレビやゲームがいけないとは思っていない．しかし，体が育ち，さまざまな能力が発達していく大切な時期に，メディア漬けになっていることに危険性を感じている．メディア漬けの怖さは，体の問題とともに，知能やコミュニケーション能力などの発達にもかかわってくる大きな問題をはらんでいる．

(9) 人と直接かかわれない子どもの出現

人と人とがコミュニケーションを図るということは，かかわりの中で，お互いの気持ちを大切にし，共通項を見つけていくことにある．そのプロセスは非常に人間的なものである．よって，途中でうまくかかわれなくなったり，相手の気持ちを見失ってしまったり，考えが合わないこともある．でもその中で，人とかかわることのすばらしさ，相手の気持ちを思い，自分の気持ちを察してもらうことのうれしさ・喜び，自分と違う立場の考えを理解することの大切さなどを学んでいくのである．このことは直接的な人と人とのかかわりがあってこそ可能になるものであると思う．

いま親子や友達とのコミュニケーションをお互いの目と目を合わせて接することが少なくなり，ビデオやテレビゲーム，さらに携帯電話を通してしか図ることができない子どもが存在してきている．家の中でメールのやりとりをしている親子もいるようである．これでは本物の人間的なコミュニケーションをとることができない．このような子どもの「食」と「睡眠」の問題の根底には，いまの日本のコミュニケーション，つまりかかわりの希薄さが存在していると考えている．私たち大人が，心の豊かさを子どもたちに伝えていくことこそ，重要な課題であると思う．

8. これからの学校体育のあり方

(1) 新しい学習指導要領とは

学習指導要領とは，おおむね10年に一度改訂され，学校教育において，すべての子どもに身につけさせたい内容を具現化したものである．すなわち教師が指導すべき基準を示したものともいえる．学習指導要領は，校種別に定められており，2008年3月に，新しい幼稚園教育要領，保育指針，小学校および中学校の学習指導要領が公示されている．公示された小学校および中学校の新学習指導要領「総則」第1教育課程編成の一般的方針には，「学校における体育・健康に関する指導は，児童生徒の発達の段階を考慮して，学校の教育活動全体を通じて適切に行うものとする」と記されている．

とくに，体力の向上に関する指導は，小学校での体育科・中学校および高等学校での保健体育科の時間にとどまらず適切に行うこと，また家庭や地域社会との連携を図りながら，日常生活における実践を促すことが述べられている（図8-23）[24]．

(2) 学習指導要領における体力・運動能力つくり

今回の学習指導要領の改善において，「体力・運動能力つくり」に関する内容は大きな改善が見られている．小学校においては，「体つくり運動」を重視するために低学年から実施することになり，6学年すべての学年で指導することになっている．このうち低学年の「体つくり運動」の内容は「体ほぐしの運動」および「多様な動きをつくる運動遊び」で，また中学年では「体ほぐしの運動」および「多様な動きをつくる運動」で構成されている．この「多様な動きをつくる運動遊び・運動」とは，将来の体力向上につなげていくために，この時期にさまざまな基本的な動作を獲得していくことをめざしたものである．

前述したように，文部科学省「体力・運動能力調査」によると，いまの子どもたちの体力や運動能力は，1985年前後をピークに著しく低下の傾向にあり，平衡性，柔軟性，敏捷性などの体をコントロールする能力も低下してきていると報告されている．そのため，転んで手をつくことができなかったり，上手に跳び降りることができずに，顔面や手首にケガをしてしまったり，足首をねんざしてしまったりする子どもも増えている．さらに，よく運動する活発な子どもと，運動することを好まない不活発な子どもとが存在し，運動実施状況における二極化の傾向もうかがうことができる．学校体育は，すべての子どもが経験する教育の機会であるから，このような問題を解決するために，新しい内容が設定された．

(3) 基本的な動きを身につける最適期

このような学習指導要領の改善は，科学的なエビデンスにものっとっている．幼児期から小学校の低学年・中学年にかけては，神経系の発達を基盤とした運動協応能の発達がもっとも著しい時期といえる．したがって，視覚や触覚などのさまざまな感覚を働かせ，腕や足などの多くの身体部位を動かしたりしながら，体のバランスをとり，

「体育」「保健体育」の改善

＜キーワード1＞　発達の段階のまとまりを考慮する

小学校		中学校		高等学校
1～4年	5，6年	1，2年	3年	1～3年
さまざまな基本的な動きを身につける時期	多くの領域の運動を体験する時期		少なくともひとつの運動を選び継続することができるようにする時期	

図8-23　現行の体育・保健体育の内容構造
（文部科学省：学習指導要領より作成）

小学校体育科の改善

＜キーワード2＞　指導内容の体系化

1，2年	3，4年	5，6年
体つくり運動		
器械・器具を使っての運動遊び	器械運動	
走・跳の運動遊び	走・跳の運動	陸上運動
水遊び	浮く・泳ぐ運動	水　泳
ゲーム		ボール運動
表現リズム遊び	表現運動	
	保　健	

運動領域を6領域で構成

図8-24　小学校体育の領域
（文部科学省：学習指導要領より作成）

いろいろな方向に移動し，用具などを操作する．さらに力の強弱を調整することなどを経験しながら，さまざまな基本的な動きを身につけることに適している．そしてその後の，小学校高学年から中学校期にかけては，持久力の習得に適した時期が出現し，さらに青年期以降には，筋力やパワーといった能力の習得に最適な時期を迎えていく．つまり，幼児期から小学校の低学年・中学年の子どもたちは，さまざまな運動遊びや運動を通して，基本的な動きを総合的に身につけていくことが重要なのである（図8-24）．

(4)「基本的な動きを身につける」とは

このように子どもたちの体力･運動能力の低下の背景として，いまの子どもたちは，外遊びや生活の中に現れる基本的な動きが発達していないことを挙げることができる．

そこで今回の学習指導要領の改訂においては,「体つくり運動」を低学年から実施し，第1学年から第6学年のすべての学年において発達の段階に応じた指導内容を取り上げることになった．では,低学年での「多様な動きをつくる運動遊び」,中学年での「多様な動きをつくる運動」において，体の基本的な動きを総合的に身につけるとは，具体的にどのようなことなのであろうか.

基本的な動きを身につけるということには,「動きの多様化」と「動きの洗練化」という2つの方向性がある.「動きの多様化」とは，回る，立つなどの「体のバランスをとる動き」，走る，跳ぶなどの「体を移動する動き」，回す，投げるなどの「用具を操作する動き」，押す，支えるなどの「力試しの動き」など，さまざまな動きを経験することによって,動きのレパートリーを増やしていくことである．このことは「動きの量的な獲得」ともいえる．さらに，2つ以上の基本的な動作を同時に行ったり，連続して行ったりする,「基本的な動きを組み合わせる運動」も挙げられる.

一方,「動きの洗練化」とは，一つひとつの基本的な動きを繰り返し経験することによって，むだな動作や過剰な動作を少なくし，動き方が上手になっていくことである．このことは「動きの質的な獲得」ともいえる．したがって,「多様な動きをつくる運動遊び・運動」では，日常生活や遊びの中に現れる運動を意図的に授業で取り上げ,子どもたちがさまざまな動作を繰り返し経験していくことによって,動きのレパートリーを増やし，動き方を上手にしながら，体の基本的な動きを総合的に身につけることが指導の内容になる.

(5)「体つくり運動」の授業づくり

これまで高学年で実施されていた「体つくり運動」において,「体ほぐしの運動」や「体力を高める運動」は,「陸上運動」や「ボール運動」などといった，ほかの領域の指導内容の中に組み込まれて実施されることが多く見られていた.

しかし,「多様な動きをつくる運動遊び・運動」において，体の基本的な動きを総合的に身につけるためには，児童が動きをじっくり経験したり，何度も繰り返し動いたり，動きを工夫したりするために十分な活動の時間を確保することが必要である．そこで「多様な動きをつくる運動遊び・運動」を単独単元とした指導計画を立て，45分間の授業時間すべてを使って指導することが有効と考えられる．また，単元化した授業をつくる際には，子どもたちがよりさまざまな動きを経験するために，1時間の授業の中で「体のバランスをとる動き」と「体を移動する動き」を一緒に行えるような運動課題を提示すること，また子ども自身が興味・関心を抱きながら楽しく運動できるような工夫をすることが重要である.

さらに，単元を構成する際には，教師が一つひとつの動きを提示し,「一つひとつの動きを確認しながら運動する時間」と，子どもたちの興味・関心によって「動きを選び，動きを工夫しながら運動する時間」の両方を確保できるようにするなどの，指導の工夫も重要になる.

(6)「体つくり運動」を日常生活化する

小学校に引き続き，中学校においては，前学習指導要領で第2学年から行われていた「選択制授業」を第3学年からとしている．また「体つくり運動」の「体力を高める運動」において，体の柔らかさ，巧みな動き，力強い動き，動きを持続する能力を高めるための運動を組み合わせて,計画的に取り組む指導の重要性が述べられている.

さらに，生徒自身が「体つくり運動」の意義や行い方，運動の計画の立て方を理解し，運動の取り組みを工夫できる能力，すなわち自らが自分の適性に見合った体力・運動能力つくりのプログラムを作成し，実践することをめざしている．

運動実践とあわせて，保健学習，保健指導の中での規則正しい食事，適度な睡眠の確保など，基本的生活習慣の改善に向けた取り組みも必要である．健康に関する知識を身につけ，子どもたち一人ひとりが自己の生活の中で，その認識を深めていけるような健康教育の実践が望まれている．そして，このような体育科・保健体育科の改善とともに，教科以外での「体力つくり」実践の充実，体育的行事の改善，登下校時における運動量の確保，地域との連携も踏まえた放課後や土曜日・日曜日における身体活動を伴う遊びや運動，スポーツの機会の充実などによって，体力・運動能力つくりに取り組んでいくことが重要であるといえる．

(7) 子どもの生活をトータルにとらえる取り組みの重要性

子どもたちの体力・運動能力を向上させるための取り組みに向け，以下の3つの視点を欠かすことができないと考えている．

①児童生徒の基本的な動作の習得と，運動量の増大をめざした身体活動を充実すること．

②食事・睡眠を中心としたライフスタイル（生活習慣）を改善すること．

③子どもの体力・運動能力つくりに対する大人（教職員・保護者・地域住民）の意識を高め，認識を深めること．

実際に，各学校で体力向上に向けた取り組みを推進・充実させていくにあたり，ただ単に取り組みを計画するのではなく，体力テストや健康実態調査等の結果を踏まえて，めざす子ども像や目標とする指標や目標数値を設定し，実践計画を立てていくことが重要である．計画段階では，その目標を達成するために，実施内容だけでなく，学校内外の資源（教職員の専門性や地域の環境や人材等）等についても分析したり，どのような方法や観点で評価をしていくのか見通しを立てたりして，計画を立案していくことが必要である．

また，保護者や地域に積極的にその取り組みを発信し，PTA，スポーツ少年団，総合型地域スポーツクラブ，青少年育成団体等の理解や協力を得ながら，体力向上，生活改善の日常化を図っていけるような「学校・家庭・地域」が一体となった取り組みが重要である．取り組みの趣旨や内容，成果について説明し，信頼関係を築いていくことも，いま学校に求められる課題であると思う．

子どもは，学校と家庭と地域という3つの場を土台にして成長していく．子どもが健やかに成長していくために，どれも欠くことのできない大切な育ちの場である．子どもたちが「子どもらしさ」を取り戻し，体もこころも元気になっていくためには，第1に，子どもの育ちや生活の問題点を関連づけて，生活全体をトータルにとらえていくことが必要ではないだろうか（図8-25）．

9. 体力向上のための取り組み

ここでは，とくに体力や運動能力を向上させるために，文部科学省，スポーツ関連

図8-25　子どもの身体活動を保証するために

団体，民間でのさまざまな取り組みについて，述べていきたいと思う．

(1) 文部科学省で実施している取り組み

文部科学省では，2002年9月の中央教育審議会「子どもの体力向上のための総合的な方策について」の答申を踏まえ，長期的な低下傾向にある子どもの体力・運動能力の向上を目指して取り組みを行っている．また，2006年9月に改訂された「スポーツ振興基本計画」でも，子どもの体力向上を政策目標の柱のひとつに位置づけ，さまざまな取り組みを実施している[25, 26]．

1) 子どもの体力向上実践事業（2004～2006年度）

全国42カ所において，とくに小学校児童を対象に実施された．この事業は，単に体力・運動能力調査の目標値の達成や，測定結果の向上を図ることのみではなく，子どもの運動・スポーツ習慣の改善と定着化，食生活や睡眠といった望ましい生活習慣の形成を図ることなどをめざしたものである．また，子どもの体力・運動能力に関する大人（保護者・教員）の意識の改善も重要な目的と位置づけて実践活動を展開した．

事業を実施した地域では，市区町村の教育委員会を中心とした実行委員会を組織し，事業内容の企画，実践プログラムの実施や評価を行った．とくに学校・家庭・地域の連携をもとに，地域ごとに特色のある取り組みが実施された．この事業では，子どもの体力・運動能力の状況を把握するための「体力・運動能力調査」を実施するとともに，生活習慣，運動習慣，運動への意欲，保護者・教員の意識や運動習慣を把握するための生活実態調査を実施し，改善の状況を客観的に把握し，その変化を，具体的なデータから実証したことに特徴があるといえる．

こうした体力向上実践事業の結果，2004～2006年度の2年間で，実践した小学校児童の体力総合評価得点は向上を示した．また体力向上プログラムの実施によって，運動習慣や生活習慣が改善され，体力・運動能力の向上とともに，心の健康を含めた

どろんこ遊びの中にも，体力・運動能力を促す要素が存在する
（萩野矢，1994）

健康状態が良くなったことも明らかにされている．

2）体力向上の基礎を培うための幼児期における実践活動の在り方に関する調査研究（2007～2009年度）

1）で紹介した子どもの体力向上実践事業を実施した結果，体力低下は低年齢化の傾向にあり，すでに就学前の幼児期から二極化の傾向が見られていることが示された．そこで，幼児期において，体を動かす機会や環境を充実させるとともに，望ましい生活習慣を身につけていくための効果的な取り組みについての実践的な研究が，全国21市町村で実施された．この取り組みは，幼児期という発達段階に応じて，単にこの時期の体力・運動能力の向上を図るのではなく，将来において健康で，積極的な活動が実施できるために，望ましい実践活動をとらえ，その普及につなげることを目的とした事業である．

全国の大学等の研究者・指導者との連携協力の下，実践園となった幼稚園・保育所では独自の実践プログラムを開発し実施した．その結果，特定のスポーツの実施ではなく，運動遊びを通した総合的な取り組みが，その後の体力・運動能力の向上につながることが明らかになった．この調査研究では，とくに「走る」「跳ぶ」「投げる」などの幼児期に習得しておくことが望ましい基本的な動作を習得することが重要であり，また体力・運動能力の基礎を培うためには，育児環境，心理的・社会的な諸条件が重要な要素となることも示されている．

3）全国体力・運動能力，運動習慣等調査（2008年度～）

前記の体力・運動能力向上のための実践事業のほか，文部科学省では2008年度から，小学校5年生および中学校2年生を対象とした「全国体力・運動能力，運動習慣等調査」を始めている．この調査事業は，体力・運動能力調査の結果とともに，2008年度は「運動実施状況と生活実態」，2009年度は「学校における取り組み」，2010年度は「地域・

家庭との連携」を詳細に調査検討し，その関連性から，体力・運動能力向上にかかわる各教育委員会の施策の成果と課題の検証改善，各学校の実態把握と教育指導の改善のための示唆を得ることができたといえる．正に大規模な調査研究によって大きな成果を上げることができたということができる．

(2) スポーツ関連団体の取り組み

文部科学省だけでなく，スポーツ関連団体においても，さまざまな形で体力・運動能力の向上に取り組んでいる．

1）公益財団法人　日本体育協会

日本体育協会では，スポーツ少年団関連事業，公認スポーツ指導者制度のひとつである「ジュニアスポーツ指導員」の養成など，子どもの健全な発育発達にかかわる事業を展開している．「ジュニアスポーツ指導員」は，ジュニア期における遊び・運動・スポーツとの出会いが，生涯のスポーツライフにおいて重要であることを基に，幼少年期における「走る」「跳ぶ」「投げる」などの基本的な動きの習得がその後のスポーツスキルの獲得に大きく影響することを考慮し，「からだづくり・うごきづくり」に重点を置いたカリキュラムを提供している．そして発育発達段階に見合った「動き」の習得のためのプログラムを作成できる能力をもつ指導者の育成に重点を置いている．

またとくに，体力・運動能力の向上については，2005年度からの3年間にわたり，スポーツ医・科学専門委員会において「幼少年期に身につけておくべき基本運動（基礎的動き）に関する研究」を進め，その成果をもとに2010年度より「子どもの発達段階に応じた体力向上プログラム」実技指導者講習会を全国で展開している．

2）公益財団法人　日本レクリエーション協会

日本レクリエーション協会では，文部科学省の委託を受け，親子を対象とした「親子元気アップ！」事業を実施している．子どもの体力・運動能力の向上を目的とし，保護者への情報提供，体力・運動能力向上に役立つ遊びや運動を親子で体験する機会を設けるなど，今後の家庭・学校・地域における望ましい運動習慣づくり，生活習慣づくりをめざした取り組みである．

イベント型で保護者のリテラシーを向上させ，家庭での身体活動の実践を促すという特徴をもった事業といえる．これまでに，全国約600の市区町村の保育園・幼稚園・小学校等を会場として，開催されている．

3）一般社団法人　日本トップリーグ連携機構（JTL）

日本トップリーグ連携機構（JTL）は，2005年に日本における団体ボール競技が連携し，競技の充実と運営の活性化を図っていくことを目的として設立された．現在，9競技11リーグで構成され，さまざまな活動を実施している．JTLでは，2008年度に，今日の子どもの体力・運動能力の向上を目的として，幼少年の子どもたちに，遊びを通して幅広いボールスキルを習得させるため，ボールを使った基礎的な動き，連係プレー，ゲームを体系化した「ボールであそぼう」という運動プログラムを研究開発した．トップアスリートが出演しているDVD「ボールであそぼう」の販売，全国各地で展開しているボールゲームフェスタや指導者講習会の開催，「ボールであそぼうマ

おもしろくのめり込む放課後の遊び（羽根木プレイパークにて）
（著者撮影）

イスター」という指導者養成講習会の開催などを通してその普及を図っている．

（3）学会や民間企業スポーツの取り組み

一方，子どもの体力・運動能力を向上させる取り組みは，近年広範囲な広がりを見せ，広く子どもの心と体のはぐくみに関する研究活動を行っている日本発育発達学会や，さまざまな民間企業においても実施されるようになってきている．

1）日本発育発達学会

日本発育発達学会では，健康科学・運動科学・スポーツ科学の専門的知識と実践的技能を備え，子どもの発育発達特性を理解して，幼少年期の運動指導ができうる人材として，2009年度から「幼少年体育指導士」の養成を始めている．これは，今日のわが国の子どもの発育発達にかかわる諸問題を解決し，豊かな心と健やかな体をはぐくむことをめざした学会が認定する資格である．保育士，幼稚園教諭，小学校教諭，子どもを対象とした運動・スポーツの指導者，将来子どもの運動・スポーツにかかわろうとしている大学生・短大生，専門学校生を主な対象として，年に1回2日間の養成認定講座を実施している．

2）（株）ベネッセコーポレーション

ベネッセ教育研究センターでは近年，子どもの遊び・運動・スポーツに関するさまざまな調査研究を進めている．またベネッセコーポレーションでは，とくに小学生の体育，スポーツ領域でのビジネス化を視野に入れた市場の調査・検討を行っている．さらに通信教育における身体活動を促す教材の配布や運動指導書の出版も手がけている．

3）（株）イオンファンタジー

イオンファンタジーでは，イオングループのショッピングセンター内のゲームセンターエリアを縮小し，室内でさまざまな運動遊びが可能な施設「ファンタジースキッズガーデン」(有料)を全国各地に設置している．ファンタジースキッズガーデンでは，

ショッピングセンター内の運動遊び施設は，子ども達の笑顔がいっぱい（ボーネルンド「キドキド」にて）（著者撮影）

大型遊具によってさまざまな基本的な動きを，遊びを通して経験することができ，また保育士・幼稚園教諭の免許を持つプレーリーダーが運動遊びを誘導する体制もとられている．ショッピングセンターのフロア全体を運動遊び広場にして，さまざまな基本的な動きが経験できる施設「ファンタジーキッズーナ」の運営も行っている．

4）（株）ボーネルンド

ボーネルンドは，全国12カ所のショッピングセンターにおいて，エアー遊具を中心とした運動遊び施設「キドキド（Kid-Kid）」を展開している．キドキドでは，サイバーホイール，エアートラック，エアーキャッスル，ブロックモジュールという大型のエアー遊具を設置し，幼少年期に習得しておくことが望ましい36種類の基本的な動きが経験できるシステムを整えている．また各施設に約12名のプレーリーダーを配置し，安全面を管理しながら，おもしろくのめり込む運動遊びを先導している．キドキドの特徴は，親子で一緒に入場することができ，さまざまな運動遊びを親子で経験できることにある．また，ボールや縄を使った操作系の基本的な動きの開発も行っている．

5）（株）学研教育みらい

学研教育みらいでは，子どもの「体力・運動能力調査」のデータ分析とその考察はもちろんのこと，体力・運動能力の低下において直接的な要因と考えられている基本的な動きの習得に焦点を置いた事業開発を手がけている．学校体育やスポーツの指導場面で活用可能な，基本的な動きの観察・評価システムを開発し，今後の体育・スポーツにおけるデジタル教材化を模索している．

子どもの体力・運動能力が向上し，将来において運動・スポーツに親しむ大人として成長していくためには，今回紹介したような発育発達段階に応じたさまざまな取り組みが重要である．ぜひ，積極的に活用していただければと思う．

無限に広がるスポーツ遊びは，子どもの体力・運動能力を向上させる（萩野矢，1994）

10. 子どもの身体活動ガイドラインの策定

これまで述べてきたように，わが国では，便利な社会をめざした効率化，自動化，情報化が進む一方で，子どもの生育環境が悪化し，子どもの運動量が減少し，日常生活や運動遊びでの基本的動作も未熟なレベルにとどまっているという現象が見られている．さらに，運動遊びやスポーツを通しての身体活動の減少は，単に身体運動面の発達のみならず，認知的側面，情緒・社会的側面などの子どものトータルな発達に，重大な問題を引き起こしているといえる．ここでは，このような子どもの心と体の問題を解決していくための取り組みとして注目されている，身体活動ガイドライン（運動指針）について紹介する．

(1) 子どもの身体活動ガイドラインとは

わが国では，厚労省は2006年に，成人を対象とした「健康づくりのための運動基準」と「健康づくりのための運動指針（エクササイズガイド2006)」を作成し，公表しているが，子どもを対象とした身体活動に関するガイドラインは作成されていない状況であった．今後，子どもの体力・運動能力を向上させ，子どもの健やかなはぐくみを保障するためには，運動・スポーツを実施していくための具体的な身体活動ガイドライン（運動指針）を作成し，広く国民に提言していくことが重要であると考えられる．

諸外国では，健康的な運動習慣づくりとその持ち越しの観点から，表8-1に示すような子どもを対象とした身体活動ガイドライン（運動指針）が作成されている．

表8-1　諸外国における子どもの身体活動ガイドライン（運動指針）

国名	アメリカ		イギリス	オーストラリア	シンガポール
機関	全米スポーツ・体育協会（National Association for Sport and Physical Education）		イギリス保健局（Department of Health）	オーストラリア保健・高齢者担当省（Department of Health and Ageing）	シンガポール健康促進会議（Health Promotion Board）
ガイドライン名	子どものための身体活動（Physical Activity for Children: A Statement of Guidelines for Children Ages 5-12）	アクティブ・スタート（Active Start: A Statement of Physical Activity Guidelines for Children From Birth to Age 5）	1週間に少なくとも5日（At least five a week; Evidence on the impact of physical activity and its relationship to health）	活動的な子どもは健康的な子ども（Active kids are healthy kids: Australia's Physical Activity Recommendations for 5-12 year olds）	子どもや若者のための食事ガイドライン（Healthy Eating in Child Care Centres programme）
発行年	2004	2009	2004	2004	2007
対象年齢	5～12歳	0～5歳	2～11歳	5～12歳	0～18歳
内容	週のうちすべて，またはほとんどの日に，年齢に応じた身体活動を1日に累計して少なくとも60分から数時間まで行う．健康・体力の恩恵を獲得するためにデザインされ，年齢に応じた種々の身体活動を毎日行う．日中2時間以上の不活動の時間を過ごさないようにする．	とくに就学前の幼児（3～5歳）は，毎日総計して少なくとも60分から数時間までの構造化された身体活動を行う．睡眠を除いて，一度に60分以上の座位活動を行わない．将来，運動の巧緻性を備え身体活動を行うための構成要素として役立つであろう基礎的な運動スキルについての有能感を発達させる．	毎日少なくとも中強度の身体活動を総計して60分行う．また少なくとも週2回は，筋力，柔軟性，骨の健康を高め，維持するような活動を行う．活動内容としては，生活活動でも，構造化された運動・スポーツでも，あるいはこれらが複合したかたちであってもよい．	少なくとも60分から数時間まで，中強度から高強度の身体活動を毎日行う．また日中の娯楽としてのコンピュータゲーム・テレビ・インターネットの使用を2時間以下におさめる．	週に5日またはそれ以上，中強度の身体活動を少なくとも1日に総計して60分行う．この活動には，構造化された身体活動（運動・スポーツ）および非構造化された身体活動（生活活動）の両方を含む．

（日本体育協会監修，竹中晃二編：アクティブ・チャイルド60min：子どもの身体活動ガイドライン．サンライフ企画，2010より作成）

(2) 諸外国における子どもの身体活動ガイドライン（運動指針）（表8-1）

1）アメリカの身体活動ガイドライン

全米スポーツ・体育協会は1998年に，5～12歳を対象とした「子どものための身体活動」ガイドラインを作成し，その後2004年にガイドラインの内容を見直し，改訂版を公表している．その具体的な内容として，①毎日，年齢に応じた身体活動を1日に累計して少なくとも60分から数時間まで行う，②それぞれの日に，15分以上続く身体活動を数回行う，③健康・体力の恩恵を獲得するためにデザインされ，年齢に応じた種々の身体活動を毎日行う，④日中2時間以上の不活動の時間を過ごさないようにする，という4項目が明記されている．また2009年には，就学前の0～5歳を対象とした「アクティブ・スタート」を公表し，とくに幼児（3～5歳）を対象として，毎日総計して少なくとも60分から数時間までの構造化された身体活動を行うことや，基本的な運動スキルについての有能感を発達させることを提唱している．

2）イギリスの身体活動ガイドライン

イギリス保健局は，1998年にイギリス健康教育局が公表したガイドラインを基に，2004年に「1週間に少なくとも5日」という冊子の中で，毎日少なくとも60分の身体活動を推奨している．対象とする年齢は2～11歳で，少なくとも週2回は，筋力，柔軟性，骨の健康を高め維持するような活動を行うこと，また活動内容としては，生活活動でも，構造化された運動やスポーツでも，それらを複合した形であってもよいとしている．

3）オーストラリアの身体活動ガイドライン

2004年に，オーストラリア保健・高齢者担当省が，「活動的な子どもは健康的な子ども」というテーマで，5～12歳の身体活動を推奨するガイドラインを作成した．この中で，少なくとも60分から数時間まで，中強度から高強度の身体活動を毎日行うこと，また日中の娯楽としてのコンピューターゲーム，テレビ，インターネットの使用を2時間以下におさめることを提言している．

4）シンガポールの身体活動ガイドライン

シンガポール健康促進会議は，「子どもや若者のための食事ガイドライン」の中で，身体活動は成長を促進するために重要な役割を担うとし，身体活動の重要性を明記している．対象年齢は0～18歳であり，週に5日またはそれ以上，中強度の身体活動を少なくとも1日に総計して60分行うべきであり，その活動は，運動やスポーツといった構造化された身体活動および生活行動としての非構造化された身体活動の両方を含むとされている．

（3）日本の身体活動ガイドライン

わが国でも，このような諸外国の身体活動ガイドラインを参考にしながら，身体活動ガイドライン（運動指針）の作成，推奨に向けての動きが活発化している．次に，日本における子どもの身体活動ガイドラインの動向について紹介する．

1）公益財団法人　日本体育協会「アクティブ・チャイルド60min.」

日本体育協会スポーツ医・科学専門委員会では，早稲田大学の竹中晃二教授を班長とした「日本の子どもにおける身体活動・運動の行動目標設定と効果の検証」研究班において，子どもの身体活動ガイドラインに関する理論的，実証的研究を行ってきた．そして，今日のわが国の子どもたちのさまざまな健康阻害を改善するために，「文部科学省子どもの体力向上事業」での調査研究の結果を基にして，1日60分以上の身体活動・運動を，最低限のガイドラインとして提案した．

具体的には，身体活動を伴った遊び，生活活動，体育・スポーツを含めた1日に最低60分以上の身体活動を実施することを提唱している．また，ガイドラインの普及啓発のために2010年4月に「アクティブ・チャイルド60min.」を出版し[27]，さらに2010年10月には，子どもの発達段階に応じた体力向上プログラムの普及啓発事業として，「アクティブ・チャイルド・プログラム」という書籍とDVDを作成した[28]．現在，慶應義塾大学の佐々木玲子教授，順天堂大学の内藤久士教授を中心に，幼稚園教諭，保育士，小学校教諭，スポーツ少年団などで子どものスポーツの指導にあたっているスポーツ指導者を対象とした講習会を全国レベルで開催し，その普及啓発を行っている．「アクティブ・チャイルド・プログラム」の中では，子どもの発達段階に応じた運動プログラムを重視し，単に60分間，体を動かすことではなく，身体活動の中で基礎的動きを身につけることが重要であり，そのために運動遊びや伝承遊びを実施していくことが必要であると提唱している．

2）日本学術会議「提言　子どもを元気にする運動・スポーツの適正実施のための基本指針」

日本学術会議健康・生活科学委員会では，2008年8月に，身体活動・運動・スポーツの現状を乳幼児期から青年期に至る子どもたちについて検討し，子どもを元気にするためには，運動・スポーツを推進する体制を整備することが急務であるとし，「子どもを元気にするための推進体制の整備」を提言した．具体的な提言の内容は，①子どもの運動指針を緊急に作成すべきであること，②そのためによりいっそうのエビデンスの蓄積に取り組むべきであること，③質の高い子どもの運動の指導者養成を図るべきであること，④子どもを取り巻く大人の理解を高め，学校・大学における身体活動・運動・スポーツの実践的・科学的教育を充実すべきであること，の4つにまとめられている．さらに2011年8月に，先の提言後の審議を基に，推奨すべき運動・スポーツの質と量を具体化した「子どもを元気にする運動・スポーツの適正実施のための基本指針」を提言している．この提言は，福永哲夫・鹿屋体育大学学長，大築立志・東京大学名誉教授を中心に，健康・スポーツ科学の関連学会を代表する研究者によって作成され，冊子とHP上で公表されている[29]．この提言においては，子どもを元気にするための各界の取り組みの状況と，子どもの身心に対する運動・スポーツの効果に関する学術研究を概観し，それらを実際の運動・スポーツ実施現場へ還元するための学術的基盤についてまとめられている．

具体的には，子どもの正常な発育発達を促進する最低限度の運動量を保障するために，①0～5歳ごろまでの幼児においては，全身運動を含む短時間の運動遊びなどを毎日行うこと，②5歳以上の子どもにおいては，骨や筋肉を強化する運動を含む毎日総計60分以上の中～高強度の身体活動を行うことが提唱されている．またその際，多様な動きをつくる遊び・運動・スポーツを積極的に行い，①小学校中学年までの子どもには，屋内・屋外においてさまざまな運動遊び・伝承遊びを自立的・自発的に行わせ，生活に必要な基本的な動作を習得させること，②小学校高学年では，学校・家庭・地域において，単一スポーツのみではなく，さまざまな運動・スポーツを行わせること，③中学校・高校では，できる限り多くのスポーツや身体活動・運動に参加できるよう指導することが必要だと述べられている．そのためにわが国においては，幼稚園・保育所・学校・家庭・地域を一体とした運動・スポーツ実施体制と社会環境の整備，さらに学校体育をよりいっそう充実させるための条件の整備が必要であるとされている．

3）文部科学省「幼児期運動指針」

文部科学省では，2012年3月に，2007年度から3年間にわたって実施した「体力向上の基礎を培うための幼児期のおける実践活動のあり方に関する調査研究」の研究結果を踏まえ，幼児の身体活動のあり方を示した「幼児期運動指針」を策定した[30]．そして全国のすべての保育所・保育園・幼稚園に「幼児期運動指針」ガイドブックと普及用パンフレットを配布している．また現在，「幼児の運動促進に関する普及啓発事業」を実施し，具体的な実践活動のあり方を追求している．

「幼児期運動指針」では，保育所・保育園・幼稚園において，①多様な動きが経験できるようなさまざまな遊びを取り入れること，②毎日合計60分以上の楽しく体を動かす時間を確保すること，③発達の特性に応じた遊びを提供すること，を具体的に示している．保育所・保育園・幼稚園において，特定の運動・スポーツを実施することは，幼児の運動発達段階に見合っていない．保育士・幼稚園教諭が子どもとかかわ

段ボール箱も子どもにとって重要な遊びの道具
（萩野矢，1994）

る中で運動遊びの実践の充実させていくことが大切である．また，登園時・降園時における運動量の確保，家庭との連携も踏まえた降園後や土曜日・日曜日における身体活動を伴う遊びや運動の機会の充実などによって，将来における身体活動の持ち越し，体力・運動能力の向上につながるような取り組みが望まれる．

わが国で策定された「幼児期運動指針」をきっかけとして，健やかに育つための社会基盤が奪われ，心身にさまざまな問題を抱えている日本の子どもたちの現状と課題を，われわれ大人自身が，認識していくことこそ，大切であると考える．

11．福島の子どもを元気にする

(1) 元気な遊びの広場「PEP Kids Koriyama」

2011年12月23日，福島県郡山市に，子どもたちの笑い声が響き渡り，笑顔があふれていた．砂場で砂遊びに熱中している子ども，エアの遊具で限りなく飛び跳ねる子ども，マットの上を思い切り走って坂をのぼり滑り下りる子ども….郡山市が子どもたちへのクリスマスプレゼントとしてオープンした室内遊び場「PEP Kids Koriyama（ペップキッズこおりやま）」での様子である．この日は，2,100名の親子が来場した．

福島県の中通りに位置する郡山市や福島市では，2012年3月まで，東京電力福島第一原子力発電所事故での放射能の影響を考え，屋外での活動時間を，保育園・幼稚園では30分以内，小学校では2時間以内に制限した．しかし実際には，現在でもほとんどの保育園・幼稚園で外遊びをすることはなく，多くの小学校が校庭で体育を実施する状況になっていないというのが現状である．「外で遊ぶことができなかったので，体を思いっきり使って楽しく遊べる屋内施設ができてとてもうれしい」「1年ぶりに子どもが砂で遊んでいる姿をみました」「震災後，こんな活き活きとした子どもをみたことはありませんでした．こういう場がもっとあれば」．この日，子どもと一緒に

室内遊具で遊びにのめり込む福島の子どもたち（PEP KIDS KORIYAMAにて）（菊池信太郎撮影）

お父さんお母さんといっしょに砂場遊びに熱中する子どもたち（PEP KIDS KORIYAMAにて）（菊池信太郎撮影）

「PEP Kids Koriyama」に来たお父さん，お母さんの率直な感想である．

「PEP Kids Koriyama」は，放射能の影響下にあっても，子どもたちの豊かな心と健やかな体の発達を保障することをめざして，広い室内で思い切り遊ぶことができる施設として計画され，完成した．この企画・整備にあたっては，多くの方々の子どものはぐくみへの想いと熱意が結集された．（株）ヨークベニマル（大高善興代表取締役社長）は，土地・建物の郡山市への無償での貸与と施設の整備を，関連企業とともに総力を挙げて行われた．また遊具の提供や施設のデザイン，子どもの遊びを先導するプレー・リーダーの養成には，日本において屋内遊び場「KID-O-KID」を積極的に展開している，(株) ボーネルンド (中西弘子代表取締役) が全面的に協力した．1,650平方メートルのフロアには，屋内砂場，三輪車サーキット，ボールプール，坂を利用したダッシュコース，サイバーホイール，エアトラック，ブロックモジュールなどの約20種類の遊具が設置され，楽しみながら運動量を確保でき，また幼児期に習得することが望ましい多くの基本的な動きを経験することが可能である．もちろん遊びを通して，友達や保護者とのコミュニケーションが取れ，また遊びを工夫しながら認知的な発達も促される．すなわち，屋内で子どもの発達段階に見合った身体活動が経験でき，心身ともにバランスの取れた成長を期待することができる．私は，とくに屋外での遊びや運動を制限されている福島の子どもたちにとって，この「PEP Kids Koriyama」のような室内遊び場が，子どもたちのはぐくみに欠かすことのできない，非常に重要なものであると考えている．

(2) いま，福島の子どもたちは

2011年の5月の時点での郡山市内の養護教諭を対象としたアンケートによると，約9割の養護教諭が，子どもたちが屋外で遊べないストレスや運動不足を懸念している．もちろん，子どもたちはまだ続いている余震による恐怖やPTSD (心的外傷後ストレス症候群) の問題も抱えている．また，外遊びや屋外での運動が十分にできない子どものなかには，筋肉のこわばり，肩こり，頭痛，感染症などに対する抵抗力の減退，ケガの増加などが見られている．

図8-26は，2011年4月から9月までの郡山市内の幼稚園児の体重の増加量を調査し，2009年，2010年の増加量と比較したものである．2011年の郡山市の幼児の体重の増加は，2009年，2010年と比べ，1/3～1/4に減少している．このことは，運動不足と，それに伴うストレスに起因していると見られる．このような状態が継続すると，身体運動面では，運動量の減少と基本的な動きの未習得によって，体力・運動能力が低下するものと考えられる．認知的な側面では，テレビゲームやテレビの視聴が増え，みずからが工夫しながら学ぶ能力を養うことができない．また，子どものストレスに対処できない保護者・保育士・教師といった大人自身がストレスを増大させてしまい，子どもとのコミュニケーションが希薄になることも予想される．さらに風評被害による発達阻害も起こっている．修学旅行先でカバンやリュックサックの住所を見られて「放射線をうつされる」を言われた子ども，県外の衣料店で福島県から来たとわかったとたん，試着した洋服をしまわれた子どもも存在する．このような状況を目の当たりにした子どもたちのなかには，「出身県をどのようにごまかそうか」「私たちはだめなんだ」と，自信をなくし，社会に対して不信を抱いてしまってる子どももいるのである．放射能の被害を受けながらも懸命に生きようとしている福島の子どもたちを，風評の対象としてしまう大人が存在することの事実に，日本人として情けなく思い，そして深い憤りを感じる．

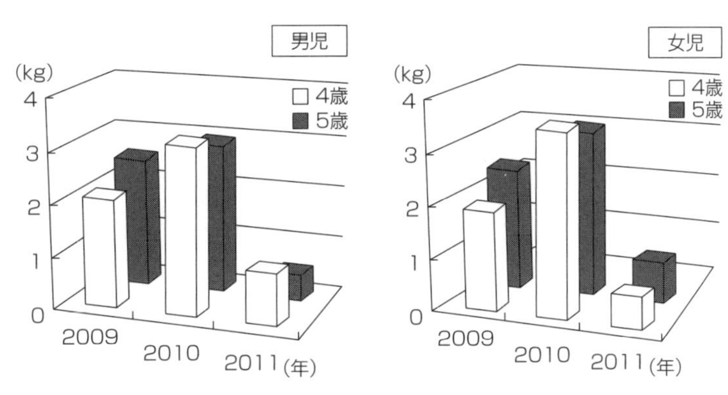

図8-26　郡山市内の幼児の体重増加量の比較
（菊池信太郎による調査）

(3)「3.11」以降の福島の子どもの状況

未曾有の被害をもたらした，2011年3月11日の「東日本大震災」．地震に伴う津波，さらに東京電力福島第一原子力発電所事故による放射能漏れ．

郡山市の小児科医である菊池信太郎さんは，震災直後に郡山市，郡山市教育委員会にかけ合い，「郡山市震災後子どもの心のケアプロジェクト」を立ち上げて，子どもの心と身体のケアを行ってきた．このプロジェクトには，慶応大学病院で小児精神科医を務められている渡辺久子さんが全面的なバックアップをされている．

(4) 日本一元気な子どもに育てたい

屋外で遊びや運動が制限されるなか，抑圧された生活を送っている子どもがいかにおもしろくのめり込んで遊ぶことができるのか．屋外で運動やスポーツを実施することができない子どもがいかに屋内で，屋外での運動やスポーツを代償できるのか．それを基に，福島の子どもの豊かな心と健やかな体のはぐくみを保障していくこと．それが課題である．その課題を達成するために，「PEP Kids Koriyama」の運営と並行して，私たちは，次のような取り組みを考え，実施し始めている．

1）室内運動実技研修会の実施

2011年11月から月1回，郡山市の「ニコニコこども館」や市内の小学校体育館において，保育士・幼稚園教諭・小学校教諭・中学校教諭らを対象に，子どもの発達段階に見合った身体活動や生活習慣に関してのミニレクチャーと，室内でおもしろく多様な動きを経験できる実技講習を織り交ぜた室内運動研修会を始めた．この研修会には，東京と山梨の小学校教諭を中心に組織している「動きづくり研究会」の先生方が全面的に協力している．これまでに足立区立五反野小学校の武田千恵子先生や昭島市立拝島第一小学校の眞砂野裕副校長をはじめとして，延べ6名の先生方が講師をされている．今後，アスリートネットワーク，日本トップリーグ連携機構，日本レクリエーション協会の方々の協力も予定されている．

2）子どもを元気にする情報「かわら版」の作成と配布

2012年1月から，保護者の不安や悩みを少しでも解消し，望ましい子育ての認識を

運動遊び研修会で，体の動きを自ら体験して学ぶ保育士・教諭（郡山市ニコニコこども館にて）（菊池信太郎撮影）

高めていくために，子どもを元気にする情報「かわら版」を作成し，郡山市の家庭に配布している．「かわら版」には，「子どもの発育発達の基礎知識」，「屋内でできる動き遊びの例示」「屋内運動実技研修会の情報」「PEP Kids Koriyamaの情報」などの内容を盛り込んでいる．

3）子どもの生活実態，体力・運動能力のデータ収集と分析

子どもの生活習慣の改善，体力・運動能力の向上に取り組むには，現状を把握し，その変容を客観的にとらえていくことが必要である．そこで，郡山市教育委員会，「郡山市震災後子どもの心のケアプロジェクト」と協力体制を取りながら，郡山市在住の幼児・児童の食事や睡眠などの生活実態，心の健康の実態，遊びや運動の実施状況，体力・運動能力の現状，基本的な動きの習得状況，運動量などの調査・測定を実施し，データの収集と分析を行っている．このような現状の把握を基に，10年間にわたるコホート研究を進めていくことを予定している．

4）屋内スポーツ広場「郡山ドーム」の建設構想と運動

保育園・幼稚園での運動保育，学校での体育・保健体育における実技の授業，放課後や土曜日・日曜日の運動・スポーツ活動を積極的に実施していくためには，広い敷地を有する屋内スポーツ広場の設置が必要である．それが「郡山ドーム」の建設構想である．いまのところ，構想の段階であるが，さきに挙げたさまざまな取り組みと連動させながら，できる限り早期に設置できるよう，多方面からの運動を展開していくつもりである．

以上のような取り組みを展開する中で，私たちは，福島の子どもたちからさまざまなことを学んでいる．菊池さんは取り組みにとって重要な具体的なキーワードとして，

①統一性：目的意識と重要性の認識を統一化して取り組むこと，

②構造化：取り組みを構造的に関連させながら捉え，地域全体で支えていくこと，

③継続性：取り組みの成果を評価しながら，長期的に実施していくこと，
の3つを挙げている．

郡山市での私たちの取り組みを，先駆的なモデルとして正確に記録に残していくとともに，それが福島県内のほかの地域に波及していければ，と願っている．「10年後に，福島の子どもたちを日本一元気な子どもに育てる」 これが，私たちの目標である．そして「将来，元気になった福島の子どもたちを目標にして，日本中の子どもたちが元気になれば」 それが私たちの夢である．（この項は2012年7月10日に記したものである）

12. 日本の子どもを元気にするために：健やかな育みを求めて

(1)「子どもの問題」再考

ここでは，子どもの問題のなかでも，とくに体の問題に注目して論じてきた．しかし子どもたちはいまの日本の中で，心にもさまざまな問題を抱えている．そして，体の問題と同様に，心の問題も，低年齢化，そして複雑化の傾向を示している．具体的な心の問題は，以下の6つにまとめることができる．

1) ストレスの増加

なんとなく学校に行けない不登校の子どもが増えている．このような子どものストレスは，幼児期にも見られるようになり，「不登園」という言葉で表される子どもも見られるようになってきた．また家に帰りたくないという子どもも存在する．子どもたちは，心地よく居心地のよい居場所を無くしているようである．

2) 意欲の欠如

勉強も，運動も，友達と一緒に遊ぶことも，家族とかかわることにも，意欲をもつことができず，何もやる気にならずに，一人で過ごす子どもが増えてきた．

3) 判断力の低下

「わからない」「考えることが面倒くさい」「お母さんが決めてよ」という言葉に象徴される，自分で考えて物事を決めることをしない子どもが増加している．このような子どもたちは，みずから考え判断しても，最後は説明のないまま，大人によって決められてしまうことが繰り返され，考えることそのものをあきらめてしまっている．

4) 工夫する能力の低下

物事がうまくいかなかったとき，失敗したときに，私たちは工夫をして，次の言動を変えていく．物事がうまくいっているとき，成功しているときには，工夫することはない．いま子どもたちが失敗を経験することが少なくなってきた．子どもが失敗しないように，大人がリードしてしまうことが多いようである．失敗を基に蓄積されていく物事を工夫する能力の低下が見られている．

5) 情緒や感情表出の欠如

相手の気持ちを考えながら言動すること，そして人の痛みやありがたみを心の底から感じることが希薄になっている．また，かかわる人たちとともに，悲しみや喜びなどの感情を分かち合うことも少なく，豊かな情緒性や感情表出の欠如といった問題も挙げられる．

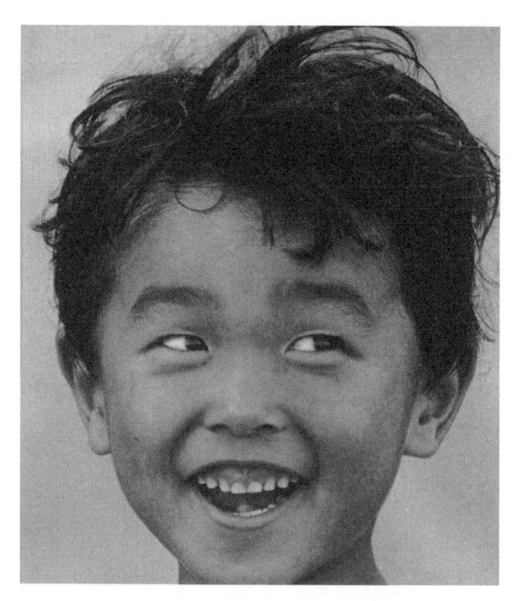

子どもの笑顔はおとなを元気にする
（萩野矢，1994）

6）社会性の欠落

学校，クラス，委員会，係，塾，習い事，スイミング，スポーツ少年団など，いまの子どもたちが所属する集団の中で，子ども自身がつくった集団は，ほとんど見当たらない．すべて，大人が子どもに提供する集団ばかりである．子どもたちは，設定された集団の中で，係を分担され，係の役割を指示され，その通りに活動しているだけではないだろうか．その結果，集団の中で，みずからの役割をとらえ，その集団を活性化させていくという社会性が欠落してきた．

(2)「子どもの問題」の背景

以上のような子どもの心の問題は，これまでに本書で明らかにしてきた体の問題と同様に，日本の子どもたちのライフスタイルの崩壊に起因しているといえる．そして，その原因は，私たち大人にあることを認識しなければならないと思う．

体の問題や心の問題が深刻化し，1980年代中ごろから，学力，体力・運動能力，コミュニケーション能力の低下といった現象が表面化してきた．私は，このような「子どもの問題」の背景には，いまの日本において，次に挙げる2つのことが存在すると考えている．1つ目は，子どもをどのような大人に育てていきたいのか，子どもが豊かな心と健やかな体をはぐくむためには，どのような子育てと教育が必要なのか，という「子どもの育ちの人間像」が不明確になってしまっていることである．2つ目は，かつて地域の大人や子どものなかで展開されていた地縁，祖父母，叔父叔母，いとこどうしの親族の血縁といった，人と人とのつながりが希薄になり，いまの日本社会において「かかわり」が消失してしまっていることである．

(3)「子どもの育ちの人間像」

私は，ヨーロッパの最西端に位置するポルトガルという国の子どもの様子を紹介したい．人口は，首都であるリスボンが約50万人，ポルトガル全体でも日本の1/10である約1,000万人という，EU（ヨーロッパ連合）の中でも経済的に発展しているとはいえない小さな国である．

ポルトガルは，非常に居心地のよい国である．その理由のひとつに，子どもらしい子どもがあふれていることを挙げることができる．平日の夕方，学校が終わると，街角の広場，路地裏に，子どもの歓声が響き渡る．浜辺では，釣りざおと魚網をゴールに仕立てたサッカー遊びが繰り広げられる．マイボールを持ってサッカーシューズを履いている子どもは一人もいない．そして子どもたちが思う存分体を動かして仲間と遊ぶ姿を，ベンチに腰を下ろしてほほえましく眺めているおじいちゃん，おばあちゃんの姿もとてもすてきである．

またポルトガルには，ファドという大衆音楽がある．ファドは，人生の喜びや悲しみ，哀愁の想いを奏でるポルトガル人の心の歌といわれるものである．このファドの店では，地域の若者と高齢者が，仕事について，政治について，生き方について激論を交わす姿を見ることができる．年齢の枠を超えて，若者は高齢者に畏敬の念を抱きながら，そして高齢者は若者に将来のポルトガルのあり方を託しながら意見を交わす様子に，何度も感動してきた．

いま私たちが生きている日本の中で，街角に子どもの歓声が響き，若者が高齢者と人生を語り合うことは，皆無に近いのではないだろうか．子どものテストの成績，スポーツの勝敗，レギュラーになれたかといったような目先のこと，結果が出ることのみに，目がいってしまっているのではないだろうか．いまこそ，私たち日本の大人は，自分の子どもを，地域の子どもを，そして日本の子どもたちを，どのような大人に育てていきたいのかという「子どもの育ちの人間像」を真剣に考え，明確にしていかなければならないと思う．そして子どもたちがその「人間像」に向かって成長していくためには，どのような子育てと教育が必要になるのかを議論し，実現に向けて努力していかなければならないと考えている．

(4) 子どもたちの考える人とのかかわり

ジャーナリストの櫻井よしこは，著書『大人たちの失敗』[31]の中で，社会心理学者である中里至正前東洋大学教授らの実施した「親子のこころの絆」の国際調査の結果を紹介している．調査によると，アメリカ・中国・韓国・日本の4カ国の中学生・高校生6,000人の国際比較の結果，子どもたちが「もっとも絆が希薄である」と感じている国は日本であり，母親に対して絆を感じている割合が21%，父親に対して10%と，その割合も4カ国中，もっとも低いという結果であった．この調査で，アメリカの中高生は，両親に対して約80%が絆を感じていた．

10年前，「こどもたちのライフハザード」という言葉を初めて世に出したルポライターの瀧井宏臣は，2011年の11月に『なぜ子縁社会が求められるか』[32]を出版した．瀧井さんはその著書の中で，核家族化して，血縁が機能しない，同じ地域に住んでいても地縁も機能しないという，いま日本の社会が抱えている「社会の絶縁化」を指摘

街角で遊ぶポルトガルの子どもたち（リスボンにて）（著者撮影）

している．

著者は講義や講演の折に，「『かかわり』という言葉を，別の言葉に置き換えてみてください」という無記名のメモを提出してもらうことがある．とくにいまの10代後半から20代の若者に提出してもらったメモの中に，「コネ」や「人脈」という言葉が多く見られるようになってきた．すなわち，いまの日本では，「かかわり」とは，「コネ」や「人脈」をつくることであり，自分が得をするときに，自分の得になる人としかかかわりをもたないと考えている若者が多くなってきているのである．

(5) 無償の交友，同じ想いをもつということ

このメモの提出は，作家・五木寛之の著書からヒントを得たものであるが，五木の言葉を借りると，本当の「人とのかかわり」とは，「無償の愛」「無償の交友」であり，決して人を利用するものではないのである．自分が損をしてもその人には得をしてもらいたい，自分がいやな思いをしてもその人には心地よくなってもらいたいという心が本物の「人とのかかわり」をつくり，人と人をつなげていくのである．

金沢市に「いのちの教育」を実践している金森俊朗がいる．金森は現在，北陸学院大学教授として教員養成に携わっているが，金沢市の小学校教諭として「いのちの教育」を実践されてきた方である．金森は，「人とのかかわり」「人と人とのつながり」について，「心に人が棲む」と表現している．「心に人が棲む」すなわち，自分の中にかかわる人が存在し，その人の想いや感じ方が，わがことと同じ想い，感じ方となったときに，本当の「かかわり」がつくられるということを教えてくれる．

みなさんはいま，皆さんの周りにいる家族，親族，友人，地域の人と，どんなかかわり方をしているだろうか．自分が得をする人としてつきあっていることはないだろうか．また子どもに，成績がよくなること，勝つこと，記録を出すことのみを要求し，

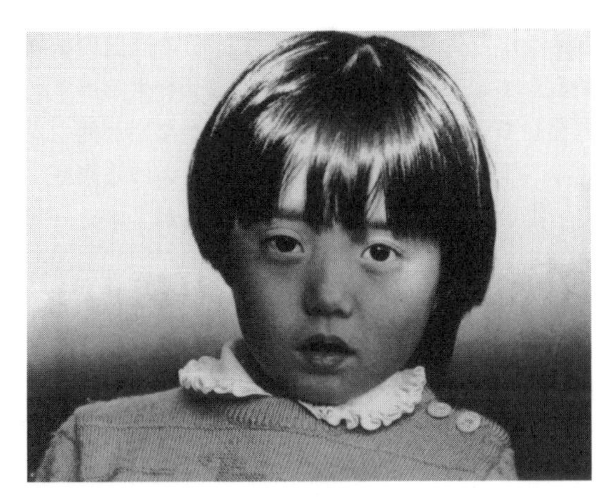

子どもの幸せ…おとなの幸せ…（萩野矢，1994）

生きることの本質ともいえる「人とのかかわり」の形成を阻害するような，子育てや教育をしていないだろうか．日本人が本来大切にしてきた，人に優しい心，温かさを感じる気持ち，他人への畏敬の念を，いまを生きる子どもたちに伝えることが，私たち大人の使命であると痛感している．

(6)「子育て」とは・「教育」とは

「子育て」とは，「子どもを一人前の大人に育てあげること」，「子どもが一人前の大人になっていくこと」である．目の前の子どもはやがて，自立して，家庭を営み，仕事をし，そしてまた子どもを育て上げていくのである．「子育て」は，「別れ」のプロセスを踏まなければならない．子どもはやがて親から離れていく．子どもは，早く親から離れていくことを望むことが多い．大切なことは，子どもの「親離れ」と連動して，親も「子離れ」をしていくことである．子どもは親から，少しずつ離れていくことで，一人前の大人になるために，成長し，自立していくのである．

「子育て」「親離れ」「子離れ」とともに，もうひとつ，「親育ち」という考え方が必要であり，大切であると思う．約20年の歳月をかけて，子どもが一人前の大人に育ったとき，「子育て」のなかでかかわった子どもに，子育てのなかで親として経験できたことに，親自身が「ありがたい」と想い，親自身が成長させてもらったという感謝の気持ちをもつことが大切であると思う．

「教育」とは，「子どもを教え育てること」である．しかし，教育者（指導者）も子どもとかかわるなかで教育を実践するということにおいて，決して一方通行ではないと思う．また教育者（指導者）が，「子どもから教えられ育っていくこと」という考え方に立つことが必要であると思う．優れた教育者（指導者）の方々は，常に子どもの気持ちを大切にし，子どもから多くのことを学ばれて，それを次の実践に活かしている．その実践の積み重ねが，子どもたちのはぐくみにつながっていると実感している．

一見豊かにみえるこの日本の中で，いま子どもたちは，体と心にさまざまな問題を抱えながら生きている．そして，その問題の根底には，私たち大人が深くかかわっている．子どもの幸せは，大人の幸せを生み出す．そして大人が心豊かに健やかな生き方をしていくことが，子どもの豊かな心と健やかな体の育みにつながるものであると思う．子どもも大人も幸せになっていける家庭，学校，地域，そして日本の社会をつくっていくために，私達日本の大人が，考え，行動していくことが必要であると考える．

［中村　和彦］

［引用文献］

1）荻野矢慶記：街から消えた子どもの遊び：荻野矢慶記写真集．大修館書店，1994.
2）瀧井宏臣：こどもたちのライフハザード．岩波書店，2004.
3）文部科学省：体力・運動能力調査　http://www.mext.go.jp/b_menu/toukei/chousa04/tairyoku/1261241.htm（2014年2月26日現在）
4）日本スポーツ振興センター　平成20年度学校安全・災害共済給付ガイド．2009.
5）杉原　隆，森　司朗，吉田伊津美：幼児の運動能力発達の年次推移と運動能力発達に関与する環境要因の構造的分析．平成14～平成15年度文部科学省科学研究費補助金（基盤研究B）研究成果報告書，2004.
6）杉原　隆，近藤充夫，吉田伊津美ほか：1960年代から2000年代に至る幼児の運動能力発達の時代変化，体育の科学，57: 69–73, 2007.
7）SSF笹川スポーツ財団：青少年のスポーツライフ・データ2002．2002.
8）中村和彦ほか：観察的評価法による幼児の基本的動作様式の発達．発育発達研究，51: 1–18，2011.
9）Gallahue DL著，杉原隆監訳：幼少年期の体育．大修館書店，1999.
10）前橋　明，緒方正名：児童用疲労自覚症状しらべの作成：第1報　質問文の検討．川崎医療福祉学会誌，3（2）：75–86, 1993.
11）坂下昇次，中村和彦：児童の生活習慣の改善を目指した保健指導の開発と実践．山梨大学教育人間科学部紀要，1999.
12）文部科学省：学校保健統計調査　http://www.mext.go.jp/b_menu/toukei/chousa05/hoken/1268826.htm（2014年2月26日現在）
13）浅川和美，中村和彦：今日における児童生徒の健康問題の実態調査研究．2004.
14）日本学校保健会：平成12年度児童生徒の健康状態サーベイランス事業報告書.
15）中島綾子，鹿野晶子，野井真吾：小学生における体温の実態と生活との関連．発育発達研究，（51）：81–91, 2011.
16）子どものからだと心・連絡会議編：子どものからだと心白書2011．ブックハウス・エイチディ，pp.146–147, 2011.
17）中村和彦：子どもの遊びの変遷に関する調査研究．2006.
18）日本レクリエーション協会：おやこでタッチ！（文部科学省委託「おやこ元気アップ！事業」ブック）．2009.
19）中村和彦：トップアスリートの幼少年期における運動・スポーツ経験に関する調査研究．2004.
20）中村和彦ほか：幼少年期の遊び・運動経験が大学生の運動実施状況に及ぼす影響．山梨大学教育人間科学部紀要，2011.
21）文部科学省：児童生徒の心と健康と生活習慣に関する調査報告書．2002.
22）神山　潤：「夜ふかし」の脳科学：子どもの心と体を壊すもの．中央公論新社，2005.
23）日本学校保健会：平成22年度児童生徒の健康状態サーベイランス事業報告書.
24）文部科学省：学習指導要領　http://www.mext.go.jp/a_menu/shotou/youryou/main4_a2.htm（2014年2月26日現在）

25) 中央教育審議会：子どもの体力向上のための総合的な方策について（答申） http://www.mext.go.jp/b_menu/shingi/chukyo/chukyo0/toushin/021001.htm（2014年2月26日現在）
26) 文部科学省：スポーツ振興基本計画（平成13年度～23年度） http://www.mext.go.jp/a_menu/sports/plan/06031014.htm（2014年2月26日現在）
27) 日本体育協会監修，竹中晃二編：アクティブ・チャイルド60min：子どもの身体活動ガイドライン．サンライフ企画，2010.
28) 日本体育協会：アクティブ・チャイルド・プログラム．2010.
29) 日本学術会議：提言　子どもを元気にする運動・スポーツの適正実施のための基本指針　http://www.scj.go.jp/ja/info/kohyo/pdf/kohyo-21-t130-5-1.pdf（2014年2月26日現在）
30) 文部科学省：幼児期運動指針　http://www.mext.go.jp/a_menu/sports/undousisin/1319192.htm（2014年2月26日現在）
31) 櫻井よしこ：大人たちの失敗．PHP研究所，2002.
32) 瀧井宏臣：なぜ子縁社会が求められるか．明治図書出版，2011.
33) 宮丸凱史：子どもの運動・遊び・発達：運動のできる子どもに育てる．学研教育みらい，2011.
34) 文部科学省：多様な動きをつくる運動（遊び）．パンフレット　http://www.mext.go.jp/a_menu/sports/jyujitsu/1247477.htm（2014年2月17日現在）
35) 文部科学省：平成20年度全国体力・運動能力，運動習慣等調査結果について　http://www.mext.go.jp/b_menu/houdou/21/01/1217980.htm（2014年2月17日現在）
36) 中村和彦：子どものスポーツと今日の課題（その2）．幼少児健康教育研究，2（1）：3-15, 1993.
37) 中村和彦：子どものからだが危ない！：今日からできるからだづくり．日本標準，2004.
38) 中村和彦：ジュニア期のスポーツの考え方．（日本体育協会，公認ジュニアスポーツ指導員養成テキスト（理論編），pp.15-30, 2005）
39) 中村和彦：小学校体育科移行措置用資料　低・中学年の体つくり運動．学習研究社，2009.
40) 中村和彦：運動神経がよくなる本．マキノ出版，2011.
41) 日本体育協会：公認ジュニアスポーツ指導員養成テキスト．2005.
42) 大村璋子編：遊びの力：遊びの環境づくり30年の歩みとこれから．萌文社，2009.
43) SSF笹川スポーツ財団：スポーツ白書～スポーツが目指すべき未来．2011.

9章 子どもたちの活動的で生き生きと輝く未来のために

1. 知育・徳育・体育という視点から子どもの教育のあり方を考える

これまでの各章で，それぞれの章を担当された著者が，その学術面の専門の立場から，子どもの遊び・運動・スポーツの現状やあるべき姿を論じてきた．この最終章では，それらを総括したまとめを書くべきなのだろうが，それは著者の能力ではとてもまとめきれないので，著者なりに子どもの遊び・運動・スポーツはこうあってほしいと常々考えていることを書かせていただきたい．

子どもを育てるときの考え方というか，子どもの教育のあり方やその内容の基本を示すものとして，知育，徳育，体育という言い方がある．この言い方は19世紀に活躍したイギリスの哲学者であり社会学者だったハーバート・スペンサーが，1860年に出版した"Education; Intellectual, Moral, and Physical"の題名に由来する言葉である．明治初期に大きな教育改革が行われた日本では，「スペンサーの教育論」（尺振八訳）という訳名で翻訳されたこの書の影響は大きく，福沢諭吉の書で当時のベストセラーになった「学問のすすめ」の中でもこの考え方が説かれて，日本人には深く，広く浸透していった考え方である．この考え方は，子どもだけでなく人間の生涯にわたっての教育というか，自己をより高めていく行為について言える言葉であるが，子どもがひとりの独立した人間に成長していく過程では，とくに重要なものであると思っている．

ここでこのことを取り上げたのは，現在でも日本人の多くが基本的にはこの考え方を肯定してはいるが，実際的には，この三育が並列してあるのではなく，教育の中での重要性というか教育に対する価値観としては，この順番で重要性を考えているし，この三育がそれぞれ独立した領域として考えられているのではないかと，著者がいろいろな場面でそう思ってしまっているからである（図9-1）．

国の教育に対する基本的なあり方を示している「教育基本法」（2006年）では，教育の目的を「人格の完成を目指し，平和で民主的な国家及び社会の形成者として必要な資質を備えた心身ともに健康な国民の育成」を掲げ，目標の第1項に「幅広い知識と教養を身に付け，真理を求める態度を養い，豊かな情操と道徳心を培うとともに，健やかな身体を養うこと」と述べている，まさに知，徳，体を目標の第一に掲げている．それを受けて具体的な施策を示した「教育基本計画」（2008年）および「第2期

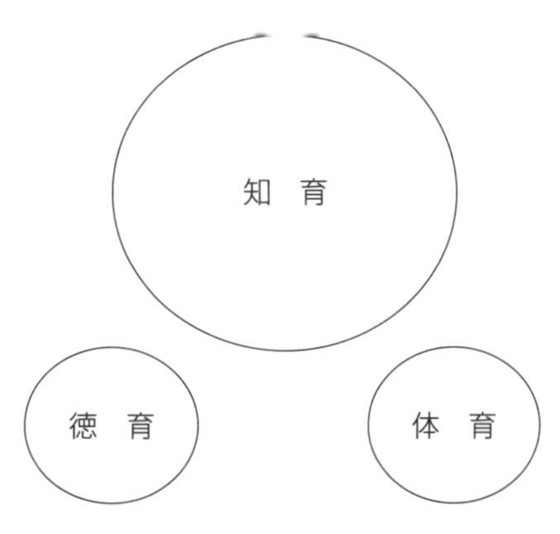

図9-1　多くの人が考えているであろう知育・徳育・体育に対する価値観
量的にも質的にも大きな差があり，互いに独立して存在している.

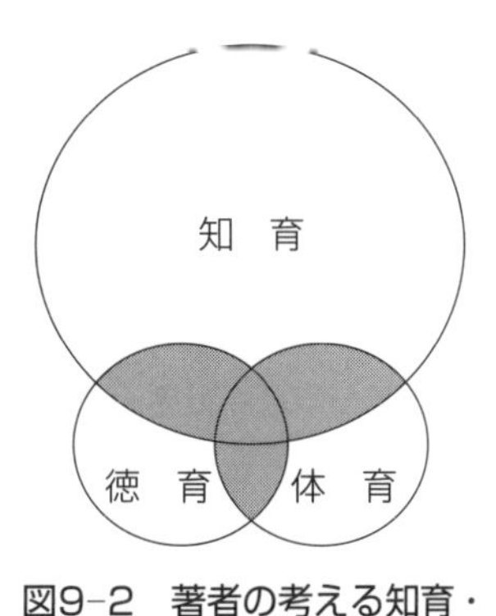

図9-2　著者の考える知育・徳育・体育に対する価値観のあるべき姿
量的には差はあろうが，価値観としては同格で，互いに重なり合っている部分がある.

教育基本計画」(2013年) でも理念的には知育，徳育，体育を教育の内容に掲げているが，その具体的な内容になると知育が中心の課題となっている．例えば2008年の「計画」では，「確かな学力の保証」と並べて「豊かな心と健やかな体の育成」というように，知は単独で取り上げられているのに対して，徳と体はひとつのくくりであげられている．そして全体の記述の大部分は知育というか知力，学力の向上のための施策にページが割かれている．

学校のカリキュラムでも，小学校から高校までは体育，保健体育という科目名で，身体や健康についての教育が行われている．大学になると，戦前は体育の科目はおかれていなかったが，戦後の教育改革で米国の教育使節団からの強い勧告で体育4単位が新制大学の必修科目に取り入れられた．しかし，1991年の大学設置基準の大綱化で，すべての教育科目は各大学の教育目標に則って定めるというように大改訂され，体育を必修科目にはしない大学も，とくに私立大学ではかなりあるようである．大学卒業要件の124単位の4単位は体育のために追加された単位であったのに，それが学力の教育に振り替えられている大学がかなりあるようである．このあたりにも知育優先の考え方が見られるように感じている．

マスコミも，文科省が行っている全国学力テストの結果については新聞の一面で報道されるが，全国体力テストについては社会面で扱われている．そして教員を含めた学校の関係者もそうだが，一般の多くの人，とくに受験生を抱える親の関心は，もっぱら学力に向けられており，体力については，人並みにからだが動いていればそれでよいという程度の関心でしかないであろう．

さらに著者が問題としたいのは，現実の学校や家庭での知育が，人としての知を育むというよりも，上の学校への受験技術としての知を高めることが中心的な課題になっていて，それによって人が生涯をよりよく生き抜き，人類としての平均的な知的水準を高めること，人類としての知をさらに高めていくことにどれだけ役立っているのかを疑問に思っている．もちろん著者も知育が教育の中心であることに異議を唱えるつもりではない．知こそが人間を今の人間に進化させてきた中心にあるものであり，学校教育でも家庭や社会での教えと学びの場でも知育が中心に置かれていることは当然のことと思っている．学校の教科目も知的教育の教科が大多数であり，徳育や体育の教科はそれぞれ1科目で時間数もごくわずかであることも，合理性を欠くものだとは思っていない．

こうした量的な問題よりも，著者が問題としたいのは，知，徳，体はそれぞれが独立した分野として存在しているかのように考えられていることである．著者の考える知，徳，体は互いにオーバーラップしているものであり，知育の中にも徳，体の教育があり，徳育，体育の中にもそれぞれ他の2つの育が含まれているものであるということである．とくに子どもの教育では，どの分野であっても人を総体としてとらえた教育が行われるべきだと強く思っている（図9-2）．なかでも体育は，身体にだけ働きかけるものではなく，身体運動という体育が中心的に扱う行為をとおして，知にも，徳にも働きかけるものであり，またそういう内容の働きかけでなければならないものである．このことは1章で身体知という言葉をあげて説明したところである．

2．体力を高めることだけが教育の目的ではない

そうした観点からいうと，2013年に公布された「第2期教育振興計画」の中で，ここ5年間の体育分野での目標の第一に「今後10年間で子どもの体力が，昭和60（1985）年頃の水準を上回ることを目指すなど，生涯にわたってたくましく生きるために必要な健康や体力を養う」と掲げられていることに，著者は疑問を感じるのである．

本書でも多くの章で1985年ごろをピークに子どもたちの体力が低下しているという現象については取り上げられて，子どもの遊び・運動・スポーツの場で，そして学校体育で解決すべき課題であることは複数の著者が述べている．しかし著者はこの問題と課題は重要なテーマではあるが，短絡的に，体力を向上させることがもっとも重要な目標であると考えるのは間違いであると思っている．もっとなぜ体力が低下してきたのかの要因をきちんと分析して，それに対する対応策を実行していくことが重要だと考えている．

体力が低下しているといっている体力は，文部省（当時）が1964年の東京オリンピック大会を契機に作成し，毎年全国で小学生から高齢者までのサンプル調査を実施している「体力・運動能力テスト」の各種目の成績と，総合得点のことを指している．このテストは1998（平成10）年に全面的な見直しが行われ，テスト種目の変更があったので，現在行われている学校年代のテスト8項目のうち，同じ種目で継続されている項目は，小，中学校共通の握力，50m走，反復横跳びと，小のソフトボール投げ，中のハンドボール投げと持久走（1500m走）だけである．そして2章でも述べたように，これらのいずれもが過去の最高水準であった1985年ごろの平均値を下回っているのは事実である（図2-4，図2-5，pp.17～18参照）．

したがって国の示す体育の目標である1985年水準を上回るためには，これらの種目の成績をあげればいいのだと，教育の現場で受け取れられても仕方がない表現になっていると思うのである．どんな知識や思考能力が問われるのかは問題を見るまで

わからない学力のテストとは違って，体力テストは常に課題が同じなのだから，その向上だけを目指すのなら，対策は体力テストの種目の運動を繰り返し練習すればいいということになってしまう．ここで，体力という言葉をどういうものとしてとらえればいいのかを考えてみたい．序文の中で名前をあげた猪飼道夫は，体力の全体像をわかりやすく説明した生理学者であった．ここではその考え方を紹介する．

猪飼は体力を行動体力と防衛体力とから構成される身体の能力であると定義している．行動体力は人が外界に対して身体で発揮できる能力であり，いわばオリンピックの標語であるより高く，より早く，より強く，そしてこれに加えてより巧みに身体を動かすことができる能力である．

これに対して防衛体力は外界からの人に対する攻撃というかストレスに対して身体を守る能力である．物理的，化学的，生物的，あるいは心理的なさまざまな身体に害を与える事柄に対して，身体と心のさまざまな機能を守る能力である．いわば心身の健康を守る能力であるといってよいだろう．そしてこの両者は互いに関係しあって身体も心も正常に，さらによりよい状態になっていくものであるし，そうなるように身体運動を適切に行うことで働きかけることが望まれるものである．

体力の全体像をこのように考えると，体力テストで測ることのできる能力は，行動体力のうちの一部の能力を見ているものに過ぎないことが理解できるであろう．しかし同時に走，跳，投といった人間が進化の過程で獲得してきたさまざまな運動形態のうちの基本的な能力を見ているものであるし，行動体力と防衛体力とが相互に関係しあっていることから，体力の全体像を，ある側面から見ることのできる手掛かりにはなっているとはいえるだろう．

そしてこれらの能力は，幼児の時からのさまざまな遊び，運動，スポーツの経験を通して，できなかった運動が何とかできるようになり，さらに面白くなって反復することで，その運動がうまくなることを繰り返して，また新たな運動に取り組んでいくことで，さまざまな運動に必要な筋と神経系が鍛えられて，うまさと力強さ，さらに筋と全身のスタミナといった総合的な体力が向上していく．そして体力向上の面だけでなく，運動やスポーツがより好きになって，スポーツを生涯にわたって生活の一部にしていくという人が増え，防衛体力というか健康面でも元気で活力のある高齢者へとなっていくのである．

体力の向上はこうしたさまざまな動きができるようになったことをいくつかの側面から測定するもので，全国の平均値が高くなることも重要だが，それ以上に一人ひとりの子どもに目を向けて，多くの子どもたちが運動，スポーツが好きになって，からだを動かすことに日常的に取り組むようになることが，教育の目的として最も重要なことであると思うのである．そういう社会になれば，体力テストの数値は，個人の数値も全体の平均値も当然より高いものとなっていくであろう．

体力テストの結果としての数値，それも全体の平均値だけを追い求めるのではなく，1人でも多くの子どもたちを運動，スポーツ好きになるように働きかけていくことが重要な課題なのである．

3. 1人でも多くの子どもを運動，スポーツが好きで得意にするために

2章で文部科学省の調査データから，現在の小・中学生には日常の生活の中で運動やスポーツをほとんどしていない子どもがかなりの割合で存在していること，とくに中学生の女子では4人に1人が学校の体育時間以外にはまったく運動をしていないこと，そして当然のことながら，運動時間の少ない子どもたちの体力は低い水準にあることを紹介した（図2-6～図2-8，pp.19～21参照）．ここでは同じ文科省の調査データから，運動やスポーツの好き・嫌い，得意・苦手について，現在の時点と過去を振り返って，小5には小学校入学以前と小学校低学年のころ，中2には小学校低学年と高学年のころのそれぞれ2時点の計3時点で，好き・嫌い，得意・苦手をそれぞれ4段階で回答を求めた結果を紹介する．

表9-1は小・中の男女それぞれについて，3時点で運動が嫌いとやや嫌いの回答を合計した人数の全体の人数に対する割合で示したものである．小中とも嫌いな児童・生徒がかなりいることが示されている．同じ学年でも全体でも小の方が嫌いの割合が低いのはなぜかはこの調査ではわからないが，小・中とも男子では年齢が進むとともに嫌いが減少しているが，女子では逆に増えていっている．学校教育の影響がどう出ているのかはこれだけではわからないが，いずれにせよ本来運動好きが多いと思われる小学校の入学以前から低学年のころに，これほど多くの子どもが運動は嫌いと回答していることになる．

表9-2は運動が苦手か得意かについての回答のうち，苦手とやや苦手を合計した割合を示している．傾向は嫌いと同じであるが，男女，各年代とも嫌いよりも苦手の割合が多いこと，また小学入学以前に苦手だったと回答した児童が男女とも25%前後の数字になっていることが示されている．

この2つの表からわかることは，今の子どもたちには，小学校に入る前からからだを使って遊びや運動をすることが嫌いで苦手な子どもがかなりの割合でいるということである．小，中学の段階で好き・嫌い，得意・苦手が変わっていくものもいるが，かなりの割合で学齢以前からその性向を持ちこしていくものが多く，とくに女子では年齢が進むにつれて，嫌い，苦手の方に変わっていく子どもが多いということがわかる．

表9-1　小学校入学前から現在までの3時点での運動が嫌いな児童・生徒の割合

	小学5年生			中学2年生	
	男子	女子		男子	女子
小学校入学前	14.2	16.3	——		
小学1，2年生ころ	11.9	18.5	小学1，2年生ころ	21.3	24.4
現在（小学5年生）	8.9	18.8	小学5，6年生ころ	15.7	26.7
——			現在（中学2年生）	13.4	27.2

運動が嫌い＋やや嫌いの割合（単位：%）
（文部科学省：平成25年度体力・運動能力，運動習慣等調査報告書）

表9-2　小学校入学前から現在までの3時点での運動が苦手な児童・生徒の割合

	小学5年生			中学2年生	
	男子	女子		男子	女子
小学校入学前	23.3	26.9	——		
小学1，2年生ころ	22.9	31.4	小学1，2年生ころ	33.6	39.0
現在（小学5年生）	18.2	34.3	小学5，6年生ころ	27.8	40.1
——			現在（中学2年生）	28.1	46.5

運動が苦手＋やや苦手の割合（単位：%）
（文部科学省：平成25年度体力・運動能力，運動習慣等調査報告書）

「運動やスポーツをすることは好きですか」についての回答と体力合計点との関連

男子
（点）
体力合計点
65
60
55
50
45
40
全国平均
56.4
49.5
45.5
43.1
好き
やや好き
やや嫌い
嫌い

女子
（点）
65
60
55
50
45
40
全国平均
58.2
52.8
49.4
46.9
好き
やや好き
やや嫌い
嫌い

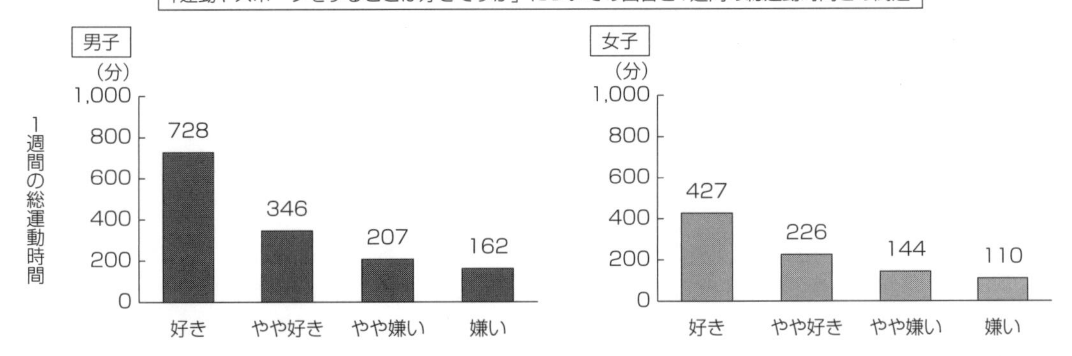

図9-3　「運動やスポーツをすることの好き・嫌い」についての回答と体力合計点，1週間の総運動時間との関連（小学5年生）
（文部科学省：平成25年度　全国体力・運動能力，運動習慣等調査報告書）

そして当然のことともいえるが，図9-3，図9-4に示すように，運動の好き・嫌い，得意・苦手のそれぞれ4段階の回答と，子どもの運動時間および体力の関係を見てみると，好きから嫌いに向けて，得意から苦手に向けて，運動時間は短く，体力は低くなっていることが明らかである．ここでは小学生について示したが，中学生でもまったく同様の関係が見られている．

もちろん高校生になっても，スポーツとの，あるいは友人や指導者とのよい出会い

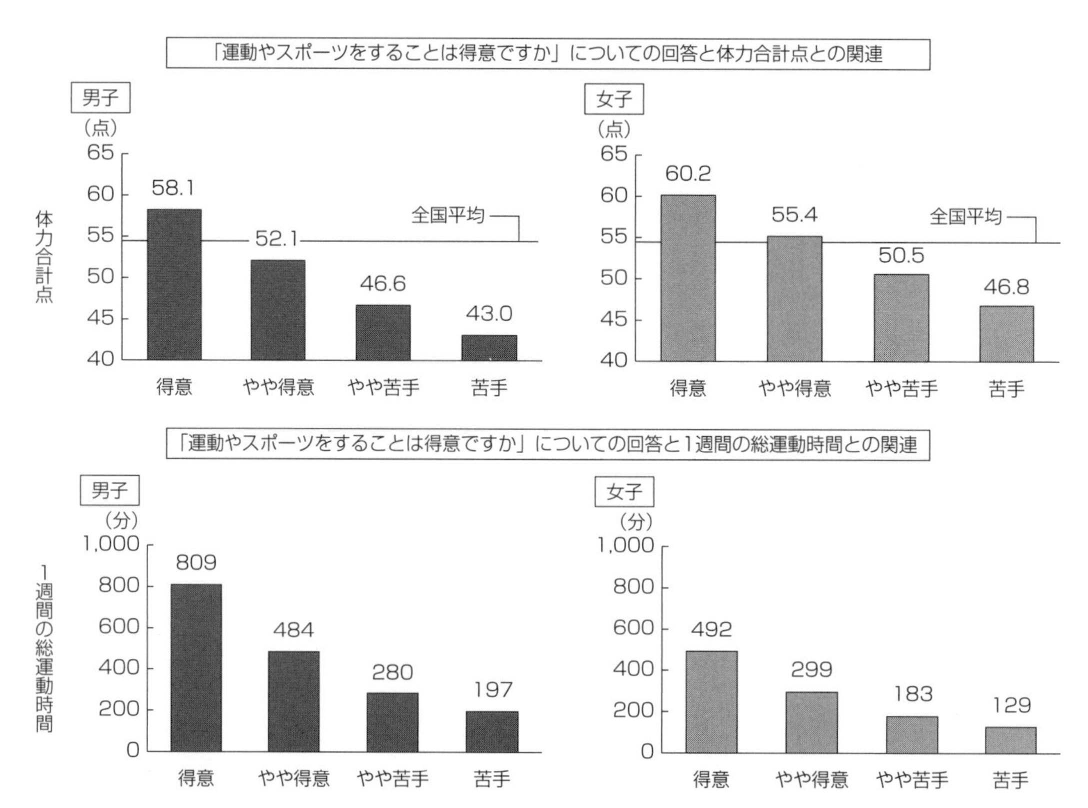

図9-4 「運動やスポーツをすることは得意ですか」についての回答と体力合計点，1週間の総運動時間との関連（小学5年生）

（文部科学省：平成25年度　全国体力・運動能力，運動習慣等調査報告書）

があれば，スポーツが好きになり，得意へと変わっていく生徒もいるではあろうし，成人になったあとでもこうしたことは起こりうるであろう．しかし何らかの機会や場が持てなければ，スポーツ好きで得意な方への移動はそうは起こらないであろう．むしろ，学校時代よりスポーツをする場や時間，仲間は求めにくくなるから，スポーツが好きで得意だった人たちまで，スポーツを実際にする機会は少なくなっていく方が多いであろう．

いずれにせよ，成人になっても高齢者になってもスポーツを続けられるような環境を整備することも重要なことではあるが，それより何よりも，子どもの時からスポーツが生活の中にあり，スポーツをすることが好きで楽しくて，何かスポーツを日常的にしていないと生活のリズムが作れないというような子どもをなるべく多くするように働きかけることが，現時点での極めて重要な課題だと思うのである．

乳幼児期にはからだを動かすことが嫌いという子どもはいない，いたとしてもごく少数であると著者は思っている．嫌い，苦手にしてしまうのは，親や周りの人たちが安全を思うあまりに，また知育こそが大切と思うことから，運動やスポーツから遠ざけて，からだを使ってできないことに挑戦しようとしている子どもにブレーキをかけてしまうからだと思っている．もちろん安全性も親が保証しなければいけないが，もっと未来への子どもの果敢な挑戦を温かく見守ってほしいし，そして少しでもできた時には一緒に喜び，褒めてやってほしいと思っている．

そうした環境や機運を作り出すためには，乳幼児期，そして学齢期の親たち，保育園，幼稚園，学校の教育者たち，そして子どもの近くにいる大人たちが，人が一生を明るく元気に過ごしていくためには，スポーツという人間が作り出したすばらしい文化の価値を認識して，子どもたちの遊び・運動・スポーツの実践に理解を持ち，何らかの形で協力していただくことが切に望まれるのである．「よく学び，よく遊べ」という格言は，子どもの教育にとって極めて重要なことだと思っている．

ところで，「おばあさん仮説」という人類学者の提唱する説がある．哺乳類の中で人類の女性だけが生殖機能がなくなったあとも長く生きていることを説明する考え方である．それはおばあさんが自分の子育ての経験を活かして，孫の面倒を見ることで，母親がさらに次の子どもを産んだり，生産的な仕事にかかわったりすることができるというものである．

この考え方を生産的な仕事が終わっても元気なおじいさんにも適用して，まだ老け込んでいないおじいさん，おばあさんが，仕事などで忙しい両親世代に代わって子どもたちの運動遊びの相手をするという発想である．とくに今のおじいさん，おばあさん世代は，子どものころは遊びまわっていた世代である．そうしたさまざまなからだを使った遊びの伝承にはもっとも適した人たちでもある．また自分の得意なスポーツを小・中学生年代に指導する役割も果たせるであろう．スポーツ好きのおじいさん，おばあさんたちに，将来を担う子どもたち，とくに現在は運動やスポーツに関心を示していない子どもたちに，スポーツをすることの楽しさ，すばらしさを教える伝道師の役割をぜひ果たしていただきたいとお願いする次第である．

また地域社会にそうした機運を高めることと，組織・運営面での体制づくりが必要となるであろう．おじいさん，おばあさんの自発的な気持ちと活動だけに頼っていても，限られた活動で終わってしまうであろう．

4．発育期の遊び・運動・スポーツでの留意点

著者が執筆した2章では，中村のデータから，子どもの遊びの内容，時間，場所が近年どう変わってきたのか，そして子どもの動きに関する習熟度が以前よりも劣ってきていることを紹介し，また文科省の全国体力テストの結果から，体力の低下傾向が続いていること，および運動やスポーツをする子としない子の二極化が見られ，それに伴って体力にも二極化が見られていること，さらにこの章では，同じ文科省のデータから，今の子どもたちには幼少期から運動することがきらいで，苦手な子どもがかなりの割合でいることを紹介した．そして9章では1人でも多くの子どもたちを運動，スポーツが好きで得意な子どもにすることが，その子にとっても社会全体としても，より明るい未来のための重要な課題であることを述べている．

ここでは子どもたちの運動やスポーツを奨励し実践するときに必要な，発育期であることでの留意すべき事柄を述べていきたい．

そのひとつは，身長の伸びる速さにかなりの個人差があるということである．子ど

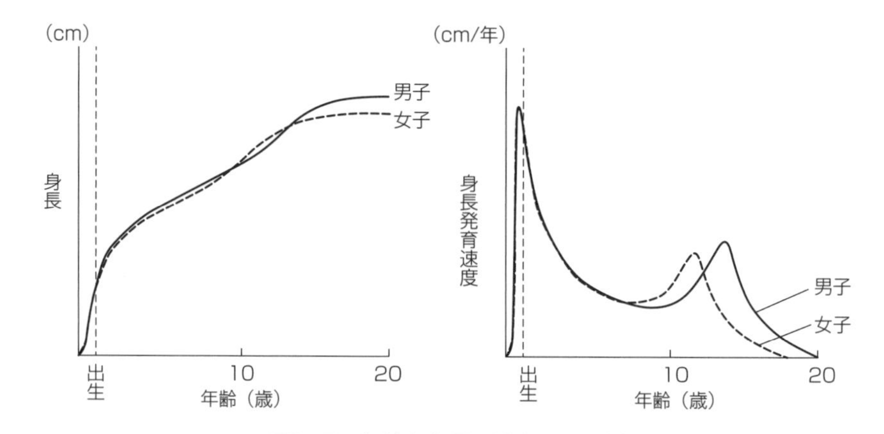

図9-5　年齢と身長の発育との関係

身長は発育に伴って一様に伸びていくものではなく，ある時期に急激な成長をみせる．

（高石昌弘：スポーツと年齢．大修館書店，p.3, 1977）

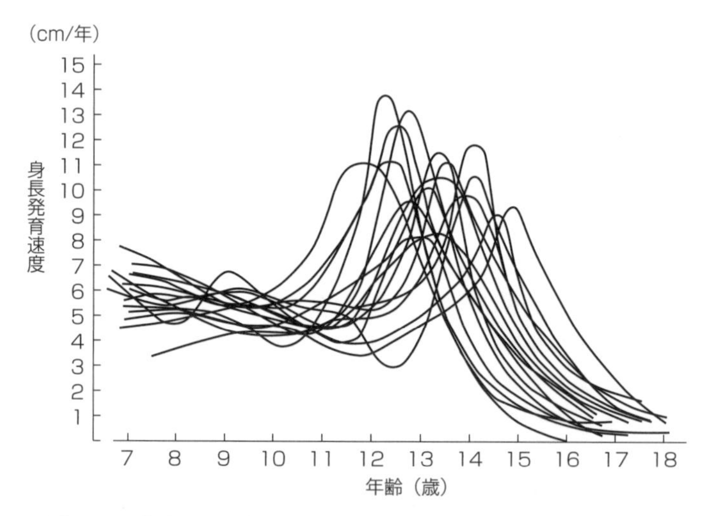

図9-6　身長の発育曲線にみられる個人差（男子17例による）

身長の急伸期には年齢にも伸びの大きさにも個人によって大きな差がみられる．

（高石昌弘：スポーツと年齢．大修館書店，p.12, 1977）

もを育てた経験のある人は，身長が毎年同じように伸びていくのではなく，10歳から15歳ぐらいの時期に，女子は少し若年で，男子は少し遅めに急に身長が伸び，2～3年でその伸びが少なくなって，やがて身長の伸びが止まるということに気付いたことがあるであろう．

図9-5はそれを実際の身長の変化と，1年ごとの身長の伸びた長さ（身長発育速度）の男女別の平均的な数値を示したものである．これを個人の成長に伴う身長の変化を男子17例で見たのが図9-6で，その立ち上がりの年齢も，もっとも身長が伸びる年齢も，伸びが止まる時期も個人によって3歳から4歳程度の開きがあることがわかる．

この差が生じるのは子どもの発育にかかわっている成長ホルモンや性ホルモンなど

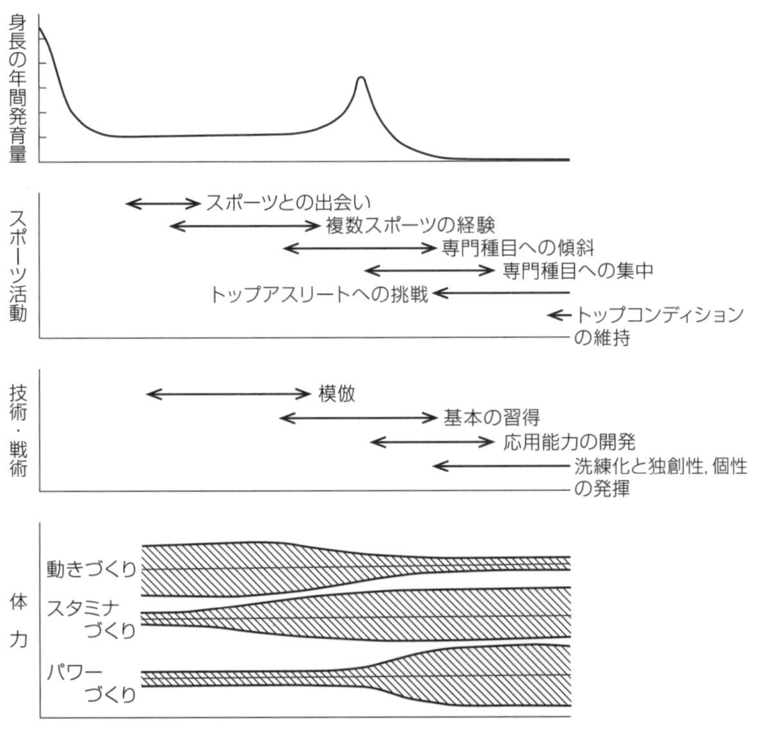

図9-7　発育発達に対応したスポーツ活動とトレーニングのあり方

スポーツ活動やトレーニングの内容は，身長の急伸期を目安としてそのあり方を考えるべきである．こうした考え方が，選手を子どもから一流選手へと一貫して育てていく道である．

の分泌の経年変化に個人差があるからである．からだの発育や心の成長に個人差があることを，親や子どもにかかわっている大人は十分に理解しておかなければならないが，この身長の発育速度が，それを知る良い尺度になるのである．

運動やスポーツを学校生活や日常生活の中でエンジョイしようというレベルの子どもにとっては，この発育曲線をそれほど気にすることはないが，中学生あたりから将来日本のトップレベル，さらには世界レベルのアスリートを夢見て本格的にスポーツに取り組もうとしている子どもたちにとっては，とくにその子どもたちのスポーツ活動にかかわる指導者にとっては，スポーツ活動やトレーニングの内容を，若いアスリートの発育発達の過程に合わせて適切に調整していく必要がある．

そのためには年齢や学年だけではなく，個人ごとに身長の急伸期を見定めて練習の内容を適切に選択していくことが望まれる．といっても練習は学校の運動部やスポーツクラブで一斉に行うことが多いから，個人別にメニューを組むことは難しいが，その中で，個人差がかなりあることに対する配慮が必要になるということである．

著者なりに発育曲線に合わせたスポーツ活動や練習内容のあり方や考え方を示したのが図9-7である．スポーツ活動全般でいえば，幼稚園，小学校期にスポーツとの出会いというかさまざまなスポーツ的遊びが始まり，身長急伸期以前には複数のスポーツの経験をし，急伸期前後に自分に合った専門種目の選択をして，身長の伸びが止まったころから専門種目での集中した練習に取り組むというものである.

日本人はこの道一筋という生き方が好きであるが，それは小さい時からこの道一本を選んで進むのではなく，いろいろな道を経験したうえで自分に合った道を選んでからの生き方であるべきだろう．日本のトップレベルの競技者たちも，中学生のころから同じスポーツ一本でやってきた人は意外と少なく，かなり種目を変更しながら日本のトップ選手に育った人が多いのである.

体力については，動きづくり，スタミナづくり，パワーづくりの3つの要素に分けて，身長の伸びを見ながらの重点の置き方を示している．身長が急に伸び出すまでは，神経系が中心的な役割をするさまざまな動きを習得してよく動くからだをつくることが中心で，身長急伸期から呼吸循環系の発達に合わせてスタミナづくりが始まり，身長の伸びが止まり，骨の成長が止まって筋の長さの成長が終わったころから，骨や筋に強い負荷をかけるパワーづくりの適期になるということになる.

こうしたことを基本において，スポーツ活動や練習のあり方を，個人差をも考慮して活動の内容を考えていただきたいと思っている.

もうひとつ個人差を考慮してほしいことに，スポーツのパフォーマンスには生まれ月が関係しているということがある．とくに年少になるほどその差は顕著に出るということである．サッカーを例に説明しよう．以前に著者は，年齢別の国際大会に参加している各国代表のサッカー選手の生まれ月の分布を調べたことがあった．国際サッカー連盟の国際競技大会にはU-17（17歳以下），U-20，U-23の年齢別大会と年齢を問わないワールドカップとがある．その出場選手の生まれ月を3カ月ごとに分類して調べてみると，日本のU-17の選手は4～6月生まれが多く，1～3月生まれが少ないのである．そうしてこの差は年齢が高い代表チームになっても，差は少し縮まるが残っていて，ワールドカップの代表選手にもこの傾向を見ることができる.

それに対して，ドイツやブラジルなどどの年代のカテゴリーにも参加しているヨーロッパや南米の強豪国の代表選手は，U-17では1～3月生まれが多く10～12月生まれが少ないが，その差は日本ほど顕著ではなく，年齢が上に行くにつれてこの差は小さくなっていて，ワールドカップの代表選手にはこうした傾向はほとんどなくなっている，ということが見られた.

日本のサッカー以外の種目のオリンピック代表選手にも同じような傾向が見られているから，サッカーだけの特別な現象ではなく，日本の代表選手を発掘し育てる過程に，こうした早生まれと遅生まれの間に差を生じさせる要因があるということができるだろう.

国のユース年代の代表選手に，日本では4～6月生まれが多く，外国では1～3月生まれが多いという違いはどこから起きているのだろうか．日本では学校の部活動も地域のスポーツクラブの活動も，学校の学年による区分で活動していることが多い．これが影響して，とくに小学校年代では4～6月生まれと翌年の1～3月生まれの子どもの間には，平均的に見れば低学年ほど発育，発達に差があり，それが学業にもスポーツ活動でもパフォーマンスに差が表れるのは仕方がないことである．これが部やクラブのチームを作るときや試合に出る選手を選ぶことに影響して，同じ学年の中では生まれ月の早い方が有利に働くことになる．そしてチームの代表になった選手とそれ以外の選手とでは練習量や内容にも差ができがちで，さらに試合経験に差が出てくるから，パフォーマンスの差は拡大していく方向に働く．もちろん素質的な個人差もあって早生まれでも高いパフォーマンスを示す子どももいるが，平均的に見れば早く生まれた方が有利になるということになる．そして学校が上に上がったり，年齢の上の地域クラブに変わっても，その時点でのパフォーマンスの差がチームのレギュラーを決める主要な要因になっていく．こうして日本代表選手にまで，生まれ月による差が持ち込まれているということになるのだと考えている．

外国では学校の部活動という場はほとんどなく，地域のクラブが子どもの時からのスポーツ活動の場となっている．そして試合をするときの年齢分けは1月から12月までの単位が基準となっていることがほとんどである．上記のサッカーの年齢別世界大会も，1月1日現在の年齢区分になっている．したがって若い世代では日本ほどの差ではないが1～3月生まれが生まれてからの年月が長くパフォーマンスに有利に働くということになる．しかし1チームの人数が日本のように多くはなく，みんなが交代で試合に出られる程度の人数なので，みんなが試合も練習も同じような内容の活動に参加できる．そして個人のレベルがそのクラブのレベルに対して高すぎたり低すぎたりすれば，自分のレベルで試合を楽しめるクラブへ変わっていけばいいのである．こうしてほとんどの子どもが生まれ月にかかわらずクラブの代表選手として活動できるから，年齢が上に行くほど，国の代表選手の月齢による差はなくなっていくのである．

日本の学校の部活動では，強豪チームになればなるほど1校の部員数は多いという傾向がある．サッカーでは高校や大学の強豪校は100人以上の部員を抱えているのがほとんどである．小学校レベルで発育が遅かったために素質がありながらレギュラーにはなれなかった選手が，そこからレギュラーへと這い上がっていくのは大変なことなのである．

こうした日本独特のスポーツ環境を，みんながスポーツを楽しめるような環境に変えていくことも必要だが，現状のままでも1校1チームではなく，いくつかのチームを作って，公式戦でなくても多くの子どもが試合のできるような状況を作っていくべきだろう．スポーツは練習も大切だが，試合にこそスポーツの本質があり，試合でこそ子どもたちは楽しめるのである．こうしたことにも指導者は配慮をしていただきたいと思っている．

子どものスポーツ活動にかかわっている親や指導者は，こうした事実を知ったうえで，その時のパフォーマンスだけを重視するのではなく，どの子どもも大きな可能性を持っていることを信じて，その可能性を最大に引き出してやることを考えていただきたいとお願いしたい．またその時々の勝利を最大の課題にするのではなく，みんなが練習にも試合にも参加できるような環境を作っていっていただきたい．

すぐれた素質と意欲を持っていても，スタート時点での発育発達の遅れがずっと影響して，その素質を開花させることができないようなスポーツの環境を作ってはいけない．集団としての成果だけを追い求めるのではなく，集団を構成していて，それぞれに個人としての特性を持っているすべての子どもたちが，スポーツをしていることに喜び，満足を感じるようなスポーツ環境をつくり育てていくことが，子どものスポーツ集団にかかわっている大人たちのもっとも重要な役割だと著者は強く思っている．

5. 東京オリンピック・パラリンピック大会に向けて，子どものスポーツへの夢を膨らませよう

この原稿を書いている最中に，2020年のオリンピック・パラリンピック大会の東京開催が決まった．前回のロンドン大会では，英国のスポーツの愛好者が倍増して，オリンピックもパラリンピックも，スポーツをよく知っている観客で会場が満員になって，大会を一層盛り上げたという．その中にはスポーツが大好きな子どもたちも沢山いた．

日本でも東京開催決定以降に人々のスポーツへの関心が高まっていることを実感しているが，スポーツは自分で実践して楽しんでこそ，その本質に触れることができるものである．そしてそうなればよりすばらしいプレーを見ることにも意欲がわき，世界トップレベルのプレーもよく理解して鑑賞できるようになるものである．

次代を担う子どもたちに，スポーツをすることの楽しさ，すばらしさを自身の体験を通して知り，日常的に実践し，そして生涯にわたってスポーツに親しむ習慣をつけるのに絶好の機会が，東京オリンピック，パラリンピック大会の開催決定によって日本にもたらされたのである．この機会をスポーツの普及，発展に有効に使うべきである．

またスポーツに健常者と障害者の区別はないということも，この機会に多くの人に理解していただきたいことである．パラリンピック陸上競技選手の佐藤真海さんが，IOCのプレゼンテーションで明るく世界に呼びかけたように，むしろ障害者にとってこそスポーツを楽しみ，さらに挑戦してより高みへ向かって努力をすることで，生きる喜びを実感し，仲間とつながり，楽しさを大きくしていくことに，スポーツは大きな力を持っているのである．

本書に書いてある事柄は，著者たちがとくに意識はしていないが健常者にも障害者にもまったく同様に適用することができる内容である．さらに言えば，障害があることで心にまで障壁を作ってしまいがちな人たち，とくに子どもたちにとっては，スポーツはその障害，障壁を乗り越えていくことに大変役立つものである．障害の種類にかかわらず，障害のある子どもたちにこそ，遊び・運動・スポーツを通して，できないことをできるようにし，さらにうまくなったり，記録を向上させていくという経験を積ませることが，また仲間たちと協力し合ってスポーツを楽しむことが，1人の人間として成長していく上で極めて重要なことだと思っている．またそうした中からパラリンピックやその他の国際障害者競技大会で活躍する競技者に育っていくことにもつながっていくであろう．

障害があろうとなかろうと人は皆スポーツを楽しむことができるものであるし，楽しむ権利を持っている．ようやく国も，障害者スポーツについても健常者スポーツと同じものとして普及・振興していくことをスポーツ基本法に規定したし，文部科学省と厚生労働省に分割されていた健常者と障害者のスポーツの所管を，一本化してスポーツ庁を創設する方向で動き出している．国際的にも，オリンピックとパラリンピックが別の組織委員会で運営されていたものが，北京大会からは一体となった組織委員会で運営されるようになった．

こうした時に，日本がオリンピック・パラリンピック大会の東京開催を勝ち取ったのである．これまで意識しなくても何となくあった健常者と障害者との間の壁を取り払ういい機会が訪れたのである．とくに子どもたちにその壁を作らせないことが大切であろう．それには障害児と一緒に遊んだり，スポーツをする機会をもっと多く持たせる様な配慮を大人たちが作ってやるのがよいであろう．オリンピックの理念がそうであるように，遊びやスポーツは，人種や宗教などのさまざまな違いを超えて，人と人とが理解しあえるもっともよい場であり，とくに子どもたちにとって遊びやスポーツはお互いに仲良くなれる格好の場なのである．

前の東京オリンピックから半世紀以上たって，またオリンピック・パラリンピックが東京に来るのである．前項で書いたスポーツ好きの子どもをなるべく多くすることにも，多くの人がスポーツを楽しめる環境を充実させてスポーツ実践者を拡大していくことにも，また日本のトップレベルの競技力を一層向上させて，国際スポーツ大会等で多くのメダルを獲得できるようにすることにも，この大会が大きな意味を持つであろう．この機会に日本のスポーツ環境というか，文化としてのスポーツの価値を一層高めていく努力をすることが重要である．日本が政治，経済，科学技術，芸術，生活などなどとともに，スポーツも世界のモデルになるような地位を獲得することにつながるようなすばらしい大会にしたいものである．

滝川クリステルさんが約束したように，日本人の他人を思いやる暖かい心の表現であるオモテナシも，この機会に日本を訪れる多くの外国人を，日本大好きにするであろう．

そして前回の東京大会が一過性のもり上がりに終わって，その後の国際競技力も，生涯スポーツの振興も，そして本書で述べた子どもたちの遊びやスポーツの実践面でも，その結果としての体力の水準も，長期の低迷期に陥ってしまったようなことを繰り返してはならない．ようやくスポーツへの関心が上昇傾向を見せてきた今，大会の招致に成功したことは，日本のスポーツにとって生涯スポーツの広がりと国際競技力の高まりの両面で，大きな追い風となるのは間違いないことだ．

東京オリンピック，パラリンピック大会を，前回以上の，そして大盛況，大成功に終わったロンドン大会以上のものにするとともに，その物心両面での大きな遺産を後世に残していかなければならない．そしてその最大のものは，将来を担う子どもたちにスポーツの持つすばらしい価値を体得させ，スポーツ好きにして，子どもたちが生き生きとスポーツを楽しんでいる状況を，そして生涯にわたってスポーツを友として明るく活動的に生きていくことのできる社会を実現することだと強く思っている．

[浅見　俊雄]

[参考文献]

1）文部科学省：全国体力・運動能力，運動習慣等調査報告書．平成25年度．
2）浅見俊雄：スポーツトレーニング．朝倉書店，1985．

索　引

[あ　行]

遊び　9，87，113

生まれ月　158
運動　10
運動遊び　96，136
運動経験　39
運動指導　113
運動スキル　56
運動能力　27，89
運動能力の低下　36，37
運動不足　23
運動有能感　47
運動量　91

オスグット病　75
大人のミニチュア　43，51
おばあさん仮説　154
オリンピック　160

[か　行]

外傷予防プログラム　75
ガイドライン　32，33
学習性無力感　46，47
課題志向性　48，49
学校医　100
学校管理下での突然死　80
学校体育　123
体つくり運動　125
環境　57

基本的な動作　57，93，128
器用　50
協応運動　49
胸骨圧迫　82
筋断面積　23，25

クレーム　13

ケガ　89
言語　3

行動体力　99，150
行動能力　43
心の発達　36，37
個人差　155
個体維持　2
骨年齢　26
子どもの生活の悪変　88
子どもの育ち　91
子どもの体力　150
コミュニケーション　122

[さ　行]

最大筋力　23
逆上がり　45
サッカー　14

自我　40
自我志向性　48，49
自己概念　39，40
自己知覚　45
自己中心性　40
児童期　59
自発性　44
社会性　36，142
社会の絶縁化　143
習熟　56
重要度　42
主観的感情　50
種属維持　2
ジュニア期の外傷　71
消極性　41，46
少子化　13
食生活　118
進化　1，11
神経系機能　53
心臓振盪　80
身体活動ガイドライン　132
身長発育速度　156
伸展性　29
心理的な損傷　109

遂行行動　49
水分補給　83
スポーツ　9
スポーツ外傷　69
スポーツ教室　96
スポーツ障害　109
スポーツマン的性格　47

生活活動　56
生活習慣病　99
性差　59
成熟　53
成長ホルモン　121，156
性ホルモン　25，156
接触型損傷　74
洗練化　95，110

相対成長　25
粗大運動　55
育ちの環境　102
外遊び　14，31，44，103

[た　行]

体育　10
体温調節　102
大脳　5，7
体力・運動能力調査　17，91，127
体力テスト　31
達成目標　49
多様化　95
弾性特性　28
男性ホルモン　25

知育・徳育・体育　148
知覚　55

低体温　101
伝承　11
伝承遊び　33

東京オリンピック　16
動作テンポ　63
動作の獲得　56
動作の習得　15
動作発達得点　94
突然死　79
トップアスリート　114

[な　行]

内発的動機　45，47，49

二極化　20, 91, 155
二足歩行　3, 6
日常行動　37
乳幼児期　53, 153
ニワトリ症候群　119
人間関係　37
認知　55

熱けいれん　83
熱失神　83
熱射病　83
熱中症　79, 83
熱疲労　83
寝不足　121

脳動静脈奇形　80

[は　行]

発育曲線　157
発育速度　157
発育発達段階　110
発汗作用　102
発達段階　66
パラリンピック　160
反射運動　53

微細運動　55
非接触型損傷　74
肥満傾向児　98
疲労スコア　97

ファストフード　87
不器用　50, 89
不登園・不登校　98, 141
プレー・デリバラー　116
プレーパーク　106
プレー・リーダー　116
文化　4
文明　4, 8

防衛体力　99, 150
保健室登校　98

[ま　行]

3つの間　103, 107

無力感　40, 41, 46

メディア漬け　122
免疫力　99

目標志向性　48

[や　行]

野球肘　75

有能感　40, 41, 43, 45, 49

幼児期　56
幼稚園　12

[ら　行]

ライフスタイル　34, 142
ライフハザード　86

リズミカルな動き　63
両足連続跳び越し　49

暦年齢　26
劣等感　41, 46

[欧文索引]

AED　80, 82
PTSD　138

子どもの遊び・運動・スポーツ
定価（本体2,600円＋税）

2015年　1月 15日　　初版　1刷

編著者
浅見 俊雄・福永 哲夫

発行者
市村　近

発行所
有限会社　市村出版
〒114-0003　東京都北区豊島2-13-10
TEL03-5902-4151
FAX03-3919-4197
http://www.ichimura-pub.com
info@ichimura-pub.com

印刷
株式会社　杏林舎

製本
有限会社　小林製本

ISBN978-4-902109-36-8　C1037
Printed in Japan